中华人民共和国法律释义丛书

中华人民共和国民法典
婚姻家庭编释义

黄薇/主编

法律出版社
LAW PRESS · CHINA

图书在版编目(CIP)数据

中华人民共和国民法典婚姻家庭编释义 / 黄薇主编. -- 北京：法律出版社，2020
(中华人民共和国法律释义丛书)
ISBN 978-7-5197-4554-7

Ⅰ. ①中… Ⅱ. ①黄… Ⅲ. ①婚姻法－法律解释－中国 Ⅳ. ①D923.905

中国版本图书馆 CIP 数据核字(2020)第 082171 号

中华人民共和国民法典婚姻家庭编释义
ZHONGHUA RENMIN GONGHEGUO MINFADIAN HUNYINJIATINGBIAN SHIYI

黄　薇　主编

策划编辑 张发靖　李　群
责任编辑 陶玉霞　冯高琼
装帧设计 李　瞻

出版 法律出版社
总发行 中国法律图书有限公司
经销 新华书店
印刷 三河市龙大印装有限公司
责任校对 张红蕊
责任印制 吕亚莉
编辑统筹 法规出版分社
开本 A5
印张 9.5
字数 238 千
版本 2020 年 7 月第 1 版
印次 2020 年 7 月第 1 次印刷

法律出版社/北京市丰台区莲花池西里 7 号(100073)
网址/www.lawpress.com.cn
投稿邮箱/info@lawpress.com.cn
举报维权邮箱/jbwq@lawpress.com.cn
销售热线/400-660-8393
咨询电话/010-63939796

中国法律图书有限公司/北京市丰台区莲花池西里 7 号(100073)
全国各地中法图分、子公司销售电话：
统一销售客服/400-660-8393/6393
第一法律书店/010-83938432/8433　西安分公司/029-85330678　重庆分公司/023-67453036
上海分公司/021-62071639/1636　深圳分公司/0755-83072995

书号：ISBN 978-7-5197-4554-7　　**定价**：38.00 元

前　言

编纂民法典是党的十八届四中全会确定的一项重大政治任务和立法任务，是以习近平同志为核心的党中央作出的重大法治建设部署。2020 年 5 月 28 日，十三届全国人大三次会议审议通过了《中华人民共和国民法典》。这是新中国成立以来第一部以“法典”命名的法律，是新时代我国社会主义法治建设的重大成果。民法典系统整合了新中国成立 70 多年来长期实践形成的民事法律规范，汲取了中华民族 5000 多年优秀法律文化，借鉴了人类法治文明建设有益成果。民法典的颁布，标志着我国依法保护民事权利将进入全新的“民法典时代”。

《中华人民共和国民法典》共 7 编 1260 条、10 万多字，是我国法律体系中条文最多、体量最大、编章结构最复杂的一部法律。要实施好民法典，就必须让民法典走到群众身边、走进群众心里。

为了配合民法典的学习、宣传和实施，帮助读者及时准确理解民法典的内容，全国人大常委会法制工作委员会民法室参与立法工作的同志编写了“中华人民共和国民法典释义”系列图书。本套书分为 7 册，包括总则编释义、物权编释义、合同编释义、人格权编释义、婚姻家庭编释义、继承编释义、侵权责任编释义，由全国人大常委会法制工作委员会民法室主任黄薇同志任主编，参加撰写工作的还有杨明仑、杜涛、石宏、段京连、庄晓泳、孙娜娜、李恩正、朱书龙、宋江涛、孙艺超、马吾叶、罗鑫煌、魏超杰、王灯、朱虎、龙俊等。

本书按照释义编写体例，采用逐条解读的方式，通过提炼条文主旨、梳理立法意见、介绍立法经验、例举示范案例等形式，深刻阐释民法典全部内容，力求全面、准确反映立法原意。

因时间和水平有限，如有疏漏之处，敬请读者批评指正。

作　者

2020 年 7 月

目　录

第五编　婚姻家庭

第一章　一般规定 …… 002
第一千零四十条　【婚姻家庭编的调整范围】[1] …… 002
第一千零四十一条　【基本原则】 …… 007
第一千零四十二条　【婚姻家庭的禁止性规定】 …… 012
第一千零四十三条　【婚姻家庭道德规范】 …… 015
第一千零四十四条　【收养原则】 …… 017
第一千零四十五条　【亲属、近亲属及家庭成员】 …… 019

第二章　结婚 …… 026
第一千零四十六条　【结婚自愿】 …… 026
第一千零四十七条　【法定结婚年龄】 …… 028
第一千零四十八条　【禁止结婚的情形】 …… 031
第一千零四十九条　【结婚登记】 …… 032
第一千零五十条　【婚后组成家庭】 …… 036
第一千零五十一条　【无效婚姻】 …… 037
第一千零五十二条　【胁迫的可撤销婚姻】 …… 041
第一千零五十三条　【隐瞒疾病的可撤销婚姻】 …… 045
第一千零五十四条　【婚姻无效或者被撤销的法律后果】 …… 049

① 条文主旨为编者所加,仅供参考。下同。

第三章　家庭关系 …………………………………… 054
第一节　夫妻关系 ………………………………………… 054
第一千零五十五条　【夫妻地位平等】 ………………… 054
第一千零五十六条　【夫妻姓名权】 …………………… 058
第一千零五十七条　【夫妻人身自由权】 ……………… 061
第一千零五十八条　【夫妻抚养、教育和保护子女的权利义务平等】 ……………… 063
第一千零五十九条　【夫妻相互扶养义务】 …………… 064
第一千零六十条　【日常家事代理权】 ……………… 067
第一千零六十一条　【夫妻相互继承权】 ……………… 071
第一千零六十二条　【夫妻共同财产】 ………………… 075
第一千零六十三条　【夫妻个人财产】 ………………… 083
第一千零六十四条　【夫妻共同债务】 ………………… 087
第一千零六十五条　【夫妻约定财产制】 ……………… 094
第一千零六十六条　【婚姻关系存续期间夫妻共同财产的分割】 ………………… 101
第二节　父母子女关系和其他近亲属关系 ……………… 106
第一千零六十七条　【父母的抚养义务和子女的赡养义务】 ……………………… 106
第一千零六十八条　【父母教育、保护未成年子女的权利义务】 ……………………… 109
第一千零六十九条　【子女应尊重父母的婚姻权利】…… 112
第一千零七十条　【父母子女相互继承权】 ………… 115
第一千零七十一条　【非婚生子女的权利】 …………… 117
第一千零七十二条　【继父母与继子女间的权利义务关系】 ……………………… 120
第一千零七十三条　【亲子关系异议之诉】 …………… 123
第一千零七十四条　【祖孙之间的抚养、赡养义务】…… 126
第一千零七十五条　【兄弟姐妹间的扶养义务】 ……… 129

第四章　离婚 …………………………………………………… 132
第一千零七十六条 【协议离婚】 ………………………… 132
第一千零七十七条 【离婚冷静期】 ……………………… 137
第一千零七十八条 【协议离婚登记】 …………………… 139
第一千零七十九条 【诉讼离婚】 ………………………… 141
第一千零八十条 【婚姻关系解除时间】 ………………… 151
第一千零八十一条 【军婚的保护】 ……………………… 153
第一千零八十二条 【男方离婚诉权的限制】 …………… 157
第一千零八十三条 【复婚登记】 ………………………… 159
第一千零八十四条 【离婚后的父母子女关系及子女抚养】 ………………………… 160
第一千零八十五条 【离婚后子女抚养费的负担】 …… 165
第一千零八十六条 【父母的探望权】 …………………… 169
第一千零八十七条 【离婚时夫妻共同财产的处理】…… 173
第一千零八十八条 【离婚经济补偿】 …………………… 176
第一千零八十九条 【离婚时夫妻共同债务清偿】 …… 178
第一千零九十条 【离婚经济帮助】 ……………………… 179
第一千零九十一条 【离婚过错赔偿】 …………………… 181
第一千零九十二条 【一方侵害夫妻共同财产的法律后果】 ………………………… 184

第五章　收养 …………………………………………………… 188
第一节　收养关系的成立 …………………………………… 189
第一千零九十三条 【被收养人的条件】 ………………… 189
第一千零九十四条 【送养人的条件】 …………………… 194
第一千零九十五条 【监护人送养未成年人的特殊规定】 ……………………………… 199
第一千零九十六条 【监护人送养孤儿的特殊规定】…… 201
第一千零九十七条 【生父母送养】 ……………………… 203

第一千零九十八条 【收养人的条件】 …………………… 206
第一千零九十九条 【收养三代以内旁系同辈血亲子女的特殊规定】 …………………… 210
第一千一百条 【收养子女的数量】 …………………… 213
第一千一百零一条 【共同收养】 …………………… 216
第一千一百零二条 【无配偶者收养异性子女】 ……… 218
第一千一百零三条 【继父母收养继子女的特殊规定】 …………………………… 220
第一千一百零四条 【收养、送养自愿】 ……………… 223
第一千一百零五条 【收养登记、收养公告、收养协议、收养公证、收养评估】 …… 226
第一千一百零六条 【被收养人户口登记】 …………… 231
第一千一百零七条 【生父母的亲属、朋友抚养不适用收养】 ………………… 232
第一千一百零八条 【优先抚养权】 …………………… 234
第一千一百零九条 【涉外收养】 ……………………… 236
第一千一百一十条 【收养保密义务】 ………………… 240
第二节 收养的效力 …………………………………… 243
第一千一百一十一条 【收养拟制效力】 …………… 243
第一千一百一十二条 【养子女的姓氏】 …………… 245
第一千一百一十三条 【无效收养行为】 …………… 247
第三节 收养关系的解除 ……………………………… 250
第一千一百一十四条 【协议解除及诉讼解除收养关系】 ……………………… 250
第一千一百一十五条 【养父母与成年养子女解除收养关系】 …………………… 255
第一千一百一十六条 【解除收养关系登记】 ……… 257
第一千一百一十七条 【收养关系解除的法律后果】 … 258

第一千一百一十八条　【收养关系解除后生活费、抚养费支付】 …………………… 261

附　录 ………………………………………………………………………… 264

中华人民共和国民法典(节录) ………………………… 264

关于《中华人民共和国民法典(草案)》的说明(节录) ……………………………………………… 277

第五编　婚姻家庭

家庭生活关系在民法上称作婚姻家庭关系或亲属关系，调整婚姻家庭关系或亲属关系的民法规范称作婚姻家庭法或亲属法，属于身份法。婚姻家庭法或亲属法规范的婚姻家庭关系是基于两性关系、血缘关系和扶养关系而形成的人与人之间的关系。血缘关系也包括法律拟制血缘关系，这是家庭生活中自然血缘关系的必要补充。

我国的婚姻家庭制度是具有中国特色的社会主义婚姻家庭制度。婚姻家庭立法作为规范婚姻家庭关系的基本准则，涉及家家户户的利益。新中国成立以后，1950 年中央人民政府颁布《中华人民共和国婚姻法》，1980 年五届全国人大三次会议通过新的《中华人民共和国婚姻法》，2001 年作了修改。1991 年七届全国人大常委会第二十三次会议通过了《中华人民共和国收养法》，1998 年作了修改。婚姻法、收养法实施以来，对于维护平等、和睦、文明的婚姻家庭关系，保护合法的收养关系发挥了重要作用。

随着经济社会文化的发展和社会主要矛盾的变化，我国进入新的历史时期，婚姻观念、家庭关系也发生了很大变化，婚姻家庭领域也出现了一些新情况。为进一步弘扬夫妻互敬、孝老爱亲、家庭和睦的中华民族传统美德，体现社会主义核心价值观，促进婚姻家庭关系和谐稳定，婚姻家庭编以婚姻法和收养法为基础，在坚持婚姻自由、男女平等、一夫一妻等基本原则和特别保护妇女、未成年人和老年人权益的前提下，结合社会发展的需要，修改了部分规定，并增加了一些新规定。婚姻家庭编共 5 章、79 条。

立法过程中,不少意见建议本编称"亲属"。在传统大陆法系民法中,规定有关婚姻家庭关系的篇章通常称"亲属",我国台湾地区"民法"第4编即称"亲属"。所以这个意见是有理由的。但是,我国从1950年颁布婚姻法至今,老百姓已经很熟悉,已习惯称婚姻法、婚姻家庭法,称亲属法则不熟悉、不习惯,所以本编不称"亲属",而称"婚姻家庭"。

第一章　一般规定

本章共6条,对婚姻家庭编的调整范围、婚姻家庭关系基本原则、婚姻家庭中禁止行为、婚姻家庭道德规范的规定、收养原则以及亲属、近亲属、家庭成员等作了规定。

第一千零四十条　本编调整因婚姻家庭产生的民事关系。

【释义】　本条是关于婚姻家庭编调整范围的规定。

(一)婚姻家庭法的立法例

婚姻家庭法,或称亲属法,是调整婚姻、亲属间权利义务关系的法律。它主要规定婚姻、亲属间身份关系的产生、变更和消灭,以及基于这种关系而产生的民事权利和义务。婚姻家庭法涉及家家户户,关系每一位公民的切身利益。

婚姻家庭法的立法例,境外大致有四种形式:一是法国式。将婚姻家庭法的基本内容编制在民法的人法中,并在民法的财产取得法中规定夫妻财产制。法国、意大利等国采此式。二是德国式。在民法中列亲属为一编。德国、瑞士、日本、韩国等国和我国台湾地区取此例。三是英国式。由若干个单行法共同组成婚姻家庭法。英美法系国家多采此制。四是俄国式。单独制定了婚姻家庭法典,如俄罗斯。

婚姻家庭法属于民法。婚姻家庭法在其发展沿革中,逐步形成自己的体例,完善了自身的内容。《法国民法典》中,婚姻家庭法包括结婚、离婚、夫妻财产制、血缘关系、收养、亲权、监护等内容。《德国民法典》亲属编和《瑞士民法典》亲属编的体例均分为婚姻、亲属、监护三部分。《日本民法典》亲属编包括亲属范围、亲等的计算、婚姻、父母子女、亲权、监护、扶养等内容。《韩国民法典》亲属编包括婚姻、父母子女、监护、扶养、户主、家庭会议等内容。《俄罗斯联邦家庭法典》分为总则,婚姻,家庭,户籍,婚姻家庭立法对外国人、无国籍等人的适用和外国婚姻家庭法、国际条约、国际协定的适用5编。我国台湾地区"民法"亲属编包括婚姻、父母子女、监护、扶养、家、亲属会议等内容。以上大致可以看出,亲属法通常包括亲属范畴、亲等的计算方法、婚姻、收养、亲属间的权利义务关系、监护、涉外亲属关系的法律适用等内容。

在民法典出台之前,我国婚姻家庭法或者亲属法的内容分散在各单行法律之中。亲属法的主要内容分散规定在民法通则、民法总则、婚姻法、收养法、继承法之中。民法通则规定了监护和涉外亲属关系的法律适用,婚姻法规定了婚姻家庭关系的准则,收养法规定了收养关系的基本内容,继承法第10条中规定了亲属范畴的重要内容。这些共同构成我国的亲属法。现在我国制定了民法典,专设婚姻家庭编,属于传统亲属法的绝大部分内容规定在婚姻家庭编中,监护部分规定在民法典总则编第2章"自然人"中。

(二)婚姻与家庭

婚姻是男女两性的结合,这种结合形成当时社会制度所确认的夫妻关系。婚姻从不同角度可以有多种分类。例如,依婚姻史,分为乱婚、群婚、对偶婚和一夫一妻制婚;依结婚是否为要式行为,分为法律婚、宗教婚和事实婚;依结婚是否出于当事人的意愿,分为自主婚和买卖婚、包办婚、胁迫婚、抢夺婚;依男娶女嫁还是男到女家,分为聘娶婚和赘婚;依婚姻当事人之间有无亲属关系,分为中表婚、远亲婚和非亲婚;依当事人结婚时的年龄,分为童婚、早婚和晚婚;依结婚的次数,分为初婚和再婚;依当事人是否同时具有数个婚姻关系,分为单婚和重婚;依婚姻是否具有法律效力,分为有效婚和无效婚;依婚姻是否为男女异性间的行为,分为两性婚和同性婚。

家庭,或可称家,为以永久共同生活为目的而同居的亲属团体。在氏族社会,个人和家族无独立人格,只有氏族才具人格,氏族是以共同祖先而结合的血缘团体。进入阶级国家时代,氏族消失代之以宗族,进入宗法时代。宗族的特征是父系父权父治、族外婚、长子继承制。虽然宗族内也有家族,但家族无人格,只是消费团体。封建制度崩溃,宗法时代结束,宗族渐变为大家族制度。大家族制度,即家族为独立经济主体,家长统家政。大家族制度之下,农户虽依附家族,但独立为户,有编户制度。随着经济社会的发展,大家族制崩溃,进入小家族制,农户通常已不再依附于家族而成为独立家庭。在封建时代,中西方普遍存在家长制。进入资本主义时代之后,社会生活和家庭结构发生重大变化,家长制逐渐消失,在大陆法系国家或地区旧民法中仍有家长制的相关规定,现在的新民法基本上已没有相关规定。但我国台湾地区"民法"仍有相关规定。

现代家庭多是以父母子女为中心的"核心家庭"。家长制已不存在。现代家庭男女平等、夫妻平等,"家长"一词通常是指小孩子的父母。每户有"户主",通常只用于户口登记。过去的四世同堂、五世同堂的大家庭现在已很少有。"家"与"家庭"的概念在现代汉语中与过去有所不同。"家"通常与居所户籍相连,一人亦可成家。"家庭"则是指家庭成员的团体。通常来说,婚姻是家庭成立的基础前提,因此"家庭"也称"婚姻家庭"。因婚姻产生"婚姻关系",因家庭产生"家庭关系",合称"婚姻家庭关系"。"婚姻家庭关系"是民事关系,受民法调整。本条表述为:"本编调整因婚姻家庭产生的民事关系"。家庭成员之间是亲属,所以"婚姻家庭关系"也可称为"亲属关系",为夫妻关系、父母子女关系和其他亲属关系。

(三)新中国成立以来有关婚姻家庭立法

1. 从1950年婚姻法到1980年婚姻法

新中国成立后,1950年4月13日,中央人民政府委员会第七次会议通过了《中华人民共和国婚姻法》,中央人民政府于 1950 年 5 月 1 日颁布了此法。这是新中国制定的首部法律,是进行婚姻家庭制度改革的重大立法步骤。婚姻法的全部内容,为一个基本原则所贯彻,即废除包办强迫、男尊女卑、漠视子女利益的封建婚姻家庭制度,实行婚姻自主、一夫一妻、男女平等、保护妇女和儿童权益的新民主主义婚姻家庭制度。

1980 年,我国总结了 30 年来婚姻法的实施经验和问题,五届全国人大三次会议通过了新的《中华人民共和国婚姻法》。

1950 年和 1980 年两部婚姻法的贯彻实施,给我国人民的婚姻家庭生活带来了深刻变革。自主婚姻和男女平等、民主和睦的家庭关系成为社会生活的主导。

2. 收养法的制定与修改

在我国,收养是比较常见的社会现象,有不少家庭收养子女。新中国成立之初,1950 年婚姻法就规定了收养。如 1950 年婚姻法第 13 条第 1 款规定:"父母对于子女有抚养教育的义务;子女对于父母有赡养扶助的义务;双方均不得虐待或遗弃。"第 2 款规定:"养父母与养子女相互间的关系,适用前项规定。"1980 年婚姻法第 20 条第 1 款规定:"国家保护合法的收养关系。养父母和养子女间的权利和义务,适用本法对父母子女关系的有关规定。"最高人民法院也有不少关于收养的司法解释。为了使办理收养公证有章可循,1982 年司法部制定了《办理几项主要公证行为的试行办法》。公安部从户籍角度,对收养问题也有相关规定。但这些规定还都是零散的,不能满足人们收养子女的需要,特别是难以适应改革开放之后日渐增多的涉外收养的趋势。此外,社会上出现的借收养名义买卖儿童和假弃婴现象也亟待立法予以规范。因此,迫切需要一部符合中国国情的收养法,使收养子女有法可依,以维护合法的收养关系,促进家庭和睦、社会安定。1991 年 12 月七届全国人大常委会第二十三次会议通过《中华人民共和国收养法》,以第五十四号主席令予以公布,自 1992 年 4 月 1 日起施行。1992 年收养法有总则、收养关系的成立、收养的效力、收养关系的解除、法律责任和附则共 6 章 33 条。收养法的制定，标志着我国收养制度的全面确立。

1998 年 11 月九届全国人大常委会第五次会议通过《关于修改〈中华人民共和国收养法〉的决定》，修改了收养法。修改后的收养法章节未变，增加为 34 条。修改决定的修改内容有 11 项，大多是立法技术方面的修正，完善了条文。最重要的修改是由部分的收养登记改为全面登记。

3. 2001 年婚姻法的修改

九届全国人大常委会将婚姻法的修改列入立法规划。应该说 1980 年婚姻法实施 20 年，我国婚姻家庭关系总体上是好的。婚姻自主、夫妻平等、尊老爱幼、和睦团结是主流，但在新形势下也出现了一些亟待解决的问题。

第一个问题：1980 年婚姻法规定，夫妻在婚姻关系存续期间所得的财产，归夫妻共同所有，双方另有约定的除外。随着经济的发展，夫妻财产日益多样、丰厚，财产关系日趋复杂，为了更好地规范夫妻财产关系，应当对夫妻共同财产、个人特有财产和约定财产作具体规定。

第二个问题：包养情人现象。1999 年 6 月，全国妇联给全国人大常委会的报告中写道，现实中“重婚纳妾，非法同居，婚外恋数量增多”。有的包养情人，有的公开重婚，“妻妾共室”。包养情人这种丑恶现象，是对一夫一妻制的挑战，它败坏社会风气，影响社会稳定。修改婚姻法应该打击包养情人现象，遏制其蔓延势头。

第三个问题：家庭暴力。据全国妇联反映，家庭暴力案件在一些地方呈上升趋势。在“清官难断家务事”的传统观念影响下，司法机关一般不愿介入，对可能酿成恶果的家庭暴力没有给予足够重视。恶性案件发生后往往取证困难，等到对触犯刑律者进行处罚时，妇女权益可能已被严重侵害，甚至无法挽回。

1980 年婚姻法采用修正案方式修改，而不是废止旧法。婚姻家庭法的完善分两步走：第一步是对婚姻法作适当修改；第二步是将婚姻法、收养法以及其他法律对亲属关系的规定编纂为民法典中的亲属编或者婚姻家庭编。

2001年4月九届全国人大常委会第二十一次会议审议通过了《关于修改〈中华人民共和国婚姻法〉的决定》。

（四）民法典婚姻家庭编的编纂

这次的民法典编纂是2014年10月党的十八届四中全会提出，2015年正式启动的。2017年3月十二届全国人大五次会议审议通过民法总则之后，集中精力进行民法典各分编的修改工作。2018年8月，十三届全国人大常委会第五次会议整体审议了民法典各分编草案，婚姻家庭编为其中一编。涉及婚姻家庭编的意见主要是有关婚龄、夫妻债务、亲子认定、离婚后对子女的探望权、收养的条件和收养异性子女等方面。2019年6月，十三届全国人大常委会第十一次会议审议婚姻家庭编草案二审稿。审议意见主要涉及婚龄、患病情况婚前告知义务、无效或者被撤销婚姻无过错方的损害赔偿请求权、隔代探望权等。2019年10月，十三届全国人大常委会第十四次会议审议民法典婚姻家庭编草案三审稿。审议意见主要涉及近亲属的范围、骗取结婚登记的效力、违反患重大疾病婚前告知义务的撤销机关等。2019年12月，十三届全国人大常委会第十五次会议审议《中华人民共和国民法典（草案）》。会议决定将《中华人民共和国民法典（草案）》提请十三届全国人大三次会议审议。2020年5月28日，十三届全国人大三次会议审议并高票通过了《中华人民共和国民法典》，婚姻家庭编为其中第5编。

第一千零四十一条　婚姻家庭受国家保护。

实行婚姻自由、一夫一妻、男女平等的婚姻制度。

保护妇女、未成年人、老年人、残疾人的合法权益。

【释义】　本条是关于婚姻家庭关系基本原则的规定。

本条规定了婚姻家庭关系的几个基本原则，包括婚姻家庭受国家保护的原则、婚姻自由原则、一夫一妻制原则、男女平等原则和保护妇女、未成年人、老年人、残疾人合法权益原则。

(一)婚姻家庭受国家保护的原则

婚姻家庭受国家保护,首先是一项宪法原则。我国宪法第 49 条第 1 款规定:“婚姻、家庭、母亲和儿童受国家的保护。”民法要落实这一宪法原则。我国民法通则第 104 条第 1 款规定:“婚姻、家庭、老人、母亲和儿童受法律保护。”2017 年的民法总则第 112 条规定:“自然人因婚姻、家庭关系等产生的人身权利受法律保护。”这些规定都是宪法原则的具体化表述。我国的婚姻法是婚姻家庭的专门立法,更是宪法原则的具体化。婚姻法第 2 条第 2 款规定:“保护妇女、儿童和老人的合法权益。”不少同志认为,婚姻法应当更明确地规定体现宪法保护婚姻家庭的原则。这次民法典的制定过程中,有些代表提出,民法典草案物权编、合同编、人格权编、继承编都在“一般规定”一章中规定了物权、合同、人格权、继承权受国家或者法律保护的内容,建议在婚姻家庭编的“一般规定”一章也增加类似规定,既有利于体现国家对婚姻家庭的重视和保护,也有利于各编体例的统一。经研究采纳这一意见,依据宪法的规定,在本条中增加一款作为第一款规定:“婚姻家庭受国家保护。”

(二)婚姻自由原则

婚姻自由又称婚姻自主,是指婚姻当事人享有自主地决定自己的婚姻的权利。婚姻当事人按照法律规定,有权基于本人的意志,自主自愿地决定自己的婚姻问题,不受他人的干涉和强制。

婚姻自由包括结婚自由和离婚自由。结婚自由,就是结婚须男女双方本人完全自愿,禁止任何一方对他方加以强迫,禁止任何组织或者个人加以干涉。保障婚姻自由,是为使男女双方能够依照婚姻家庭法的规定,基于自己的意愿结成共同生活的伴侣,建立幸福美满的家庭。所谓离婚自由,是指婚姻当事人有权自主地处理离婚问题。双方自愿离婚的,可以协商离婚。一方要求离婚的,可以诉至法院解决。保障离婚自由,能使无法维持的婚姻关系得以解除，当事人免受婚姻名存实亡的痛苦。结婚自由和离婚自由是统一的，二者相互结合缺一不可。

婚姻自由既与包办、买卖婚姻相对立，又与轻率地对待婚姻毫无共同之处。实行婚姻自由，并不是一个人在自己的婚姻问题上可以随心所欲，放任自流，想结就结，想离就离，而是必须依照法律的规定处理婚姻问题。每一个自然人都应当在法律规定的范畴内正确行使婚姻自由的权利。

(三)一夫一妻制原则

一夫一妻制是一男一女结为夫妻的婚姻制度。也就是说，一个男人只能娶一个妻子，一个女人只能嫁一个丈夫，不能同时与两个以上的人缔结婚姻。一夫一妻制是社会主义婚姻制度的基本原则，是在婚姻关系上实现男女平等的必要条件，也是男女真心相爱、建立美满婚姻的要求。

婚姻为男女的结合。在婚姻家庭编征求意见的过程中，有意见提出在婚姻家庭编中规定同性婚姻。我国实行的一夫一妻制是一男一女结合为夫妻的婚姻制度，这是整个婚姻制度的基石，是千百年来传承下来的，是符合我国文化传统和现实国情的。在我国，同性婚姻目前尚难以被广大社会公众接受和认可。目前世界上绝大多数国家都不承认同性婚姻的合法性。因此，本编延续婚姻法一夫一妻制的规定。

(四)男女平等原则

男女平等，是指妇女在政治、经济、文化、社会和家庭生活各个方面，有同男子平等的权利和义务。男女平等是婚姻家庭法的一项基本原则，根据这个原则，男女两性在婚姻关系和家庭生活的各个方面，均平等享有权利，平等承担义务。婚姻家庭法中男女平等原则在内容上很广泛，它包括：男女双方在结婚、离婚问题上的权利义务是平等的，夫妻双方在家庭中的地位是平等的，其他男女家庭成员之间的权利义务也是平等的。夫妻间、其他家庭成员间的平等关系，是我国男女两性法律地位平等在婚姻家庭领域中的体现，它是建立美满的婚姻关系和发展和睦的家庭生活的重要保障。

（五）保护妇女、未成年人、老年人、残疾人合法权益的原则

保护妇女、未成年人、老年人、残疾人的合法权益，是婚姻家庭法的一项重要原则。

保护妇女的合法权益和实行男女平等是一致的。社会主义制度使妇女获得了同男子平等的权利，但重男轻女的旧习俗不可能在短时期内完全消除。因此，法律不仅要规定男女平等，还要根据生活的实际情况，对妇女的合法权益给予特殊的保护。本编中规定的保护妇女的内容十分广泛。如本编特别规定"女方在怀孕期间、分娩后一年内或者终止妊娠后六个月内，男方不得提出离婚"。特别保护妇女合法权益，对于促进妇女的彻底解放，发挥她们在现代化建设中的"半边天"作用，有着重要意义。

保护未成年人，就是保护国家的未来。为了孩子们的健康成长，本法规定：父母对未成年子女负有抚养、教育和保护的义务。离婚后，父母对于子女仍有抚养、教育和保护的义务。保障婚生子女、非婚生子女、养子女、继子女的权益，禁止溺婴、弃婴和其他残害婴儿的行为。禁止借收养名义买卖未成年人。总则编为未成年人设立监护制度。这些都是对未成年人的法律保护。抚育子女，是父母不可推诿的天职。父母要关心子女的身心健康，履行抚养职责，使子女在德智体美诸方面全面发展。民法典还规定了对未成年人的特别保护。本编规定，收养应当遵循最有利于被收养人的原则；还规定，对离婚后子女的抚养，父母双方协议不成的，由人民法院按照最有利于未成年子女的原则判决。这些体现了未成年人利益最大化原则。

保护老年人的合法权益，是社会主义家庭的重要任务。赡养老年人，是中华民族的传统美德。父母为了子女的健康成长，长期付出了辛勤的劳动，尽了自己的职责。当他们年老多病，丧失劳动能力或生活发生困难的时候，子女就要承担起赡养的义务。社会主义社会的赡养与封建的孝道有着本质的不同。在社会主义制度下，对老年人的生活照顾，首先是由国家、集体承担的，但

国家、集体的物质帮助，不能取代家庭成员对老年人的赡养责任。作为子女要自觉履行赡养义务，尊老养老，使老年人安度晚年。

这次编纂民法典，特别增加了规定保护残疾人的原则。特殊保护残疾人历来是我国宪法法律的一个基本原则。宪法第45条规定："中华人民共和国公民在年老、疾病或者丧失劳动能力的情况下，有从国家和社会获得物质帮助的权利。国家发展为公民享受这些权利所需要的社会保险、社会救济和医疗卫生事业……国家和社会帮助安排盲、聋、哑和其他有残疾的公民的劳动、生活和教育。"残疾人保障法第3条规定："残疾人在政治、经济、文化、社会和家庭生活等方面享有同其他公民平等的权利。"第9条规定："残疾人的扶养人必须对残疾人履行扶养义务。残疾人的监护人必须履行监护职责，尊重被监护人的意愿，维护被监护人的合法权益。残疾人的亲属、监护人应当鼓励和帮助残疾人增强自立能力。禁止对残疾人实施家庭暴力，禁止虐待、遗弃残疾人。"我国有四五十部法律在相关条款中规定了保护残疾人权益的内容。保护残疾人也是民事法律的一个基本原则。民法通则第104条第2款规定："残疾人的合法权益受法律保护。"民法典总则编规定了适用于对残疾人保护的监护制度，第128条还特别规定，"法律对未成年人、老年人、残疾人、妇女、消费者等的民事权利保护有特别规定的，依照其规定"。民法典婚姻家庭编作为家庭生活的基本规范，也应当突出对残疾人权益的特别保护。保护残疾人权益符合婚姻家庭规范的特点和立法目的，体现了婚姻家庭的功能。保护残疾人婚姻家庭权益，能够促进家庭和谐安定，也体现了公平和正义。家庭是人的主要生活场所，是人生的避风港，更是残疾人的主要生活场所和避风港。家庭对残疾人的关爱、关照和保护是一切社会福利政策不能取代的。因此，本条增加规定特殊保护残疾人的合法权益。

需要说明的是，婚姻法第2条第2款的表述是"保护妇女、儿童和老人的合法权益"。这里将"儿童"改为"未成年人"，将"老人"改为"老年人"。"老人"与"老年人"同义，但称"老年人"较正式,我国有老年人权益保障法,法律用词统一为宜。“儿童”在汉语中是个年龄不确定的概念,如《现代汉语词典》释“儿童”为“较幼小的未成年人(年纪比‘少年’小)”。医学界将儿童规定为14岁以下作为医学观察年龄段,但也不能据此确定儿童就是14岁以下的人。我国有未成年人保护法,“未成年人”是个年龄确定的概念,就是指不满18周岁的人。我国批准参加的《儿童权利公约》界定“儿童”是指18岁以下的任何人,公约的“儿童”概念和我国汉语的概念不同,按照该公约要特别保护未成年人。所以,仅规定保护“儿童”,还有一部分应当保护的未成年人没有包括在内,因此“儿童”改为“未成年人”为宜。

第一千零四十二条　禁止包办、买卖婚姻和其他干涉婚姻自由的行为。禁止借婚姻索取财物。

禁止重婚。禁止有配偶者与他人同居。

禁止家庭暴力。禁止家庭成员间的虐待和遗弃。

【释义】 本条是关于婚姻家庭中禁止行为的规定。

本条规定明确禁止婚姻家庭中的下列行为:

(一)禁止包办、买卖婚姻和其他干涉婚姻自由的行为,禁止借婚姻索取财物

坚持婚姻自由原则,就要反对包办婚姻和买卖婚姻等,禁止借婚姻索取财物。

包办婚姻,是指第三人违反婚姻自主的原则,包办强迫他人婚姻的违法行为。买卖婚姻,是指第三人以索取财物为目的,强迫他人婚姻的违法行为。买卖婚姻往往表现为第三人向男方索要嫁女的身价以及贩卖妇女与人为妻。借婚姻索取财物是指除买卖婚姻以外的其他以索取对方财物为结婚条件的违法行为。

包办婚姻和买卖婚姻都是违反婚姻自由的原则、强迫他人婚姻的行为。它们的区别在于是否以索取钱财为目的。包办婚姻、买卖婚姻是和社会主义婚姻制度根本不相容的,必须坚决禁止。

其他干涉婚姻自由的行为也在法律禁止之列。对于以暴力干涉他人婚姻自由的人和拐卖妇女的人贩子,要严加惩办。

买卖婚姻和借婚姻索取财物都是以索取一定数量的财物为结婚的条件,二者的区别是:买卖婚姻是把妇女的人身当作商品,索取嫁女的身价或者贩卖妇女,包办强迫他人的婚姻;借婚姻索取财物,则不存在包办强迫他人婚姻的问题。借婚姻索取财物有多种表现,譬如,双方婚事基本上是自愿的,但女方认为不要彩礼就降低了"身价",于是就向男方索要许多财物。又如,有的女方父母向男方索取一定财物,作为同意女儿出嫁的条件。借婚姻索取财物的行为往往给当事人的婚姻和婚后生活带来困难,也腐蚀了人们的思想,败坏了社会风气,故亦为婚姻法所禁止。至于父母、亲友或者男女双方出于自愿的帮助、赠与,则不能认为是买卖婚姻和借婚姻索取财物的行为,因为这种赠与不是婚姻成立的条件。

(二)禁止重婚

实行一夫一妻制就必须反对重婚。刑法第258条规定:"有配偶而重婚的,或者明知他人有配偶而与之结婚的,处二年以下有期徒刑或者拘役。"所谓重婚,是指有配偶的人又与他人结婚的违法行为,或者明知他人有配偶而与他人登记结婚的违法行为。有配偶的人,未办理离婚手续又与他人登记结婚,即是重婚;虽未登记结婚,但事实上与他人以夫妻名义公开同居生活的,亦构成重婚。明知他人有配偶而与之登记结婚,或者虽未登记结婚,但事实上与他人以夫妻名义同居生活,也构成重婚。不以夫妻名义共同生活的姘居关系,不能认为是重婚。法律明令禁止重婚,对于重婚的,不仅要解除其重婚关系,还应追究其刑事责任。

(三)禁止有配偶者与他人同居

除重婚外,其他有配偶者与他人同居的行为也在禁止之列。其他有配偶者与他人同居的行为指有配偶者与第三人未以夫妻名义共同生活,如姘居关系。在有些地方,包养情人现象呈增多趋势,已严重破坏一夫一妻的婚姻制度,严重违背社会主义道德风尚,败坏社会风气,导致家庭破裂,甚至发生情杀、仇杀、自杀等事件,严重影响社会安定。2001 年修改婚姻法时,增加规定禁止有配偶者与他人同居,同时增加规定有配偶者与他人同居导致离婚的,无过错方有权请求损害赔偿。对于其他违反一夫一妻制的行为,由于情况比较复杂,还应当通过党纪、政纪、道德、教育等多种手段、多种渠道予以解决。这样规定,有利于加大对上述现象的遏制力度,更好地保护受害人的合法权益,切实维护一夫一妻的婚姻制度。

(四)禁止家庭暴力,禁止家庭成员间的虐待和遗弃

建立和维护平等、和睦、文明的婚姻家庭关系,就必须禁止家庭成员间的虐待和遗弃,禁止一切形式的家庭暴力。

家庭成员间的虐待,是指用打骂、冻饿、有病不给治疗等方法摧残、折磨家庭成员,使他们在肉体上、精神上遭受痛苦的行为。虐待家庭成员,破坏了家庭的和睦生活,违背了社会主义道德准则,亦为法律所不容。虐待家庭成员,情节恶劣的,即构成虐待罪,要受刑法制裁。

除禁止家庭成员的虐待外,也要禁止其他形式的家庭暴力。是将家庭暴力含于虐待中禁止,还是禁止一切形式的家庭暴力,曾是立法过程中有争议的问题。考虑到虐待和家庭暴力虽有重合之处,但虐待不能包括所有的家庭暴力行为,如夫妻之间吵架,丈夫一怒之下失手打死妻子,像这种行为,属于家庭暴力,但不属于虐待,在刑法上适用过失杀人罪,不适用虐待罪。因此,单独规定禁止家庭暴力。

家庭成员间的遗弃,是指对于年老、年幼、患病或其他没有独立生活能力的人,负有赡养、抚养或扶养义务的人不履行其义务的行为。家庭成员间的遗弃,主要包括子女不履行赡养义务而遗弃老人,父母不履行抚养义务而遗弃子女,丈夫不履行扶养义务而遗弃妻子或者妻子不履行扶养义务而遗弃丈夫等行为。遗弃家庭成员是极端个人主义思想的反映,是违反社会公德的可耻行为。遗弃家庭成员情节恶劣构成遗弃罪的,要依法承担刑事责任。

第一千零四十三条　家庭应当树立优良家风，弘扬家庭美德，重视家庭文明建设。

夫妻应当互相忠实，互相尊重，互相关爱；家庭成员应当敬老爱幼，互相帮助，维护平等、和睦、文明的婚姻家庭关系。

【释义】 本条是关于婚姻家庭道德规范的规定。

本法第1条规定了“弘扬社会主义核心价值观”。这是社会主义核心价值观与现代民法精神相辅相成、相得益彰的重要体现，也是新时代推进“德法共治”建设的具体举措。在民法领域一要贯彻法治，二要贯彻德治。在婚姻家庭领域，调整婚姻家庭关系，要特别强调弘扬社会主义核心价值观，特别强调法治和德治的结合，两者相辅相成、相互促进、缺一不可。

婚姻家庭关系十分复杂，涉及保障自然人人身权、财产权和维护社会主义秩序等问题应当依靠法治的权威性和强制性手段来规范人们的行为；涉及思想品行、生活习俗等问题应当依靠德治的感召力和劝导力提高人们的思想认识和道德觉悟。树立正确的世界观、人生观、价值观，使继承优良传统与弘扬时代精神相结合，遵行社会主义核心价值观。尊重个人合法权益与承担社会责任相统一，努力形成健康和谐、积极向上的思想道德规范。大力倡导树立优良家风，弘扬家庭美德，加强家庭文明建设，如倡导尊老爱幼、男女平等、夫妻和睦、勤俭持家、邻里团结等优良家风和家庭美德，建立文明家庭。这些对于建立和维护平等、和睦、文明的婚姻家庭关系是至关重要的，也是法治所不能包办代替的。因此，婚姻家庭法必须弘扬社会主义核心价值观，坚持法治和德治相结合。

编纂民法典婚姻家庭编，就要把弘扬社会主义核心价值观融入其中。民法典婚姻家庭编作为调整因婚姻家庭产生的民事关系的专编，必须大力弘扬社会主义核心价值观，大力弘扬夫妻互敬、孝老爱亲、家庭和睦的中华民族传统家庭美德，建立和维护平等、和睦、文明的婚姻家庭关系。在立法过程中，也有很多意见认为，为更好地贯彻落实习近平总书记关于加强家庭文明建设的讲话精神，更好地体现社会主义核心价值观，应当增加有关树立良好家风、弘扬家庭美德和建设文明家庭的规定。所以本条第1款规定："家庭应当树立优良家风，弘扬家庭美德，重视家庭文明建设。"

家风作为一个家庭的风气、风格与风尚，为家庭成员树立了无形的却又无处不在的价值准则。优良的家风支撑着家庭的和谐与平安，塑造着家庭成员的高尚品格和良好行为。传承和弘扬中华民族传统家庭美德，为家庭文明建设注入新的时代精神。家风同样是社会风气的重要组成部分，家风正则民风淳，好家风促进社会好风气。近年来，不少被查处领导干部的违纪违法问题都是因为不重视家风建设，对配偶、子女失管失教。所以，家风建设意义重大。作为调整婚姻家庭关系的民法典婚姻家庭编，就要旗帜鲜明地倡导优良家风建设、文明家庭建设，使婚姻家庭道德规范法律化。

婚姻法第4条规定："夫妻应当互相忠实，互相尊重；家庭成员间应当敬老爱幼，互相帮助，维护平等、和睦、文明的婚姻家庭关系。"有的意见认为，夫妻之间除应互相忠实、互相尊重外，还应当互相关爱。经研究，采纳了这一意见，在表述中增加"互相关爱"，作为本条第2款，修改为"夫妻应当互相忠实，互相尊重，互相关爱；家庭成员应当敬老爱幼，互相帮助，维护平等、和睦、文明的婚姻家庭关系"。树立优良家风，弘扬家庭美德，重视家庭文明建设，不是一句空话，夫妻之间、家庭成员之间都必须遵守我国的基本道德规范，坚持社会主义核心价值观。这一规定对于树立优良家风，弘扬家庭美德，建立和维护平等、和睦、文明的婚姻家庭关系具有强有力的推动作用。婚姻以夫妻共同生活为目的，夫妻双方应当互相忠实，互相尊重，互相关爱。家庭成员之间应当敬老爱幼，互相帮助。家庭是社会的细胞，家庭和睦是社会安定的重要基础。要提倡文明婚俗，勤俭持家，互爱互助，邻里团结，共同建立和维护平等、和睦、文明的婚姻家庭关系。

第一千零四十四条　收养应当遵循最有利于被收养人的原则，保障被收养人和收养人的合法权益。

禁止借收养名义买卖未成年人。

【释义】 本条是关于收养原则的规定。

本条来自收养法第2条和第20条。收养法第2条规定："收养应当有利于被收养的未成年人的抚养、成长，保障被收养人和收养人的合法权益，遵循平等自愿的原则，并不得违背社会公德。"收养法第20条规定："严禁买卖儿童或者借收养名义买卖儿童。"这次编纂民法典，将这两条合并修改为一条，作为原则条款规定在第1章中。"最有利于被收养人的原则"的根据是《儿童权利公约》的儿童利益最大化原则，我国是公约参加国，应当贯彻公约规定的原则。收养法规定的"平等自愿原则""不得违背社会公德"，民法典总则编有规定，这里不再重复规定。"买卖儿童"的问题由其他有关法律规定，这里也不再重复规定。

收养应当最有利于被收养的未成年人，这是收养的最高指导原则。从收养制度的发展史上看，收养目的有一个演变过程。收养产生之初，是为氏族的兴旺而收养，此称"为族之收养"。恩格斯在《家庭、私有制和国家的起源》一书中记载：氏族可以收养外人入族，并用这个办法吸收他们为整个部落的成员。这样，未杀死的俘虏，由于被一个氏族收养入族，就成为塞讷卡部落的成员，从而获得了氏族和部落的一切权利。收养外人入族的事情，是根据氏族的个别成员的提议而实行的：男子可以提议收养外人为兄弟或姊妹；女子可以提议收养外人为自己的孩子；为了确认这种收养，必须举行入族典礼。某些因特殊情形而人丁不旺的氏族，常常由于大批收养别一氏族（得到它的同意）的人入族而重新兴旺起来。在易洛魁人中间，入族典礼是在部落议事会公共集会上举行的，实际上已经把它变为一种宗教仪式。对于低级阶段的野蛮人来说，奴隶是没有用处的。所以，美洲印第安人处置战败敌人的办法，与较高发展阶段上的人们的处置办法，完全不同。男子被杀死或者当作兄弟编入胜利者的部落；妇女则作为妻子，或者把她们同她们残存的子女一起收养入族。恩格斯描绘了氏族的收养。阶级产生后,宗法制度下的收养是为了延续宗嗣,此称“为宗之收养”或曰“为家之收养”。此种收养的特征是仅家长享有收养权。随着宗法制度的废弛,人们的血统观念逐渐淡漠,资本主义初期出现了“为亲之收养”,人们基于养儿防老、增加劳动力等目的而收养,这时的收养强调保护养父母的利益。两次世界大战的爆发,造成大批孤儿、流浪儿的悲惨后果,收养的目的由此转向拯救幼孤,开始了“为子的收养”。扶助幼孤,保护被收养的儿童,这一宗旨延续至今。当今与两次世界大战时期不同的是,生父母一般不愿抚养非婚生子女、残疾子女和弃婴,为了这些孩子,收养法依然以保护被收养的未成年人的利益为最高准则。如《德国民法典》第1741条中规定,如果收养有益于子女的幸福并且可以期待收养人与子女之间产生父母子女关系,许可收养。《瑞士民法典》第264条中规定,收养人对养子女最少已抚育两年,并且可推定建立子女关系有利于养子女,又不致因此影响养父母的其他子女的地位,始得收养子女。我国台湾地区“民法”第1071条之一规定,法院为未成年人被收养之认可时,应依养子女最佳利益为之。这些都表明,现代收养制度仍以保护被收养的未成年人为最主要宗旨。

我国收养法亦强调被收养的未成年人的权利,收养法规定“收养应当有利于被收养的未成年人的抚养、成长”,本条规定“收养应当遵循最有利于被收养人的原则”。这一原则是贯穿于整个收养规定之中的。如本编第1093条规定丧失父母的孤儿、查找不到生父母的未成年人和生父母有特殊困难无力抚养的子女这三种未成年人可以被收养,这些未成年人若不被收养,可能影响他们的健康成长。又如本法第1100条第2款规定,收养孤儿、残疾未成年人或者儿童福利机构抚养的查找不到生父母的未成年人,可以不受收养人“无子女或者只有一名子女”条件的限制。本法第1107条规定:“孤儿或者生父母无力抚养的子女,可以由生父母的亲属、朋友抚养;抚养人与被抚养人的关系不适用本章规定。”这是以法律形式对我国扶助幼孤的优良传统予以肯定,以适应社会上多种情形的需要。孩子的父母双亡,或者父母有特殊困难无力抚养子女,父母的亲属、朋友就可以抚养这些孩子,使他们得到家的温暖。这种抚养关系不产生收养关系的权利义务。抚养人与被抚养人的关系称谓不变,不产生父母子女间的权利义务关系。

婚姻家庭法的收养规定在突出保护被收养的未成年人的同时,也兼顾保护收养人的利益。所以本条规定"保障被收养人和收养人的合法权益"。收养关系的当事人主要包括收养人、被收养人。除保护被收养人外,收养人的权利也要维护。国家设立收养制度,可以使某些无父无母的孤儿,以及出于某种原因不能随父母生活的儿童,得到家的温暖,在养父母的抚育下健康成长。同时,也满足某些无子女的人希望得到子女的合理愿望,他们通过收养子女,得到生活上的安慰,并在年老时有所依靠。被收养人和收养人的权利义务是统一的,收养人抚育被收养人,使之幼有所育;收养人年迈时,被收养人就应当尽赡养义务,使之老有所养。收养法维护被收养人和收养人双方的利益,但重在保护被收养人的权利。最有利于被收养人的原则与有利于收养人的原则在收养关系中并不是并行的,前者为主,后者为辅。

被收养的儿童不是商品,不容买卖。借收养名义买卖儿童实质是买卖而不是收养,必须旗帜鲜明地反对并予以禁止。所以本条第2款规定:"禁止借收养名义买卖未成年人。"收养法第31条第3款还规定:"出卖亲生子女的,由公安部门没收非法所得,并处以罚款;构成犯罪的,依法追究刑事责任。"买卖儿童的行为是严重的犯罪行为,不是民事行为,我国已有相关刑事法律的规定,可依这些法律予以制裁。民事法律不宜重复规定刑事规范,收养法第31条的上述内容本编没有规定。

第一千零四十五条　亲属包括配偶、血亲和姻亲。

配偶、父母、子女、兄弟姐妹、祖父母、外祖父母、孙子女、外孙子女为近亲属。

配偶、父母、子女和其他共同生活的近亲属为家庭成员。

【释义】 本条是关于亲属、近亲属及家庭成员的规定。

(一)亲属及其种类

亲属为有血缘关系或者婚姻关系的人。血缘关系包括法律拟制的血缘关系,如收养形成的父母子女关系。在有些国家如德国、瑞士、意大利,“亲属”一词不包括配偶,仅指血亲和姻亲,配偶是单独一种亲属关系。如《德国民法典》在“婚姻”一章规定配偶,在“亲属”一章规定其他亲属。学术上亲属有广义和狭义之分。我们与日本、韩国和我国台湾地区一致,都采取广义的亲属概念,包括配偶、血亲和姻亲。但在对配偶的分类上,学术上也有分歧。一种意见认为,配偶不能成为亲属的单独一类,配偶应属于姻亲。研究认为,现代亲属法以男女平等为原则,男女结婚后人格独立,平等享有权利、承担义务。配偶在亲属关系中处于核心地位,位居近亲属的首位。因此,配偶应作为单独一类而且作为首位与血亲、姻亲并列。本条第1款明确规定:“亲属包括配偶、血亲和姻亲。”

1. 配偶

男女因结婚互称配偶。配偶,亦即夫妻,是男女因结婚而形成的亲属关系。配偶在亲属关系中具有重要的特殊地位。与血亲、姻亲相比,配偶之间无亲系、亲等之说。没有男女结婚及夫妻生育的事实,便不能形成血亲关系。没有婚姻的中介,也不能形成姻亲关系。配偶是产生血亲和姻亲的基础,是亲属的独立类型。结婚是发生配偶关系的法律事实。结婚必须是一男一女结婚,同性之间不能结婚。有少数国家或地区承认同性婚姻,还有一些国家或地区给予同性以“生活伴侣”等称呼的登记,承认同居生活的状态。我国同世界上大多数国家和地区一样,不承认同性婚姻。

2. 血亲

血亲是指因自然的血缘关系而产生的亲属关系,也包括因法律拟制而产生的血亲关系。有自然血缘联系的亲属,称为自然血亲;因法律拟制的抚养关系而形成的亲属,称为拟制血亲。

亲生父母子女、祖孙、曾祖孙等之间,为直系血亲。养父母子女、有抚养关系的继父母子女之间,为拟制直系血亲。

同胞、半同胞兄弟姐妹,堂、表兄弟姐妹,伯、叔、姑、舅、姨与侄、甥之间为旁系血亲。拟制直系血亲关系的一方与对方的旁系血亲之间,为拟制旁系血亲。

自然血亲关系因出生而发生,因死亡而终止。拟制血亲关系因收养或者继父母与继子女形成抚养关系而发生,因一方死亡或者养父母子女关系、继父母子女关系依法解除而终止。“直系”“旁系”的“系”指亲系,亲系指亲属间的联系脉络。除配偶外,在血亲和姻亲之间都有一定的亲系可循。姻亲的亲系准用配偶一方与其血亲的亲系。亲属法根据亲属血缘联系的直接与否,将血亲的亲第分为直系血亲和旁系血亲。直系血亲,是指彼此之间有着直接血缘联系的血亲,己身所出和己身所从出的亲属,即生育自己和自己所生育的上下各代亲属,如父母子女、祖父母与孙子女、外祖父母与外孙子女。旁系血亲,是指与自己有着共同血缘,但彼此之间没有直接生育关系的血亲,如同胞兄弟姐妹之间,堂、表兄弟姐妹之间,伯、叔、姑与侄之间,舅、姨与甥之间。血亲是根据自然生殖,以出生的事实引起的存在遗传上的血缘关系的亲属。但法律意义上的血亲,还包括拟制血亲。拟制血亲指养父母子女关系、有抚养关系的继父母子女关系,以及非亲生子女与父母其他血亲的关系。拟制血亲是社会的需要,其与自然血亲的社会关系属性几乎没有差别,所以需要法律的认可与规范。

3. 血亲的亲等

血亲亲属之间的血缘联系有远有近,权利义务关系不同,所以需要确定,这就需要确定表示的方法。这种方法就是亲等及亲等的计算。亲等是表示血亲间血缘关系远近的单位,是计算亲属之间亲疏远近的单位。即一世代为一亲等,亲等数越多,关系越远,亲等数越少,关系越近。国际上通用的亲等计算方法主要有罗马法亲等计算法和寺院法的亲等计算法。罗马法亲等计算法和寺院法的亲等计算法在对直系血亲计算上是相同的。从己身往上数,每经一代为一等亲;从己身往下数,每经一代也是一等亲。比如,往上数,自己与父母为一亲等直系血亲,与祖父母、外祖父母为二亲等直系血亲;往下数,自己与子女为一亲等直系血亲,与孙子女、外孙子女为二亲等直系血亲。

在旁系血亲计算上,罗马法和寺院法两者不同。按照罗马法亲等计算法:从己身上数至共同的直系血亲,再由共同的直系血亲下数至所要计算的亲属,其世代相加之数,就是己身与所指亲属的亲等数。比如,自己与同胞兄弟姐妹的共同直系血亲是父母为一亲等,再由父母数至兄弟姐妹也为一亲等,“一加一等于二”,自己与兄弟姐妹便为二亲等旁系血亲。自己与伯、叔、姑、舅、姨的共同直系血亲均上数至祖父母或者外祖父母,均为三亲等旁系血亲。堂兄弟姐妹间为四亲等旁系血亲。

按照寺院法的亲等计算法:从己身上数至共同的直系血亲,再从所指亲属也上数至共同的直系血亲。如果双方与共同的直系血亲间的代数相同,可按一方的代数定其亲等,代数不同,则按代数多的一方定其亲等。比如,同胞兄弟姐妹上数至父母,代数相同,为一亲等旁系血亲。己身与伯、叔、姑共同的直系血亲为祖父母,己身与祖父母是二亲等,伯、叔、姑与祖父母是一亲等,以己身的代数确定,伯、叔、姑与侄为二亲等旁系血亲。堂兄弟姐妹上数至祖父母,代数相同,也为二亲等旁系血亲。

寺院法的旁系血亲计算法不能准确地表示旁系血亲间的亲疏远近关系,不如罗马法计算法科学,所以我国学者通常认可罗马法计算法。

我国婚姻法和本编对亲等及亲等计算都没有作专门规定。根据婚姻法第 7 条的规定,禁止结婚的情形包括“三代以内的旁系血亲”,本法第 1048 条中规定“三代以内的旁系血亲禁止结婚”。这个“代”是指世代,或者称“辈”。如果按照罗马法计算法,三代以内的旁系血亲,一类是己身与伯、叔、姑、舅、姨,属于三亲等,另一类是己身与堂、表兄弟姐妹,属于四亲等。

4. 姻亲

姻亲是以婚姻为中介形成的亲属,但不包括己身的配偶。一类是配偶的血亲,如岳父母、公婆。另一类是血亲的配偶,如儿媳、女婿、嫂、弟媳、姐夫、妹夫。姻亲也有亲等计算问题。己身与配偶的血亲的亲等,依己身从配偶与其血亲的亲等;己身与血亲的配偶的亲等,依己身与血亲的亲等。换句话说,配偶的血亲的亲等与配偶同,血亲的配偶的亲等与血亲同。如父母与子女是一亲等的直系血亲,儿媳、女婿是一亲等的直系姻亲。兄弟姐妹是二亲等的旁系血亲,嫂、弟媳、姐夫、妹夫是二亲等的旁系姻亲。

姻亲关系因婚姻而产生,亦因婚姻关系的解除而终止。离婚和婚姻被撤销,是姻亲关系终止的原因。在这个问题上有两种主义。一是消灭主义,二是不消灭主义。日本、意大利和我国台湾地区,采取消灭主义,即离婚或婚姻被撤销,姻亲关系终止。德国、瑞士,采取不消灭主义,即离婚或婚姻被撤销,姻亲关系不终止;婚姻当事人一方死亡,则姻亲关系也不终止。上述采取消灭主义的国家或地区,按其相关规定,姻亲不因婚姻一方的死亡而终止。我国存在丧偶儿媳、女婿继续赡养公婆、岳父母,为其养老送终的情况,也存在儿媳"离婚不离家",离婚后继续伺候公婆并为其养老送终的情况。我国继承法第12条和本法第1129条都作出了丧偶儿媳对公婆、丧偶女婿对岳父母尽了赡养义务,作为继承人继承财产的规定。可以肯定,在我国,婚姻当事人一方死亡,则姻亲关系不终止。离婚或婚姻被撤销,姻亲关系终止。对于儿媳"离婚不离家"的情况,应从保护妇女利益的角度出发,从权利义务相一致和公平的角度,特殊情况特殊处理。

(二)近亲属

我国许多法律都使用"近亲属"的概念。如在刑事类法律中规定,刑事自诉案件的自诉人可以委托其近亲属为代理人参加诉讼,在致人死亡的人身侵权损害赔偿案件中,其近亲属有权要求赔偿。在诉讼回避制度中,近亲属关系可以成为诉讼中回避的理由等。法院的司法解释也经常使用近亲属的概念。但不同的法律或者司法解释对其范围界定宽窄不同。所以,有必要界定其范围。本条规定,配偶、父母、子女、兄弟姐妹、祖父母、外祖父母、孙子女、外孙子女为近亲属。

近亲属的范围在立法过程中是有争议的。配偶作为近亲属没有争议。直系血亲划到哪个范围,就有争议。有的建议不划范围,凡直系血亲即属近亲属,有的认为应当划定在四亲等,即在高祖父母与玄孙子女的范围。旁系血亲划到哪个范围,也有争议。有的建议划定在二亲等,即兄弟姐妹;有的建议划到四亲等,即堂、表兄弟姐妹。本条确定的范围,是有权利义务关系的。这个范围内的亲属属于近亲属,大家都是认同的。境外规定近亲属的不多,但从有的规定看,基本上也是本条规定的这个范围。如《土库曼斯坦家庭法典》(通则)第1条中规定,近亲属是指父母(包含养父母)、配偶、子女(包含养子女)、祖父母、外祖父母、孙子女、外孙子女、全血缘和半血缘兄弟姐妹。《立陶宛民法典》第3编(家庭法)第3.135条规定,近亲属包含二亲等以内的直系血亲,即父母、子女、祖父母(外祖父母)、孙子女(外孙子女)。《哈萨克斯坦婚姻家庭法》(通则)第1条第1款(13)规定,近亲属是指父母、子女、养父母、养子女、全血缘和半血缘兄弟姐妹、祖父母、外祖父母、孙子女、外孙子女。有的国家规定的范围较窄,如《匈牙利民法典》第8编第8.1条中规定,近亲属是指配偶、血亲、养子女、继子女、养父母、继父母及兄弟姐妹。

立法过程中,有的意见建议规定共同生活的直系姻亲,即公婆、岳父母、儿媳、女婿,应视同近亲属。我们对这个意见进行过讨论,婚姻家庭编草案也曾以此建议规定条文征求意见。在审议和征求意见过程中,有的意见指出,近亲属一般应有权利义务关系,这样规定近亲属才有意义。姻亲之间无法定权利义务关系,他们之间在特定情形中产生的权利义务关系,可以作特别规定,如继承法规定丧偶儿媳、女婿对公婆、岳父母尽了主要赡养义务的有继承权,但不宜一般地规定为近亲属。共同生活本身也十分复杂,认定起来很困难。以"共同生活"作为近亲属的认定标准也有问题,在一起共同生活的可能没尽义务,不在一起共同生活的可能尽了很多义务。因此,不宜以共同生活界定姻亲是否为近亲属,否则司法实践中容易产生混乱。实践中的做法也是不将“公婆、岳父母、儿媳、女婿”等作为近亲属对待。综合考虑各方面的意见,经过认真研究,没有规定姻亲属于近亲属。

(三)家庭成员

“家庭成员”在日常生活中使用广泛,我国的法律法规经常出现这一概念,但对家庭成员的范围却没有统一认识。因此,许多意见建议在婚姻家庭编确定家庭成员范围。但是,家庭成员的范围究竟包括哪些亲属,有不同的意见。有的建议规定家庭成员为共同生活的近亲属;有的建议规定配偶、子女和其他共同生活的近亲属为家庭成员;有的认为,家庭成员除了配偶、父母、子女还应当包括兄弟姐妹、祖父母、外祖父母;有的认为还应当包括伯、叔、姑、舅、姨、侄、甥。境外的立法例较少,有的规定的范围较窄,如《蒙古国家庭法》(通则)第3条第1款第4项、第5项规定,家庭成员是指配偶,婚生和非婚生子女,养子女和共同生活的近亲属;有的规定得很宽,如《越南婚姻家庭法》(通则)第3条、第16条规定,家庭成员包括丈夫、妻子、生父母、养父母、继父母、岳父母、公婆、亲生子女、养子女、继子女、女婿、儿媳、全血缘兄弟姐妹、半血缘兄弟姐妹、祖父母、外祖父母、孙子女、外孙子女、姑姨叔舅、侄、侄女、外甥和外甥女。我国台湾地区“民法”没有规定“家庭成员”的概念,但规定了家的成员。根据我国台湾地区“民法”第1122条、第1123条的规定,家是以永久共同生活为目的而同居之亲属同体。同家之人,除家长外,均为家属。虽非亲属而以永久共同生活为目的同居一家的,视为家属。根据解释,所谓“非亲属”指父亲的妾、在家中生活的未婚妻等。我国台湾地区“民法”规定家的成员,强调长期共同生活为目的的同居的亲属。

经过认真研究,本条规定,配偶、父母、子女和其他共同生活的近亲属为家庭成员。家庭成员应是近亲属。有的近亲属如配偶、父母、子女,当然是家庭成员,即使已经不再在一起共同生活,也仍是家庭成员。比如自己成家后不再与父母一起生活,但与父母的权利义务关系不断,所以仍应是家庭成员。自己与子女也是这个道理,所以自己的子女也应是家庭成员。其他近亲属,如兄弟姐妹、祖父母、外祖父母、孙子女、外孙子女,如在一个家庭中共同生活,应当属于家庭成员,如不在一起共同生活,就不属于家庭成员。这个"共同生活",应是长久的同居在一起的共同生活,而不是短期的、临时性的共同生活。

第二章 结　　婚

本章共9条,对结婚自愿、法定结婚年龄、禁止结婚的情形、结婚程序、男女结婚后组成家庭、无效婚姻、因胁迫的可撤销婚姻、因隐瞒重大疾病的可撤销婚姻、无效或者被撤销婚姻法律后果等作了规定。

第一千零四十六条　结婚应当男女双方完全自愿,禁止任何一方对另一方加以强迫,禁止任何组织或者个人加以干涉。

【释义】 本条是关于结婚自愿的规定。

(一)婚姻和婚姻成立的要件

婚姻是男女双方以永久共同生活为目的,以夫妻的权利义务为内容的结合。婚姻关系是一种身份关系,夫妻双方在财产上的权利义务是附随于人身上的权利义务的。创设夫妻关系的婚姻行为是身份法上的行为。男女须有结婚的合意,但婚姻的成立条件与程序,婚姻的效力及解除都是法定的,而不是当事人意定的。因此,将婚姻视为合同是不相宜的。婚姻行为是民事法律行为,与其他民事法律行为具有共同点,但各种民事法律行为又有各自不同的本质属性,婚姻行为与合同行为中虽都要求有合意,但婚姻行为却不能也无法适用合同行为规则。

婚姻为两性的结合,通常有两个最基本的要素:主观方面,双方具有结为夫妻的共同生活的目的,并且对外以夫妻相称;客观方面,双方实施了缔结婚姻的行为。夫妻关系具有公示性,为亲友及其他社会公众所认可,而非婚同居、姘居的两性结合,则不具有婚姻的这些要素。男女双方关于结合为夫妻共同生活的意思表示一致,并使这种结合具有社会公示性,即为婚姻的成立。婚姻的成立亦称为结婚,是男女双方按照法律规定的条件和程序确定夫妻关系的一种法律行为,这是婚姻关系借以发生的法律事实。婚姻的全部法律效力,都是以结婚的成立为前提的。但是,婚姻制度的本质属性是合法性。自婚姻制度出现以后,不论任何时代,国家都要通过法律手段,对婚姻的成立规定各种要件。

婚姻成立的要件,通常分为两种:一是实质性要件。实质性要件为当事人不可不具备的要件,指当事人本身的状况,以及一方与另一方的关系,须符合法律要求。如当事人必须达到法定年龄,须有结婚的行为能力,须有结婚的合意,双方之间须无禁止的亲属关系等。实质性要件有轻重的不同,依其轻重差别,要件欠缺的效力不同。有的要件欠缺会使婚姻绝对无效,可称为无效要件;有的要件欠缺,并不妨碍成立婚姻,但有撤销权的当事人可以撤销而使婚姻归于无效,可称为撤销要件。二是形式要件。是指婚姻的成立的方式须符合法律的要求。当代各国和地区的婚姻家庭法多实行要式婚制,有的要求当事人办理结婚登记或者户籍申报,有的要求当事人举行公开仪式并有证人在场,有的要求当事人先申请主管部门颁发结婚许可证,然后举行仪式或办理登记,等等。要求结婚的程序必须合法,是规定形式要件的根本目的。

婚姻成立的要件在学术上也可有其他分类方式,如分为必备要件和禁止要件。所谓必备要件指当事人须达到法定年龄、须有结婚的合意等。禁止要件也可称消极要件或者婚姻障碍,必须不具备禁止结婚的情事,不存在这些障碍才能结婚,比如已有配偶、男女双方是不可结婚的近亲等。

(二)结婚自愿

根据本条规定,结婚应当男女双方完全自愿,这是婚姻自由原则在结婚上的具体体现。该规定的核心是,男女双方是否结婚、与谁结婚,应当由当事者本人决定。它包括两层含义:第一,应当是双方自愿,而不是一厢情愿。婚姻应以互爱为前提,任何一方都不得强迫对方成婚。第二,应当是当事人自愿,而不是父母等第三者采用包办、买卖等方式强迫男女双方结为夫妻。任何组织和个人都不得强迫当事人结婚或者不结婚。结婚是男女之间以建立家庭、互为配偶为目的的两性结合,这种结合从本质上讲,是以爱情为基础的,而爱情只能产生于当事人自身,其他人决定男女情感的命运是违背婚姻本质的。当然,法律要求本人自愿,并不排斥男女双方就个人的婚事征求父母、亲友的意见,也不排斥父母、亲友等第三人出于对当事人的关心和爱护对他们的婚姻提出看法和建议。

第一千零四十七条　结婚年龄,男不得早于二十二周岁,女不得早于二十周岁。

【释义】　本条是关于法定结婚年龄的规定。

婚姻的自然属性和社会属性要求,结婚只有达到一定的年龄,才能具备适合的生理条件和心理条件,也才能履行夫妻义务,承担家庭和社会的责任。所以,尽管我国法律赋予每个公民结婚的权利能力,但并非所有公民都可以成为婚姻法律关系的主体,只有达到法律规定的结婚年龄的人,才享有结婚的权利。

法定婚龄的确定,一方面要考虑自然因素,即人的身体发育和智力成熟情况,另一方面要考虑社会因素,即政治、经济、文化及人口发展等情况。因此,各国和地区关于法定婚龄的规定有所不同。根据学者对 193 个国家和地区的法定结婚年龄的统计分析,明确规定男性结婚年龄的国家和地区有 187 个。男性法定结婚年龄最高的为 22 岁,多数国家和地区规定为 18 岁至 22 岁之间。其中,采用 18 岁标准的有 130 个,占 69.5%。明确规定女性结婚年龄的国家和地区有 185 个。女性法定结婚年龄最高的为

21 岁,多数国家和地区规定为 18 岁至 21 岁之间。其中,采用 18 岁标准的有 121 个,占 65.4%。

美国多数州规定最低结婚年龄为男 21 岁、女 18 岁。《美国统一结婚离婚法》规定,16 岁以下的公民缔结婚姻需要得到父母或者监护人的同意,同时把对最低结婚年龄的立法权限授予各个州。西班牙、瑞士规定法定结婚年龄为 18 岁。法国、德国、意大利、澳大利亚、俄罗斯、智利、巴西都规定男女法定结婚年龄为 18 岁,但经特定程序可以降低婚龄至 16 岁。如法国规定,检察官可以基于重大理由同意免除结婚年龄的限制。德国规定,一方已满 16 岁,另一方已成年的,家庭法院可以根据当事人申请免除 18 岁的结婚年龄限制。意大利规定,在有重大理由的情况下,法院可以基于当事人的请求,准许年满 16 岁的未成年人结婚。澳大利亚规定,年满 16 岁但未满 18 岁的公民,可以向其所在州或者地区的法官或婚姻登记官申请,准许其和特定的已经达到法定婚龄的公民结婚。俄罗斯规定,在有正当理由的特殊情况下,地方自治机构可以根据当事人的申请,准许年满 16 岁的人结婚。智利规定,未满 18 岁的人结婚须经父母同意。巴西规定,年满 16 岁的未成年人结婚,须经过父母或者法定代理人批准。韩国的成年年龄为 20 岁,法定结婚年龄为 18 岁,未成年人结婚须经父母同意。日本目前的成年年龄为 20 岁,法定结婚年龄为男 18 岁、女 16 岁,未成年人结婚须征得父母同意。2018 年,日本国会通过修改民法部分内容的法律案,将成年年龄从 20 岁降到 18 岁,同时将男女结婚年龄统一为 18 岁,并相应删去了关于未成年人结婚须征得父母同意的规定。该新规定将于 2022 年 4 月 1 日起施行。

有些国家和地区规定的法定结婚年龄偏小。如英国的法定结婚年龄为 16 岁。菲律宾的法定结婚年龄为男 16 岁、女 14 岁。加拿大的法定结婚年龄为 16 岁,各省可以对结婚年龄作出特别规定。我国香港特别行政区的法定结婚年龄为 16 岁。男女任何一方或者双方已满 16 岁未满 21 岁,且该方或者双方并非鳏夫或者寡妇的,其结婚须经父母或者监护人同意。我国澳门特别行政区的成年年龄为18岁,法定结婚年龄为16岁;未成年人结婚,须经父母或者监护人同意,或者获得法院批准。我国台湾地区的成年年龄为20岁,法定结婚年龄为男18岁、女16岁;未成年人结婚须经法定代理人同意。

我国1950年婚姻法规定的法定婚龄为男20岁、女18岁。这与当时的政治、经济、文化发展水平以及人民群众的接受能力是相适应的。1980年修改婚姻法时,一方面考虑适当提高法定婚龄有利于广大青年的身心健康、工作和学习,以及计划生育工作;另一方面也注意到法定婚龄过高,不符合自然规律的要求,也脱离群众、脱离农村实际。因此规定"男不得早于二十二周岁,女不得早于二十周岁"。2001年修改婚姻法时,有的意见建议将男女的结婚年龄统一为一个标准,或均为22周岁,或均为20周岁。也有意见建议降低法定婚龄。考虑到1980年确定的婚龄执行情况基本是可行的,因此没有作出修改。在这次民法典婚姻家庭编征求意见的过程中,多数意见同意维持婚姻法规定的法定婚龄,也有少数意见认为应统一结婚年龄、适当降低法定婚龄。立法部门就此问题专门征求了有关部门意见,同时还委托国家统计局对公民结婚意向年龄开展了调查。从调查情况看,我国老百姓的实际平均结婚年龄和意向结婚年龄都高于法定婚龄。在上述工作的基础上,进行了认真研究,综合考虑各方面因素,本条仍延续婚姻法规定的法定婚龄不变。

我国婚姻法关于婚龄的规定,不是必婚年龄,也不是最佳婚龄,而是结婚的最低年龄,是划分违法婚姻与合法婚姻的年龄界限,只有达到了法定婚龄才能结婚,否则就是违法。法定婚龄不妨碍男女在自愿基础上,根据本人情况确定结婚时间。婚姻法规定的婚龄具有普遍适用性,但特殊情况下,法律也允许对婚龄作例外规定。比如考虑我国多民族的特点,婚姻法第50条规定,"民族自治地方的人民代表大会有权结合当地民族婚姻家庭的具体情况,制定变通规定"。这一条本编没有规定,因为立法法第75

条统一规定了民族自治地方对法律和行政法规的变通规定问题，本法不需要再作规定。目前，我国一些民族自治地方的立法机关对婚姻法中的法定婚龄作了变通规定。比如新疆、内蒙古、西藏等自治区和一些自治州、自治县，均以男20周岁、女18周岁作为本地区的最低婚龄。但这些变通规定仅适用于少数民族，不适用生活在该地区的汉族。

第一千零四十八条　直系血亲或者三代以内的旁系血亲禁止结婚。

【释义】　本条是关于禁止结婚的情形的规定。

血亲主要指出于同一祖先，有血缘关系的亲属，即自然血亲；也包括法律拟制的血亲，即虽无血缘联系，但法律确认其与自然血亲有同等的权利义务的亲属，比如养父母与养子女，继父母与受其抚养教育的继子女。

禁止血亲结婚是优生的要求。人类两性关系的发展证明，血缘过近的亲属间通婚，容易把双方生理上的缺陷遗传给后代，影响家庭幸福，危害民族健康。而没有血缘亲属关系的氏族之间的婚姻，能创造出在体质上和智力上都更加强健的人种。因此，各国和地区法律都禁止一定范围内的血亲结婚。例如，《日本民法典》禁止三亲等以内的旁系血亲结婚。《瑞士民法典》禁止直系尊血亲与直系卑血亲之间，全血缘或半血缘的兄弟姐妹之间，以及伯、叔、舅、姨父、姑父与侄女、外甥女之间，伯母、叔母、舅母、姑、姨与侄子、外甥之间结婚。我国也早有"男女同姓，其生不蕃"的说法，自西周以来，便禁止同姓为婚。唐代对同姓为婚处两年徒刑。明清律规定：同姓为婚者，各杖六十、离异。清末，将禁止同姓结婚改为禁止同宗为婚。我国台湾地区"民法"禁止下列亲属结婚：(1)直系血亲及直系姻亲。(2)旁系血亲在六亲等以内者，但因收养而成立之四亲等及六亲等旁系血亲，辈份相同者，不在此限。(3)旁系姻亲在五亲等之内，辈份相同者，不在此限。新中国成立后,1950 年婚姻法除禁止直系血亲、同胞兄弟姊妹,同父异母或同母异父兄弟姊妹结婚外,对其他五代以内的旁系血亲间禁止结婚的问题,作了从习惯的规定。1980 年婚姻法即修改为现在的规定:直系血亲和三代以内旁系血亲禁止结婚。根据本条规定,禁止结婚的血亲有两类:

第一,直系血亲。包括父母子女间,祖父母、外祖父母与孙子女、外孙子女间。即父亲不能娶女儿为妻,母亲不能嫁儿子为夫。爷爷(姥爷)不能与孙女(外孙女)婚配,奶奶(姥姥)不能与孙子(外孙子)结合。

第二,三代以内旁系血亲。包括:(1)同源于父母的兄弟姊妹(含同父异母、同母异父的兄弟姊妹)。即同一父母的子女之间不能结婚。(2)不同辈的叔、伯、姑、舅、姨与侄、甥。即叔叔(伯伯)不能和兄(弟)的女儿结婚;姑姑不能和兄弟的儿子结婚;舅舅不能和姊妹的女儿结婚;姨妈不能和姊妹的儿子结婚。

第一千零四十九条　要求结婚的男女双方应当亲自到婚姻登记机关申请结婚登记。符合本法规定的,予以登记,发给结婚证。完成结婚登记,即确立婚姻关系。未办理结婚登记的,应当补办登记。

【释义】　本条是关于结婚登记的规定。

结婚除必须符合法律规定的条件外,还必须履行法定的程序。根据本条规定,结婚登记是结婚的必经程序。

结婚登记是国家对婚姻关系的建立进行监督和管理的制度。登记制度,可以保障婚姻自由、一夫一妻原则的贯彻实施,避免违法婚姻,预防婚姻家庭纠纷的发生,同时也是在婚姻问题上进行法制宣传的重要环节。认真执行关于结婚登记的各项规定,对于巩固和发展社会主义婚姻家庭制度具有重要意义。

(一)婚姻登记机关

根据国务院婚姻登记条例的规定,内地居民办理婚姻登记的机关是县级人民政府民政部门或者乡(镇)人民政府,省、自治区、直辖市人民政府可以按照便民原则确定农村居民办理婚姻登记的具体机关。中国公民同外国人,内地居民同我国香港特别行政区居民(以下简称香港居民)、我国澳门特别行政区居民(以下简称澳门居民)、我国台湾地区居民(以下简称台湾居民)、华侨办理婚姻登记的机关是省、自治区、直辖市人民政府民政部门或者省、自治区、直辖市人民政府民政部门确定的机关。中国公民同外国人在中国内地结婚的,内地居民同香港居民、澳门居民、台湾居民、华侨在中国内地结婚的,男女双方应当共同到内地居民常住户口所在地的婚姻登记机关办理结婚登记。

《婚姻登记条例》第 19 条规定:“中华人民共和国驻外使(领)馆可以依照本条例的有关规定,为男女双方均居住于驻在国的中国公民办理婚姻登记。”

(二)结婚登记程序

结婚登记大致可分为申请、审查和登记三个环节。

1. 申请

(1)内地居民在中国境内申请结婚。内地居民结婚,男女双方应当共同到一方当事人常住户口所在地的婚姻登记机关办理结婚登记。办理结婚登记的内地居民应当出具下列证件和证明材料:本人的户口簿、身份证;本人无配偶以及与对方当事人没有直系血亲和三代以内旁系血亲关系的签字声明。

离过婚的,还应当持离婚证。离婚的当事人恢复夫妻关系的,必须双方亲自到一方户口所在地的婚姻登记机关申请复婚登记。

(2)香港、澳门、台湾居民在中国境内申请结婚。办理结婚登记的香港居民、澳门居民、台湾居民应当出具下列证件和证明材料:本人的有效通行证、身份证;经居住地公证机构公证的本人无配偶以及与对方当事人没有直系血亲和三代以内旁系血亲关系的声明。

(3)华侨在中国境内申请结婚。办理结婚登记的华侨应当出具下列证件和证明材料:本人的有效护照;居住国公证机构或者有权机关出具的、经中华人民共和国驻该国使(领)馆认证的本人无配偶以及与对方当事人没有直系血亲和三代以内旁系血亲关系的证明,或者中华人民共和国驻该国使(领)馆出具的本人无配偶以及与对方当事人没有直系血亲和三代以内旁系血亲关系的证明。

(4)外国人在中国境内申请结婚。办理结婚登记的外国人应当出具下列证件和证明材料:本人的有效护照或者其他有效的国际旅行证件;所在国公证机构或者有权机关出具的、经中华人民共和国驻该国使(领)馆认证或者该国驻华使(领)馆认证的本人无配偶的证明,或者所在国驻华使(领)馆出具的本人无配偶的证明。

申请婚姻登记的当事人,应当如实向婚姻登记机关提供规定的有关证件和证明,不得隐瞒真实情况。

2. 审查

婚姻登记机关应当对结婚登记当事人出具的证件、证明材料进行审查并询问相关情况。对当事人符合结婚条件的,应当当场予以登记,发给结婚证;对当事人不符合结婚条件不予登记的,应当向当事人说明理由。

3. 登记

(1)予以登记。婚姻登记机关对符合结婚条件的,应当即时予以登记,发给结婚证;对离过婚的,应注销其离婚证。

(2)不予登记。申请人有下列情形之一的,婚姻登记机关不予登记:①未到法定结婚年龄的;②非自愿的;③已有配偶的;④属于直系血亲或者三代以内旁系血亲的。

婚姻登记机关对当事人的婚姻登记申请不予登记的,应当以书面的形式说明理由。当事人认为符合婚姻登记条件而婚姻登记机关不予登记的,可以依法申请行政复议,对复议不服的,可以依法提起行政诉讼,也可以直接提起行政诉讼。

(三)事实婚姻问题

事实婚姻,指没有配偶的男女,未进行结婚登记,便以夫妻关系同居生活,群众也认为是夫妻关系的两性结合。

事实婚在我国长期大量存在,在广大农村特别是边远地区,事实婚甚至占当地婚姻总数的百分之六七十。造成这一状况的原因主要有:(1)传统习俗的影响。我国民间流行仪式婚,许多人认为,只要举行了婚礼,亲朋好友认可,就是夫妻了,没有必要再履行法律手续。(2)婚姻登记不方便。根据《婚姻登记条例》的规定,婚姻登记管理机关在城市是街道办事处或者市辖区、不设区的市人民政府的民政部门,在农村是乡、民族乡、镇人民政府。而我国幅员辽阔,对于地理位置偏远、交通不便的地区,进行结婚登记有一定困难。(3)登记制度不健全。比如,有的当事人到了婚姻登记机关,因办事人员不在等原因不能登记。有的擅自提高法定婚龄,使当事人的合法权利不能得到实现。(4)婚姻登记"搭车"收费。比如有的要收户口迁移保证金等。(5)法制宣传不够。人们的法制观念淡薄,对婚姻登记的重要性缺乏认识。有的人不具备法律规定的结婚条件,为逃避国家对婚姻的管理和监督,故意不登记,造成事实婚姻状态。

事实婚姻的效力,历来是法学界争论的重要问题。有的认为,承认事实婚,必然破坏婚姻登记制度,因此,凡不登记结婚的,应一律明确规定为无效婚姻。《最高人民法院关于人民法院审理未办结婚登记而以夫妻名义同居生活案件的若干意见》第1条规定:"1986年3月15日《婚姻登记办法》施行之前,未办结婚登记手续即以夫妻名义同居生活,群众也认为是夫妻关系的,一方向人民法院起诉'离婚',如起诉时双方均符合结婚的法定条件,可认定为事实婚姻关系;如起诉时一方或者双方不符合结婚的法定条件,应认定为非法同居关系。"第3条规定:"自民政部新的婚姻登记管理条例施行之日起,未办结婚登记即以夫妻名义同居生活,按非法同居关系对待。"不登记"结婚"的人不少,未办理登记的原因很复杂,有的是不符合结婚条件,更多的是符合结婚条件,因收费过高或登记不便利造成的。对没有进行结婚登记的,应区别情况分别处理。对违反结婚实质条件的,本法已规定为无效婚姻;对符合结婚实质要件,只是没有办理登记手续的,一律简单宣布为无效婚姻,对保护妇女的权益不利,应当通过加强法制宣传和完善登记制度等工作,采取补办登记等办法解决。因此,本条规定,“符合本法规定的”,“未办理结婚登记的,应当补办登记”。这一规定从积极角度重申了办理结婚登记的必要性,那些符合本法规定的结婚条件,举行了结婚仪式或已经以夫妻名义共同生活,但未办理结婚登记的男女,应尽早补办登记,以使自己的婚姻行为合法化。

(四)同居问题

随着社会经济的发展和人们思想观念的变化,同居现象的数量确实呈现递增的趋势。在2001年婚姻法修改时就注意到这一问题,并对其中的事实婚姻问题作出了规定,明确未办理结婚登记的,应当补办登记。根据这一规定,对于事实婚姻的处理应从实际情况出发区别对待,对符合结婚实质要件只是没有办理登记手续的,不应一律简单宣布为无效婚姻,应当通过采取补办登记等办法去解决。最高人民法院据此在司法解释中也作了一些规定。对其他方式的同居,现行法律没有作出明确规定。在编纂民法典的过程中,有的意见建议,在婚姻家庭编中对同居问题予以规定。经过认真研究,民法典延续了原有做法,主要是考虑:虽然随着社会观念的更新和开放,同居逐渐为一部分地区、一部分人所接受或者默许,但在整个社会中仍远未形成共识,肯定同居制度容易对现行婚姻登记制度造成较大冲击。现阶段同居的情形、原因也比较复杂,在法律中对同居问题作出统一的规定很难,也不一定有利于保护当事人的合法权益。而且同居涉及诸多法律问题,在大多数问题上各方面意见还很不统一,在法律中作出规定的条件还很不成熟。

第一千零五十条　登记结婚后,按照男女双方约定,女方可以成为男方家庭的成员,男方可以成为女方家庭的成员。

【释义】 本条是关于男女结婚后组成家庭的规定。

通常,结婚登记后,举办了婚礼,男女双方就开始了共同生活。根据双方的约定,男女可以到自己的住所,建立小家庭;或者一方到另一方家庭中去,成为其家庭成员。即女方可以到男方家去,男方也可以到女方家去落户。

在旧中国的婚姻制度下,一般是男娶女嫁,女到男家。男方虽然也有到女家的,但往往受到歧视,称男到女家为入赘,男方被社会看不起,上门赘婿往往还立有"小子无能,自愿入赘,改名换姓,一切听从"的字据,死后墓碑上常有"赵本王""李本杨"等字样,本上之姓乃妻家姓。新中国男女平等,男到女家不应受到歧视,应改变旧风俗。因此,1980 年婚姻法规定,登记结婚后,根据男女双方约定,女方可以成为男方家庭的成员,男方也可以成为女方家庭的成员。这一规定体现了男女平等的原则,是对旧的婚姻习俗的改革,其立法精神是提倡男到女家落户的婚姻。这条的规定,对破除封建思想和旧习俗,十分有利。2001 年婚姻法修改时,根据有的常委委员的审议意见,删去了 1980 年婚姻法规定的"男方也可以成为女方家庭的成员"中的"也"字,进一步体现男女平等的婚姻家庭原则。这次编纂民法典,基本延续原规定不变。

第一千零五十一条　有下列情形之一的,婚姻无效:

(一)重婚;

(二)有禁止结婚的亲属关系;

(三)未到法定婚龄。

【释义】 本条是关于无效婚姻的规定。

无效婚姻,是指欠缺婚姻成立的法定条件而不发生法律效力的男女两性的结合。

(一)为什么要确立无效婚姻制度

结婚应当符合一定的条件,如结婚必须男女双方完全自愿;

结婚年龄,男不得早于22周岁,女不得早于20周岁;直系血亲和三代以内旁系血亲不得结婚等。

但现实生活中,由于当事人弄虚作假、欺骗婚姻登记机关或者婚姻登记机关不依法履行职责等原因,使某些不符合结婚条件的男女当事人也经婚姻登记机关办理了结婚登记手续成为夫妻。对这些不符合本法规定的婚姻,当然不能承认其具有法律上的婚姻效力。因此,从完备我国婚姻家庭法律制度的角度出发,本法对无效婚姻作出明确规定。

(二)无效婚姻的情形

本条规定,有下列情形之一的,婚姻无效:(1)重婚;(2)有禁止结婚的亲属关系;(3)未到法定婚龄。

1. 重婚

我国实行一夫一妻的婚姻制度。因此,一夫一妻是我国婚姻家庭的基本制度。一夫一妻制是一男一女结为夫妻的婚姻制度。也就是说,一个男人只能娶一个妻子,一个妇女只能嫁一个丈夫。一个人不能同时与两个以上的人缔结婚姻。换句话说,任何人都只能有一个配偶,不能同时有两个或更多的配偶。一夫一妻制是社会主义婚姻家庭制度的基本原则,是在婚姻关系上实现男女平等的必要条件,也是男女真心相爱、建立美满婚姻的要求。实行一夫一妻制就必须反对重婚。

所谓重婚,是指有配偶的人又与他人登记结婚的违法行为,或者明知他人有配偶而与他人登记结婚的违法行为。但现实中,一些人钻法律空子,婚外与他人同居生活,不办理结婚登记,而是以夫妻的名义共同生活。按照刑法及有关司法解释的规定,构成重婚的法律要件是:当事人需履行婚姻登记手续;或者当事人以夫妻名义同居生活。依据上述规定,重婚有两种情况:一是有配偶者而重婚,指已经结婚的人,在婚姻关系存续期间,又与他人登记结婚,或者又与他人以夫妻的名义共同生活。二是明知他人有配偶而与之结婚,指没有配偶的人,明知他人有配偶而仍然与之登记结婚,或者仍然与之以夫妻的名义共同生活。重婚是被法律严格禁止的违法行为。对于重婚的,不仅要确认重婚者的第二个“婚姻”无效,解除其重婚关系,还应当依法追究重婚者的刑事责任,对此,刑法第258条规定,有配偶而重婚的,或者明知他人有配偶而与之结婚的,处2年以下有期徒刑或者拘役。

由于重婚违反了我国一夫一妻的婚姻家庭制度,严重违背了社会主义道德风尚,影响家庭稳定和社会安定,败坏社会风气,因此本条明确规定重婚(指重婚者的第二个婚姻)是无效婚姻。许多国家和地区的法律对重婚都是明令禁止的,并规定其为无效婚姻,如瑞士规定,结婚时配偶一方已经有婚姻关系的婚姻无效。俄罗斯规定,双方中有一方已与他人登记结婚的婚姻无效。菲律宾规定,重婚或多配偶的婚姻无效。我国台湾地区规定,违反有配偶者不得重婚或者一人不得同时与二人以上结婚规定的婚姻,为无效婚姻。

2. 有禁止结婚的亲属关系

禁止近亲结婚,是人类长期生活经验的总结。男女近亲结婚,很容易把双方基因缺陷遗传给下一代,有损于下一代的健康,不仅不利于下一代在社会中生活,也给国家、民族的兴旺和社会的发展带来不利的后果。因此,禁止近亲结婚是古今中外法律的通例。

近亲结婚对社会具有一定的危害性。因此,将有禁止结婚的亲属关系的婚姻规定为无效婚姻。许多国家和地区也有将近亲属间的婚姻视为无效婚姻的规定,如瑞士、意大利、俄罗斯、菲律宾等国家就根据本国的情况,规定婚姻当事人是法律禁止结婚的直系、旁系血亲、姻亲或者有收养关系的婚姻为无效婚姻。瑞士规定,配偶双方是被禁止结婚的血亲或者姻亲的婚姻无效。我国台湾地区规定,违反直系血亲、直系姻亲或者旁系血亲、旁系姻亲之辈份不相同或者旁系血亲之辈份相同,而在八亲等以内者不得结婚规定的婚姻,为无效婚姻。本条中规定的“有禁止结婚的亲属关系”,是指有本法第 1048 条规定的禁止结婚的情形,即结婚的男女双方是直系血亲或者是三代以内旁系血亲。

3. 未到法定婚龄

本法第 1047 条规定,结婚年龄,男不得早于 22 周岁,女不得早于 20 周岁。男 22 周岁,女 20 周岁,是男女可以结婚的法定年龄。法定结婚年龄是指法律规定的男女双方可以结婚的最低年龄。也就是说,男女双方不到这个年龄就不能结婚,只有达到或高于这个年龄才能结婚。对男女最低的结婚年龄予以规定,是古今中外法律的通例,其主要是由婚姻关系的自然属性和社会属性所决定的。根据人类生长的规律,男女只有达到一定的年龄,其生理和心理才发育成熟,如果过早结婚,开始过性生活,会对男女双方当事人的身体和心理带来不利的后果。如果过早结婚,当事人还不完全具备判断和处理事务的能力,很难承担婚后对家庭、子女和社会应尽的责任。因此,本法确定的男 22 周岁、女 20 周岁的法定结婚年龄,既考虑了男女青年的身心发育,又考虑了城乡群众的接受程度,是符合我国国情的。男女当事人结婚,未达到法定结婚年龄,违反了法定结婚年龄的规定,因此将其规定为无效婚姻。国外也有这样的规定,如意大利、俄罗斯。俄罗斯规定,结婚的男女双方未到法定结婚年龄的,应认定婚姻无效。意大利规定,违反未成年不得结婚规定而缔结的婚姻无效。

这里需要注意的是,男女当事人在有关部门确认其婚姻是否有效时仍未达到法定结婚年龄的,有关部门方可确认其婚姻无效。如果男女双方在结婚时的实际年龄低于法定结婚年龄一两岁,等过了一两年后,当事人或利害关系人申请确认婚姻无效,或有关部门要确认其婚姻无效时,男女双方当事人已达到法定结婚年龄的,不能确认其婚姻为无效婚姻。简言之,对未到法定结婚年龄的婚姻,应当在男女当事人的法定结婚年龄届至前提出或确认其婚姻无效。

第一千零五十二条　因胁迫结婚的，受胁迫的一方可以向人民法院请求撤销婚姻。

请求撤销婚姻的，应当自胁迫行为终止之日起一年内提出。

被非法限制人身自由的当事人请求撤销婚姻的，应当自恢复人身自由之日起一年内提出。

【释义】　本条是关于因胁迫的可撤销婚姻的规定。

可撤销婚姻，是指当事人因意思表示不真实而成立的婚姻，或者当事人成立的婚姻在结婚的要件上有欠缺，通过有撤销权的当事人行使撤销权，使已经发生法律效力的婚姻关系失去法律效力。

在 2001 婚姻法修改时，对不符合婚姻法规定的结婚条件的婚姻，是都规定为无效婚姻，还是分别规定为无效婚姻、可撤销的婚姻，存在很大分歧。有意见认为，不宜将不符合结婚条件的婚姻分为无效婚姻和可撤销婚姻两种情形，应当统一规定为无效婚姻。主要理由是：(1)我国实行的是结婚登记制度，要求结婚的男女在符合婚姻法规定的结婚应当具备的实质条件的情况下，还应当到婚姻登记机关履行结婚登记手续，婚姻登记机关对当事人要求结婚的申请进行审查，符合婚姻法规定的，予以登记，发给结婚证，取得结婚证，才确立了夫妻关系。即使要求结婚的男女当事人弄虚作假、欺骗婚姻登记机关或者婚姻登记机关不依法履行职责等，使某些欠缺结婚实质要件的男女当事人经婚姻登记机关办理了结婚登记手续，成为夫妻，那么，否认或者撤销这种婚姻关系的法律效力，必须由国家行使。因此，对不符合法定结婚条件的婚姻只有规定为无效婚姻，国家才能有权干预。(2)可撤销婚姻与法理相悖。和谁恋爱结婚是当事人的私事，而结婚登记则是一种行政法律行为，行政行为没有民事行为中那种无效与可撤销的区分，不能套用民事法律行为的规则。

经研究认为，结婚虽需国家认可，但结婚的行为是民事行为，当然适用民事行为的规则。结婚中的违法行为很复杂,需要根据不同的情形作出不同的处理。违法行为虽然复杂,但大致可以分为两类:第一类是必须认定其无效的,第二类是撤销与否可交当事人处理的。将侵犯当事人利益行为的撤销权交与当事人,是许多国家地区的通行做法。无效婚姻与可撤销婚姻是有区别的:无效婚姻多是违反公序良俗的,对此种婚姻,国家应当主动干预;可撤销婚姻多是违反私人利益的,对此只有当事人和法律规定的有请求权的特定人才能请求撤销婚姻关系。因此,对这两类婚姻行为在处理方式上有许多不同,主要表现在:(1)申请的当事人不同。可撤销婚姻必须由具有撤销权的当事人提出;无效婚姻除了当事人可以提出婚姻无效的申请外,国家有关部门或利害关系人也可以依职权或者依据法律的规定,提出某一婚姻关系为无效婚姻的申请。(2)申请的时间不同。可撤销婚姻当事人提出撤销婚姻效力的申请必须在法律赋予其行使撤销权的期间内提出,超过该期间,撤销权消灭;提出婚姻无效的申请,往往以客观是否存在法定无效婚姻的情形为准。本条规定的因胁迫而结婚的情形,有的婚后建立了感情,家庭和睦,是否撤销,宜由当事人决定,所以属于可撤销的婚姻。因此,2001 年婚姻法规定了无效婚姻,也规定了可撤销婚姻。民法典延续了这一规定。

因胁迫而结婚,主要是指婚姻关系中的一方当事人或者婚姻关系之外的第三人,对婚姻关系中的另一方当事人,予以威胁或者强迫,使婚姻中的另一方当事人违背自己的意愿而缔结婚姻关系的婚姻。胁迫婚姻违反了结婚须男女双方完全自愿的原则,是违法婚姻,考虑到被胁迫的一方,在结婚时,虽然是违背了自己的意愿与他人缔结了婚姻关系,但有可能在和他人结婚后,组建了家庭,经过一段时间生活,与对方建立了一定的感情,婚姻关系良好,特别是在有了孩子的情况下,与对方、与孩子更有一种难以割舍的关系,在这种情况下,法律明确规定胁迫婚姻为无效婚姻,不一定适当,所以将因胁迫而缔结的婚姻,规定为可撤销婚姻,把是否否认其婚姻效力的申请请求权交给受胁迫方。如果受胁迫方不想维持因胁迫而缔结的婚姻,可以向人民法院请求撤销该婚姻,法院经审查核实,宣告该婚姻没有法律效力;如果当事人最初受胁迫,但后来愿意共同生活,则可以放弃申请撤销婚姻效力的请求权,人民法院不能主动撤销当事人的婚姻关系。

本条对提出请求撤销婚姻效力的申请规定如下:

(一)提出撤销婚姻效力的请求权人

有权提出撤销婚姻效力的申请人只能是因胁迫结婚的被胁迫人。这是由于因胁迫而缔结的婚姻,受胁迫方在缔结婚姻关系时,不能真实地表达自己的意愿,婚姻关系违背受胁迫方的意志。为了贯彻执行婚姻自由的基本原则,保护当事人的合法权益,让受胁迫方能充分地表达自己的婚姻意志,本法规定尽管胁迫的婚姻已经成立,但是受胁迫方仍可以在胁迫的婚姻成立后向人民法院提出撤销其婚姻效力的申请。由于胁迫婚姻的另一方当事人在缔结婚姻关系时,并没有违背自己真实的婚姻意思。换句话说,当事人一方在结婚时已经明确知道自己将与被胁迫方结婚,且愿意与其结婚,因此胁迫婚姻的这方当事人在婚姻关系成立后,没有提出撤销婚姻效力的请求权。

(二)提出撤销婚姻效力申请的时间

因胁迫而结婚的,受胁迫方虽然具有撤销该婚姻效力的请求权,但是这一请求权的行使不是没有任何限制的。本条规定,受胁迫的一方撤销婚姻的请求,应当自胁迫行为终止之日起一年内提出。被非法限制人身自由的当事人请求撤销婚姻的,应当自恢复人身自由之日起一年内提出。这个规定表明,受胁迫方必须在法律规定的时间内行使撤销其婚姻效力的请求权。这是因为,因胁迫而缔结的婚姻往往是受胁迫方违背了自己的意愿而缔结的婚姻,如果结婚后受胁迫方自愿接受了已经成立的婚姻关系,那么,法律就会让这个婚姻关系继续有效。如果结婚后受胁迫方不愿维持已经成立的婚姻关系,就可以请求人民法院撤销其婚姻效力,使已经缔结的婚姻关系失效。然而,如果受胁迫方长期不行使这个权利,不主张撤销婚姻的效力,就会使这一婚姻关系长期处于一种不稳定的状态,不利于保护另一方当事人的合法权益,特别是双方当事人所生子女的利益,也不利于家庭、社会的稳定。同时还可能使人民法院在判断是否撤销当事人婚姻效力时,由于时间太长而无法作出准确的判断。因此本条规定,受胁迫方提出撤销婚姻效力的请求权必须在法律规定的时间内行使,如果超过了法律规定的期限还不行使,受胁迫方就失去了请求撤销婚姻效力的权利,其所缔结的婚姻为合法有效的婚姻,受胁迫方不得再以相同的理由申请撤销该婚姻。

依据本条的规定,受胁迫方行使请求撤销婚姻效力的请求权的期限是一年,也就是说在这一年期限内,受胁迫方必须决定是否提出请求撤销婚姻效力的申请,否则,受胁迫方就失去了提出申请撤销婚姻效力的权利。那么,这一年的期限从何时起算呢?本条规定的这一年期限的起算时间有两种情形:第一,自受胁迫方胁迫行为终止之日起算,即受胁迫方应当在胁迫行为终止之日起一年内决定是否申请撤销其婚姻的效力。这里需要说明的是,婚姻法第11条规定的是"自结婚登记之日起一年内提出",本条修改为"自胁迫行为终止之日起一年内提出"。因为胁迫行为可能延续到结婚登记后一年之后,由"结婚登记之日起"改作"胁迫行为终止之日起"更为合理。第二,自受胁迫方恢复人身自由之日起算,即受胁迫方自恢复人身自由之日起一年内决定是否申请撤销其婚姻的效力。这种情况主要考虑在胁迫的婚姻中,有的受胁迫方是被非法限制人身自由的,如被绑架、拐卖的妇女被迫与他人缔结婚姻关系,这些妇女在被他人限制人身自由,有关部门未解救前,是无法提出撤销婚姻效力的申请的,故被非法限制人身自由的受胁迫方提出撤销婚姻效力的申请时间必须待其恢复人身自由之日起算。

立法过程中,有些人提出应当规定欺诈的婚姻为可撤销婚姻。如欺骗对方,说自己很有钱,能带其出国;又如伪造自己的学历、经历、职业、职务,如谎说自己家境显赫、富有;再如隐瞒自己的前科,隐瞒自己有子女,隐瞒自己与他人发生过性关系,隐瞒自己的婚史,等等。这些意见没有被采纳。上述事例虽属欺诈,但却不能因此请求撤销婚姻关系。因为欺诈的情形非常复杂,有的欺诈,如隐瞒禁止结婚的亲属关系、隐瞒未到法定婚龄、已婚的欺骗未婚的,本法已规定为无效婚姻。对于隐瞒重大疾病的行为,本法下一条规定为可撤销婚姻的事由。其他因隐瞒、欺诈导致夫妻感情破裂的,可以通过离婚解除婚姻关系。

(三)有权撤销婚姻效力的机关

根据本条规定,有权撤销婚姻关系的机关为人民法院,这与婚姻法的规定不同。婚姻法第 11 条规定,因胁迫结婚的,受胁迫的一方可以向婚姻登记机关或者人民法院请求撤销该婚姻。这次编纂民法典,只保留了向人民法院请求撤销婚姻的规定,删除了向婚姻登记机关请求撤销婚姻的规定。这是因为,因受胁迫撤销婚姻的问题非常复杂,是否存在胁迫,撤销婚姻后如何处理双方的财产关系和可能的子女抚养问题,都需要经过审理才能弄清楚和作出合理的裁判。这个工作由婚姻登记机关进行不合适,应当由人民法院处理。在立法过程中,许多学者和一些地方、单位提出,可撤销婚姻应当由人民法院处理,而不应再由婚姻登记机关处理。有关主管部门也提出,行政部门处理可撤销婚姻难度很大,特别是如果涉及财产关系处理和子女抚养,双方很难达成协议,最后还得由人民法院处理,所以不应再规定可撤销婚姻由婚姻登记机关处理,而应只规定由人民法院处理。从国外的情况看,可撤销婚姻基本上也是由法院处理。因此,经过认真研究,决定删除有关受胁迫一方向婚姻登记机关请求撤销婚姻的规定,此类可撤销婚姻的纠纷由人民法院处理。

第一千零五十三条　一方患有重大疾病的,应当在结婚登记前如实告知另一方;不如实告知的,另一方可以向人民法院请求撤销婚姻。

请求撤销婚姻的,应当自知道或者应当知道撤销事由之日起一年内提出。

【释义】 本条是关于因隐瞒重大疾病的可撤销婚姻的规定。

本条修改自规定禁婚条件的婚姻法第7条。根据婚姻法第7条的规定,禁止结婚的情形包括“患有医学上认为不应当结婚的疾病”。民法典婚姻家庭编没有保留此项禁止结婚的条件。

从优生优育、提高人口素质的政策出发,根据1950年婚姻法第5条的规定,患花柳病或精神失常未经治愈,患麻风或其他在医学上认为不应结婚之疾病者禁止结婚。花柳病是性病的另一个说法。到1980年婚姻法制定之时,我国性病患者并不多,通常能得到有效控制。精神病的情况较为复杂,有轻有重,不是都不能结婚。根据1980年婚姻法第6条的规定,禁止结婚的情形包括患麻风病未经治愈或患其他在医学上认为不应当结婚的疾病,保留了1950年婚姻法规定的“麻风病”,没有再明确规定性病、精神病。这两类疾病严重的,可以作为“医学上认为不应当结婚的疾病”。2001年婚姻法修改时,卫生部门的同志提出,新中国成立初期,我国患麻风病的患者较多,现在我国已经基本消灭了麻风病。麻风病不遗传、传染性小、发病率低,即使将病毒注入健康的人体内,也不一定发病,90%的人对麻风病有天然抵抗力。随着科学技术的发展,治愈麻风病已不存在问题。1999年世界卫生组织大会明确提出建立无麻风病的世界,标准是一万人不超过一人患麻风病,并取消了对麻风病隔离治疗的措施,像对其他传染病一样对待。我国提出的基本消灭麻风病的标准大大高于世界卫生组织的标准。因此,应当取消麻风病未治愈不宜结婚的规定。

2001年婚姻法修改时,我国已有母婴保健法。按照1994年母婴保健法规定,婚前医学检查包括“严重遗传性疾病”“指定传染病”“有关精神病”三类疾病的检查。所谓“严重遗传性疾病”是指由于遗传因素先天形成,患者全部或者部分丧失自主生活能力,后代再现风险高,医学上认为不宜生育的遗传性疾病。所谓“指定传染病”,是指传染病防治法规定的艾滋病、淋病、梅毒以及医学上认为影响结婚和生育的其他传染病。所谓“有关精神病”,是指精神分裂症、躁狂抑郁型精神病以及其他重型精神病。母婴保健法规定了婚检项目,但并未确定禁婚疾病。2001年修改婚姻法时研究认为,随着科学技术的发展,许多医学上认为不宜结婚的疾病会随之治愈,同时还会发现新的不宜结婚的疾病。因此,婚姻法不宜明确具体地规定哪种疾病是医学上认为不宜结婚的疾病。实际生活中,哪些是医学上认为不宜结婚的疾病,可由行政法规或有关部门具体规定。所以,2001年婚姻法没有再列举疾病名称,只规定了“医学上认为不应当结婚的疾病”为禁婚条件。

从1950年婚姻法到1980年婚姻法,再到2001年婚姻法,都规定了疾病的禁婚条件,出发点是好的,也的确起到了促进优生优育、提高人口素质的作用。但是,随着经济的发展,医疗水平的提高,列名禁婚的疾病消失了或者能够得到有效的控制,因此不再作为禁止结婚的疾病。2001年婚姻法表述为“医学上认为不应当结婚的疾病”,没有规定具体的疾病名称。母婴保健法规定了三类疾病,只是规定婚检项目和暂缓结婚的情形。有关部门之间一直在沟通,想把不应当结婚的疾病明确下来,但是一直没有解决。在实际操作中,禁婚疾病的情况比较复杂,科学性和专业性比较强,很难采用列举的方式确定不应当结婚的疾病。因此,在民法典编纂过程中,各方面的意见大多数建议删除关于禁婚疾病的内容。

另外,结婚是人生大事,结不结婚、和谁结婚是应由当事人自己决定的事情,也涉及婚姻自愿、婚姻自由的问题。即使当事人一方患有严重疾病,另一方知情,但仍愿意结婚,如不许可结婚,似与婚姻自愿、婚姻自由原则相冲突。如果当事人明知对方患病而仍愿意结婚,应当尊重当事人自己的意愿,尊重当事人的婚姻自主权。有的专家认为,纵观当代立法例,如美国、英国、德国、法国、瑞士、日本等,在关于婚姻实质要件的禁止性规定中,均无禁婚疾病的规定。因患某种疾病而禁止结婚,是对结婚权利的剥夺。对于患有医学上认为不宜结婚疾病的人,是否结婚的决定权属于双方当事人,即在相互知晓对方身体健康状况的情况下自主决定。但患病一方负有婚前向对方如实告知的义务,违反此告知义务、隐瞒病情而与对方结婚的，将构成婚姻欺诈，对方有权请求人民法院撤销其婚姻。

基于此，考虑上述情况和各方面的意见，经过认真研究，本次编纂婚姻家庭编，对疾病的禁婚条件未作规定，只是将“隐瞒重大疾病”作为撤销婚姻的条件作了专门规定。

男女结婚组成家庭后，不仅开始了两个人的共同生活，夫妻互相依存、互相帮助、互相扶养，而且还承担着养育子女的义务。如果婚前患有医学上认为不应当结婚的疾病，结婚后则可能传染给对方，或者传染、遗传给下一代，不利于家庭的和睦、幸福。因此，为了配偶和子女的身体健康，如果婚前患有重大疾病，就不能隐瞒，应当在结婚登记前如实告知另一方；结婚登记前不如实告知的，结婚登记后另一方可以向人民法院请求撤销婚姻。

本条规定，请求撤销婚姻的，应当自知道或者应当知道撤销事由之日起一年内向人民法院提出。所谓“知道”是指有直接和充分的证据证明当事人知道对方患病。“应当知道”指虽然没有直接和充分的证据证明当事人知道，但是根据生活经验、相关事实和证据，按照一般人的普遍认知能力，运用逻辑推理可以推断当事人知道对方患病。如果不能在知道或者应当知道撤销事由之日起一年内提出，就只能通过协议离婚或者诉讼离婚的程序解除婚姻关系。

构成欺诈需在主观和客观方面均为重大或重要。在主观方面，结婚时关于疾病的事项，如不因被隐瞒而发生错误认知，如果知道疾病事项，就一定不会结婚。即从隐瞒到错误认识再到结婚具有一连串的因果关系，如果没有隐瞒就没有结婚，隐瞒的疾病事项对婚姻有着决定性影响。在客观方面，也必须相当重大或重要。有的解释为涉及“婚姻要素”，有的解释为涉及“婚姻本质”。如本条规定的“重大疾病”，《瑞士民法典》规定的严重危害其或其后代的健康的疾病，而不是一般的感冒、发烧等小病症。当然，主观方面和客观方面是相联系的。

在立法过程中，有的意见认为，应当明确规定隐瞒了哪些重大疾病才作为撤销婚姻的事由。1950年婚姻法规定了“花柳病”“精神失常未经治愈”“麻风病”为禁婚条件。1980年婚姻法规定“麻风病”为禁婚条件。2001年婚姻法规定的禁婚条件没有具体列举疾病名称。母婴保健法规定了婚前医学检查的“严重遗传性疾病”“指定传染病”“有关精神病”三类疾病。本条没有具体列明哪些疾病属于“重大疾病”主要是考虑到技术在进步,医疗水平在提高。在不同的历史时期,认定的重大疾病完全可能是不同的。重大疾病具体是什么病,或者某种疾病是不是重大疾病,需要司法机关和有关的部门、单位在司法实践中进行认定。

第一千零五十四条　无效的或者被撤销的婚姻自始没有法律约束力,当事人不具有夫妻的权利和义务。同居期间所得的财产,由当事人协议处理;协议不成的,由人民法院根据照顾无过错方的原则判决。对重婚导致的无效婚姻的财产处理,不得侵害合法婚姻当事人的财产权益。当事人所生的子女,适用本法关于父母子女的规定。

婚姻无效或者被撤销的,无过错方有权请求损害赔偿。

【释义】　本条是关于无效或者被撤销婚姻法律后果的规定。

本条对无效或者被撤销的婚姻的法律后果作了规定,即无效或者被撤销的婚姻,自始没有法律约束力。子女和财产处理规则相同。无效婚姻和可撤销婚姻虽然在法律后果上是一致的,但无效婚姻和可撤销婚姻还是存在不同之处,主要表现在:(1)无效婚姻是违反禁止结婚条件的,当事人或是已有配偶,或是有不能结婚的亲属关系,或是不到法定年龄。可撤销婚姻是因为胁迫,本不自愿,或者因为被隐瞒重大疾病产生认识错误,如果知道就不会结婚。(2)对于无效婚姻,当事人、利害关系人和相关组织都可以申请无效,人民法院可依法宣告无效。受胁迫和受隐瞒重大疾病的两类可撤销婚姻,只有当事人可以申请撤销,人民法院必须依当事人的申请撤销。(3)无效婚姻的宣告没有时间上的限制,人民法院根据实际情况而裁判是否宣告无效。可撤销婚姻当事人必须在规定的时间内提出,超出规定的时间则不能再提出撤销申请,如要解除婚姻关系只能走离婚的程序。

在立法过程中,对于无效和可撤销婚姻的法律后果是有争议的。反对无效和被撤销的婚姻均自始无效的意见认为,民法上一般无效行为和可撤销行为虽法律效果相同,可撤销行为同样具溯及力,但婚姻的无效和可撤销情况不同。如果无视婚姻关系的特殊性而使其撤销具有溯及力,则不仅对婚姻关系被撤销前所发生的身份事实不可能恢复原状,即使对双方所为之财产赠与、家事劳动的提供等财产事实强制恢复原状,将显然不利于当事人及其子女合法利益的保护。因此,德国、日本、瑞士、韩国以及我国台湾地区均规定撤销婚姻不具溯及力。

一些国家和地区规定的撤销婚姻,按我国的制度来说,有的属于无效,有的属于可撤销。一些国家和地区对撤销婚姻是否具有溯及力问题,有三类情况:一是绝对的溯及效力,如 1950 年颁布离婚法之前的英国。古代罗马法,亦采此主义。二是"误想婚"。通常指一方为善意的,对善意方,相当于离婚的效果,如《法国民法典》第 201 条、第 202 条的规定。三是准用离婚效力的制度,如德国、瑞士。婚姻撤销的不溯及,确属多数国家采用的制度。从其立法的理由看,是为妇女和子女的利益。不具溯及力,则相当于离婚对妇女的保护,子女亦可为婚生子女。然而我国的情况不同。无效婚姻,自始无效,子女同婚生子同样对待,并无异议。可撤销婚姻,亦自始无效,子女同婚生子同样对待。无效婚姻和可撤销婚姻的子女,虽然在逻辑上可认为是非婚生子女,但社会上并不认为是私生子,并不存在歧视的问题,也并不存在抚养的问题,亲生父母的抚养义务与婚生子女并无不同。即使称非婚生子女,按照规定,非婚生子女享有与婚生子女同等的权利,也不存在问题。无论无效婚姻还是可撤销婚姻,财产的问题依双方协议,协议不成,由法院根据照顾无过错方的原则裁判。无效婚姻和可撤销婚姻使无过错方受到损害,所以无过错方有权请求损害赔偿。使无效婚姻与可撤销婚姻自始无效、不具溯及力是当事人的意愿。所以,我国不存在那些必须使解除的婚姻具有溯及力才能解决的问题。在征求意见的过程中,公众对婚姻法有关无效婚姻和可撤销婚姻自始无效的规定并无异议。所以,本条仍然坚持原来的规定。

按照本条规定,无效或者被撤销的婚姻,婚姻关系自始不发生法律约束力。即从当事人结婚之时,婚姻就没有法律效力。即使当事人骗取婚姻登记,该婚姻也是自始无效,而不是从人民法院宣告之时起婚姻才没有法律效力。这种婚姻关系不论结婚的事实是否发生,结婚时间是否长久,婚姻关系被法律确认自始不存在,不受法律保护。

无效或者被撤销的婚姻,当事人之间不具有夫妻的权利和义务。本法规定,夫妻有互相扶养的义务。一方不履行扶养义务时,需要扶养的一方,有要求对方给付扶养费的权利。夫妻有相互继承遗产的权利。夫妻一方因抚育子女、照料老人、协助另一方工作等负担较多义务的,离婚时有权向另一方请求补偿,另一方应当给予补偿。离婚时,如一方生活困难,有负担能力的另一方应当给予适当帮助。因一方重婚或者与他人同居、实施家庭暴力、虐待、遗弃家庭成员或者其他重大过错而导致离婚的,无过错方有权请求损害赔偿。本法有关夫妻权利义务的规定,前提是合法婚姻,是有效婚姻。由于无效婚姻、可撤销婚姻欠缺婚姻成立的法定条件,是不合法婚姻,有关夫妻权利义务的规定对无效婚姻、被撤销婚姻的当事人都不适用。

无效或者被撤销的婚姻,当事人所生子女的权利义务关系适用本法有关父母子女间的权利义务的规定。无效婚姻、可撤销婚姻不具有法律效力,但由于男女当事人的同居关系,可能产生生儿育女的事实,随之而来的是对无效婚姻、可撤销婚姻所生子女法律地位的确定。从逻辑上讲,由于无效婚姻、可撤销婚姻的男女双方没有合法的夫妻关系,他们在共同生活期间所生的子女应为非婚生子女,但从世界各国和地区的立法规定及司法实践看,许多国家都从保护子女利益出发，对无效婚姻、可撤销婚姻当事人共同生活期间所生的子女，采取保护的原则，承认其子女的合法地位。民法典婚姻家庭编确立的基本原则之一是保护妇女、未成年人、老年人和残疾人的合法权益。本法第1071条规定，非婚生子女享有与婚生子女同等的权利，任何组织或者个人不得加以危害和歧视。因此在规定无效婚姻、可撤销婚姻当事人所生子女的法律地位时，坚持并贯彻了这一基本原则，规定无效或者被撤销的婚姻当事人所生子女的权利义务，与合法婚姻当事人所生子女的权利义务一样。如父母对未成年子女有抚养、教育和保护的义务，成年子女对父母有赡养、扶助和保护的义务。父母不履行抚养义务的，未成年子女或者不能独立生活的成年子女，有要求父母给付抚养费的权利。成年子女不履行赡养义务的，缺乏劳动能力或者生活困难的父母，有要求成年子女给付赡养费的权利。父母有教育、保护未成年子女的权利和义务，未成年子女造成他人损害的，父母应当依法承担民事责任。婚姻关系被确认为无效或者被撤销后，父母对子女仍有抚养和教育的权利和义务，一方抚养子女，另一方应负担部分或者全部抚养费。不直接抚养子女的父或母，有探望子女的权利，另一方有协助的义务。

无效或者被撤销的婚姻，当事人同居期间所得的财产，由当事人协议处理；协议不成的，由人民法院根据照顾无过错方的原则判决。对重婚导致的无效婚姻的财产处理，不得侵害合法婚姻当事人的财产权益。

在2001年婚姻法修改过程中，对如何规定无效婚姻、可撤销婚姻当事人同居期间所得财产的处理原则，存在不同的看法。一种意见认为，无效婚姻、可撤销婚姻是违法婚姻，在解除其违法婚姻关系时，对当事人同居期间所得财产的处理应当与解除合法婚姻关系时财产处理的原则有所区别。处理无效或者被撤销婚姻当事人同居期间所得财产的原则应当是：(1)双方当事人同居期间各自的收入，认定为个人财产。双方各自继承和受赠的财产，按照个人财产对待。无效婚姻、可撤销婚姻被解除时，当事人一方个人的财产归个人所有。(2)同居期间当事人双方共同所得的收入和购置的财产,按照按份共有处理。婚姻被确认为无效或婚姻关系被撤销后,双方当事人都有权请求从共有财产中分割出属于自己的份额。(3)对同居期间为共同生产、生活而形成的债权、债务,债权按照按份共有处理,债务由双方协议偿还,协议不成时由人民法院依法判决,双方对债务互负连带责任。

另一种意见认为,无效婚姻、可撤销婚姻虽然不符合法定的结婚条件,当事人之间不是合法的夫妻关系,但是,对当事人同居期间所得财产的处理原则,不宜完全按照民法通则按份共有的原则分割。对于无效婚姻或者可撤销婚姻,当事人在同居期间,如果一方收入比另一方多,按照按份共有分割当事人同居期间所得的财产,那么,收入多的一方分得的财产必定比另一方多,而另一方虽然收入少,但在抚育子女、照料老人等家务上付出了大量的劳动,有的还协助另一方工作,并承担了较多的义务。因此,在分割当事人同居期间所得财产时,不能按照按份共有的原则分割,否则不利于保护妇女、儿童和老年人的合法权益。

在广泛听取各方面意见的基础上,经过认真研究,多次修改,婚姻法规定无效的或者被撤销的婚姻,当事人同居期间所得的财产,在婚姻被确认无效或者婚姻关系被依法撤销时,由当事人协议处理。如果无效婚姻或者可撤销婚姻当事人在同居期间对财产的归属有约定的,要依据当事人的约定分割当事人同居期间的财产。如果当事人对同居期间财产的归属没有约定,又达不成协议,人民法院对当事人同居期间所得的财产,根据照顾无过错方的原则予以分割。即对无效婚姻或者可撤销婚姻的无过错一方当事人可以多分财产。但是,对因重婚导致婚姻无效的财产的处理,不得侵害合法婚姻当事人的财产权益,即多分重婚导致的无效婚姻当事人同居期间所得财产给无过错方,不得侵害重婚一方合法婚姻的配偶一方当事人的财产权益。例如,甲有配偶又与乙登记结婚,人民法院根据照顾无过错方的原则,分割甲、乙在无效婚姻期间所得财产时,不能将本应是甲第一个合法婚姻的夫妻共同财产分给乙。民法典继续延续了这一规定。

在立法过程中,有专家学者和社会公众提出,无效婚姻和可撤销婚姻给无过错的当事人带来极大伤害,仅规定根据照顾无过错方的原则分配财产是远远不够的。受到伤害就应有权请求赔偿,伤害他人就得承担赔偿责任。婚姻无效和被撤销的,还应当赋予无过错方请求损害赔偿的权利,以有利于保护无过错方的权益。境外也有这方面的立法例。如我国台湾地区"民法"第 999 条规定,当事人之一方因结婚无效或被撤销而受有损害者,得向他方请求赔偿。但他方无过失者,不在此限。我们经研究采纳了这一意见。本条第 2 款规定:"婚姻无效或者被撤销的,无过错方有权请求损害赔偿。"

第三章　家 庭 关 系

本章分两节,共 21 条。第 1 节为夫妻关系,对夫妻地位、夫妻姓名权、人身自由权、对子女的权利义务、相互扶养义务、日常家事代理权、相互遗产继承权,以及夫妻共同财产、个人财产、共同债务的界定,约定财产制,婚内析产等作了规定;第 2 节为父母子女关系和其他近亲属关系,对父母与子女之间的权利和义务、非婚生子女、继父母与继子女、亲子关系异议之诉,以及祖父母、外祖父母与孙子女、外孙子女之间抚养和赡养义务,兄弟姐妹间扶养义务等作了规定。

第一节　夫 妻 关 系

第一千零五十五条　夫妻在婚姻家庭中地位平等。

【释义】　本条是关于夫妻地位平等的规定。

(一)夫妻与夫妻关系

夫妻,丈夫与妻子的合称,即男女通过合法的婚姻组成的配偶。按照通常的说法,夫妻是以共同生活为目的而结合的伴侣。

夫妻双方具有特定的身份,虽然这种身份关系在不同的时代有很多不同的内容,但是在根本上,夫妻是性伴侣。这种两性之间的关系与社会上其他的两性关系有着本质的区别。夫妻是两性的结合,互为性对象,同性结合不构成夫妻。夫妻两性的结合还必须是合法的。在有些国家和地区,这种合法结合的方式可能不止一种,有法律婚、仪式婚,仪式婚也是结婚的合法形式之一。不以合法的方式结合的男女两性,不能称为夫妻。

夫妻是性伴侣,又是生活的伴侣。夫妻生活是多方面的,是非常复杂的,夫妻有许许多多的权利与义务。夫妻要生育子女、抚养子女、教育子女。夫妻要相互扶养,还要赡养老人。夫妻要面对的,还有许许多多的事情。夫妻关系是人与人之间最为亲密也最为复杂的关系。

夫妻关系是家庭关系的核心,其内容十分广泛,但依其性质,可以分为夫妻人身关系与夫妻财产关系两个方面。所谓夫妻人身关系,是指夫妻之间基于人格和身份形成的无直接物质利益因素的权利义务关系。比如,本法第1056条规定的夫妻的姓名权,第1057条规定的夫妻参加生产、工作、学习和社会活动的自由权等。所谓夫妻财产关系,是指夫妻之间基于物质利益而形成的权利义务关系。比如,本法第1062条、第1063条规定的夫妻共同财产和个人财产,本法第1064条规定的夫妻共同债务等。需要说明的是,夫妻财产关系是基于夫妻人身关系而产生的,从属于夫妻人身关系。

夫妻关系在家庭关系中占有重要地位,夫妻关系是家庭关系的基础,没有夫妻关系就不会产生家庭关系。男女结婚,组成一个新的家庭,也产生了新的家庭关系。夫妻生儿育女,使家庭关系得到进一步的延续、发展。夫妻关系在家庭关系中承上启下,夫妻赡养老人、为老人送终;生育、抚养、教育子女,使其成家立业,代代相传。可以说,夫妻关系在家庭中举足轻重,对整个家庭关系有着决定性的影响。从一定程度上说,家庭的稳定又是社会稳定的基础。家庭不和睦、子女教育出现问题,都会带来社会问题。因此,我们必须认识夫妻关系的性质与特点,了解夫妻关系的内容,处理好夫妻关系。这对于家庭的和睦美满和社会的稳定与健康发展,具有重要意义。

(二)近代以来我国有关夫妻关系的立法

鸦片战争以后,中国逐步沦为半殖民地半封建社会。我国近代的亲属立法,从清末开始。1910 年(宣统二年)颁行的大清现行刑律,夫妻关系的规定沿用了明律、清律的规定。肯定包办婚姻与纳妾,也有“七出”的规定。1911 年(宣统三年)起草了大清民律草案,未及实行,清朝已亡。1915 年,北洋政府制定民律亲属编草案,也未实行。这两个草案,在夫妻关系的规定上有一些进步,但仍有浓厚的封建色彩。1931 年实施的国民政府民法亲属编,大量抄袭德国、日本民法典的规定,从形式上看,体现了男女平等、夫妻平等。但是,对纳妾事实上是承认的,仍然维护了旧的家庭制度,也维护了夫妻关系的不平等。而同时,中国共产党领导的苏区立法所确立的婚姻制度,与国民党政府相比,“是两个绝对相反的世界”。1931 年的《中华苏维埃共和国宪法大纲》《中华苏维埃共和国婚姻条例》及有关该条例的决议,规定了解放妇女,婚姻自由,废除一切封建的包办、强迫与买卖婚姻,实行一夫一妻、禁止一夫多妻,男女平等、夫妻平等,为我国的婚姻制度翻开了崭新的一页。抗日战争、解放战争时期的陕甘宁边区、晋察冀边区有关婚姻的立法都坚持了这些原则。

新中国成立后不久,1950 年 5 月公布施行了《中华人民共和国婚姻法》,废除了旧的家庭制度,建立了全新的新民主主义家庭制度。1950 年婚姻法第 1 条规定,实行一夫一妻、男女权利平等的婚姻制度。第 7 条进一步规定,夫妻为共同生活的伴侣,在家庭中地位平等。这些规定,建立在推翻了剥削与压迫、劳动人民当家作主的基础之上,反映了劳动人民的意志,也是新民主主义新型家庭关系的反映,因此得到了人民的一致拥护。婚姻法的实施在很大程度上消灭了包办婚姻、买卖婚姻,改造了旧的家庭关系,扫除了历史遗留下来的婚姻家庭领域里的封建习俗和封建思想。1980年,婚姻法作了修改,在夫妻关系上,延续了1950年婚姻法的规定,第9条明确规定:"夫妻在家庭中地位平等。"2001年4月修改婚姻法时对此条内容未作变动,条文序号变更为第13条。这次编纂民法典婚姻家庭编,本条在2001年婚姻法第13条的文字上作了一些修改。根据社会经济发展过程中的新情况、新问题,在有关夫妻关系具体内容的条文上作了相应修改,这是为了更加有利于贯彻男女平等、夫妻平等的原则。

(三)夫妻地位平等

夫妻双方在婚姻家庭中的地位,总是与男女两性的社会地位相一致的。社会主义中国实行公有制,人民当家作主,人人平等、男女平等是社会主义的法制原则。新中国成立七十多年来,我国妇女的地位有了很大的提高,男女平等、夫妻平等不再是我国法治建设要达到的目标,而是我国的现实。我国宪法第48条规定:"中华人民共和国妇女在政治的、经济的、文化的、社会的和家庭的生活等各方面享有同男子平等的权利。国家保护妇女的权利和利益,实行男女同工同酬,培养和选拔妇女干部。"规定夫妻地位平等,是男女平等原则在婚姻家庭中的集中体现,是社会主义夫妻关系的根本要求和主要特征。规定夫妻地位平等,是对旧中国封建婚姻制度的否定,是对旧中国夫权婚姻的否定,是对男尊女卑封建观念的否定。自1950年的婚姻法至现在的民法典婚姻家庭编之所以均单独规定夫妻地位平等这一条,是因为中国的婚姻家庭从封建的婚姻家庭中解脱出来了,但还有一些地区的经济不够发达,观念闭塞,男尊女卑的观念还很有市场,如伤害、丢弃女婴以及针对妇女的家庭暴力时有发生;包办婚姻、买卖婚姻的情况还存在;有些地方还有包养情人的情况。新中国成立已经七十多年,但实践当中还有不少夫妻地位不平等的现象存在,本条规定仍有其必要性和现实性。对本条规定,可以从以下几个方面理解：

第一，夫妻在婚姻家庭中地位平等的规定，是处理夫妻关系的指导原则，是确定夫妻之间各项权利义务的基础。夫妻地位平等意味着夫妻在共同生活中平等地行使法律规定的权利，平等地履行法律规定的义务，共同承担对婚姻、家庭和社会的责任。在“家庭关系”一章中规定夫妻地位平等，也是婚姻家庭编“一般规定”一章中规定的男女平等原则在婚姻家庭关系中的具体体现。夫妻地位平等作为“家庭关系”一章的第一条，也是“家庭关系”一章其他各条的指导原则，“家庭关系”一章中的其他各条都要贯彻这一原则。“家庭关系”一章只有20余条，而现实生活是复杂的，涉及婚姻家庭关系会出现各种各样的情况，在司法实践中，要解决矛盾、解决纠纷，要依法作出裁判。在法律没有具体规定的情况下，对夫妻关系的处理，就要依据夫妻在婚姻家庭中地位平等这一规定作出判断。因此，本条规定也为司法实践中处理夫妻之间的权利义务纠纷提供了依据。

第二，规定夫妻在婚姻家庭中地位平等，主要意义在于强调夫妻在人格上的平等以及权利义务的平等。夫妻双方应当互相尊重对方的人格独立，不得剥夺对方享有的权利，夫妻任何一方不能只享有权利不尽义务，或者只尽义务而不享有权利。特别是要强调保护妇女，保护妻子在家庭中的人格独立，禁止歧视妇女，禁止家庭暴力，禁止对妻子的虐待和遗弃。重点是要保护妇女在家庭中的各项权益。

第三，规定夫妻在婚姻家庭中地位平等，不是指夫妻的权利义务一一对等，更不是指夫妻要平均承担家庭劳务等。平等不是平均，权利义务可以合理分配和承担，家庭劳务也可以合理分担。对于婚姻家庭事务，夫妻双方均有权发表意见，应当协商作出决定，一方不应独断专行。

第一千零五十六条　夫妻双方都有各自使用自己姓名的权利。

【释义】 本条是关于夫妻姓名权的规定。

(一)姓名权

世界万物,总要取个名字,以便于识别,人也是如此。人的名字在法律上的正式称谓为"姓名"。姓名是自然人的特定化标志,是自然人的"符号"。有了姓名,就便于与其他人区别开来。"姓名"由"姓"加"名"组成。"姓"是其家族的标志,"名"是本人的标志。

姓名权是指自然人依法享有的决定、使用、变更或者许可他人使用自己的姓名并排除他人干涉或者非法使用的权利。姓名权是自然人的一项重要人格权,是自然人独立人格的重要标志。本法第1012条明确规定:"自然人享有姓名权,有权依法决定、使用、变更或者许可他人使用自己的姓名,但是不得违背公序良俗。"第1014条规定:"任何组织或者个人不得以干涉、盗用、假冒等方式侵害他人的姓名权或者名称权。"根据上述规定,姓名权的内容包括:(1)姓名决定权。姓名决定权指自然人决定其姓名的权利。(2)姓名变更权。姓名变更权是指自然人变更其姓名的权利。(3)姓名使用权。姓名使用权是指自然人依法使用自己姓名的权利,包括自己使用、不使用和禁止他人使用的权利。(4)姓名许可他人使用权。姓名许可他人使用权是指自然人依法许可他人使用自己姓名的权利。(5)姓名维护权。姓名维护权是指自然人在自己的姓名权受到侵害时,有权提出停止侵害、排除妨害、赔偿损失等请求,以保护自己的姓名权的权利。

(二)夫妻的姓名权

夫或者妻有无独立的姓名权是夫或者妻在婚姻家庭中有无独立人格的重要标志。在古代和资本主义社会初期,无论是中国还是西方,大都要求妇女从夫姓,这显然是夫权婚姻的产物。我国古代婚姻大多为男娶女嫁,结婚后女方要冠以夫姓,即将丈夫的姓放在自己的姓之前。有些妇女往往只有小名,有的甚至没有自己的名,如"张王氏",谓姓王的嫁给姓张的做妻子。即使到了民国时期,中华民国民法亲属编第1000条仍规定,妻以其本姓冠以夫姓,赘夫以其本姓冠以妻姓,但当事人另有约定者,不在此限。

近现代以来,随着男女平权主义的发展,对已婚妇女姓名权歧视的做法多已有了很大改变。从其他国家和地区的立法例来看,仍有少部分国家规定妻从夫姓或者妻冠夫姓。比如,《瑞士民法典》第160条规定,夫的姓氏为配偶双方的姓氏。《意大利民法典》第143条之二规定,妻在其固有的姓氏前附加夫的姓氏,而且在作为寡妇的身份继续中至再婚为止将其保有。但是大部分国家和地区已经改变了这一做法,而是明确规定夫姓或者妻姓都可以作为夫妻姓氏。比如,《德国民法典》第1355条中规定,婚姻双方应当确定共同的家庭姓氏(婚姻姓氏)。婚姻双方使用由他们确定的共同姓氏。如果婚姻双方未确定婚姻姓氏的,则他们在结婚之后仍然使用其直至结婚之时所使用的姓氏。《日本民法典》第750条规定,夫妻可以依结婚时的约定,称丈夫或者妻子的姓氏。《俄罗斯联邦家庭法典》第32条规定,结婚时,夫妻可以按照自己的意愿选择一方的姓作为共同的姓或者双方各自保留自己婚前的姓,或者将另一方的姓与自己的姓合并,但俄罗斯联邦各主体的法律另有规定时除外。英国的惯例做法是,缔结婚姻后,妻子可以自主决定自己的姓氏,可以保留原姓,可以在其原姓前冠以夫姓,也可以变更原姓而改用夫姓。美国各州的法律也大都规定妻子有权决定自己的姓氏,可以保留原姓,可在其原姓前冠以夫姓,也可以随夫姓。我国香港特别行政区对于夫妻姓名权没有专门法律规定,在实际生活中一般适用英国惯例。我国澳门特别行政区民法典第1538条规定,夫妻婚后可各自保留其本姓,亦可选择冠以对方不超过两个之姓氏。但保留前配偶姓氏之人不得选择冠以对方配偶不超过两个之姓氏。我国台湾地区“民法”第1000条规定,夫妻各保有其本姓。但得书面约定以其本姓冠以配偶之姓,并向户政机关登记。冠姓之一方得随时回复其本姓。但于同一婚姻关系存续中以一次为限。

1950年婚姻法第11条规定:“夫妻有各用自己姓名的权利。”

废除了在姓名问题上歧视妇女的旧法，明确了夫妻在姓名权上完全平等的规定。1980年和2001年修改的婚姻法均延续了这一规定。这次编纂民法典，对这一条仅作了文字上的修改，实质内容没有变化。根据本条规定，自然人的姓名权不受婚姻的影响，男女双方结婚后，其婚前姓名无需改变，妇女结婚后仍然有权使用自己的姓名。这对于保障已婚妇女的独立人格，促进夫妻在婚姻家庭关系中地位平等，具有积极意义。

第一千零五十七条　夫妻双方都有参加生产、工作、学习和社会活动的自由，一方不得对另一方加以限制或者干涉。

【释义】　本条是关于夫妻人身自由权的规定。

人身自由权是每个自然人最基本的权利，夫妻的人身自由权是自然人人身自由权的具体体现，是夫妻在婚姻家庭关系中地位平等的重要标志。夫妻的人身自由权是指夫妻双方从事社会职业、参加社会活动和进行社会交往的权利和自由，强调自然人的人身自由权不因结婚而受限制。这一权利对男女双方都适用，但实际上重点是保障妇女在婚后仍然享有独立人格、具有独立身份，能够按照自己的意愿从事社会职业、参加社会活动和进行社会交往，禁止丈夫或者其他人对妻子人身自由权利的干涉。

规定夫妻人身自由权有重要的意义。在旧中国，妇女在家庭中处于从属的地位，作为妻子的妇女更是受到各种约束，参加社会活动是根本不可能的事情。妇女是“从人者”，凡事“皆从男子”，婚前从父兄、婚后从夫、夫死从儿。“女不言外”，妇女被囚禁在家庭的牢笼之中，排除在社会活动之外，在家庭中伺候丈夫、老人与儿女，从事家务劳动，无权过问更无权参与社会公共管理事务。由于妇女不能从事社会活动，在家庭中处于从属地位，在社会上更没有地位。妇女如果不参加社会工作，生活依赖丈夫，就不可能享有与男子真正的平等的地位。妇女只有积极参加学习、不断提高自身的政治觉悟和文化素质，参加公共劳动和社会活动，才能使其家庭和社会地位真正得到提高，也才能真正与男子平等。因此，1950年婚姻法第9条规定，“夫妻双方均有选择职业、参加工作和参加社会活动的自由”。这一规定对妇女积极参加生产和社会工作起到了积极的作用。1980年婚姻法对这一条进行了完善，增加了参加学习的自由。2001年修改的婚姻法和本次民法典婚姻家庭编，对这一条规定都未作修改。

根据本条规定，夫妻人身自由权主要包括以下三个方面的内容：

（一）夫妻双方都有参加生产、工作的权利

所谓生产、工作是指一切从事的社会职业和社会劳动。我国妇女参加生产、工作非常积极，国家与社会也提供了有力的保障，妇女权益保障法中对保护妇女的劳动权益作了详尽规定。妇女享有参加生产、工作的自由权而不受干涉，是妇女享有与丈夫平等地位的前提。

（二）夫妻双方都有参加学习的权利

这里的学习，不仅包括正规的在校学习，也包括扫盲学习、职业培训以及其他各种形式的专业知识与专业技能的学习。保证妇女学习的自由权，对于提高妇女的文化素质、提高妇女的就业率，进而保障妇女在家庭中与丈夫的平等地位都是必不可少的。而且，保证妇女学习的自由权，对于子女的培养、对于全民族文化素质的提高，也具有重要意义。

（三）夫妻双方都有参加社会活动的权利

所谓社会活动，包括参政、议政活动，科学、技术、文学、艺术和其他文化活动，各种群众组织、社会团体的活动，以及各种形式的公益活动等。参加社会活动的自由权来自公民依法享有的民主权利，是社会主义条件下对夫妻关系的要求。婚姻法对夫妻参与社会活动自由权的规定主要是保护妇女的。旧中国妇女被排斥在社会生活之外，新中国成立以后，妇女全面参与国家和社会事务管理，在政治、经济、教育、科技文化、体育、卫生等社会生活的各个方面都取得了令人瞩目的发展。明确妇女参与社会活动的自由,是夫妻人格独立、享有人身自由的重要体现。

但要注意的是,本条规定了夫妻的人身自由权,并不意味着夫妻可以不顾家庭、为所欲为。夫妻行使人身自由的权利,必须符合法律与社会主义道德的要求,不得滥用权利损害家庭和他人的合法权益。自然人婚前与婚后截然不同,对配偶、子女、家庭有不可推卸的义务和责任。夫妻任何一方在行使自己的人身自由权的同时,还必须履行自己对家庭应承担的义务和责任,两者应当协调统一起来。夫妻有参加社会活动的自由,但是夫妻也有相互扶养的义务,有抚养、教育子女的义务,有赡养老人的义务。如果夫妻一方对家庭、子女漠不关心,不顾一切地参加各种社会活动,与本条的立法精神是不相符合的。夫妻之间应当互相尊重、互谅互让、互相协商,处理好参加生产、工作、学习和社会活动与尽到家庭责任之间的关系。只有这样,家庭才能幸福和睦。

第一千零五十八条　夫妻双方平等享有对未成年子女抚养、教育和保护的权利,共同承担对未成年子女抚养、教育和保护的义务。

【释义】　本条是关于夫妻双方平等享有和共同承担对未成年子女抚养、教育和保护的权利和义务的规定。

本法第26条第1款规定:“父母对未成年子女负有抚养、教育和保护的义务。”抚养是指父母抚育子女的成长,并为他们的生活、学习提供一定的物质条件。教育是指父母要按照法律和道德要求,采取正确的方法,对其未成年子女进行教导,并对其行为进行必要的约束,其目的是保障未成年子女的身心健康。保护是指父母应当保护其未成年子女的人身安全和合法权益,预防和排除来自外界的危害,使其未成年子女的身心处于安全状态。抚养、教育和保护子女既是父母应尽的义务,也是父母应有的权利。

要强调的是,父母对子女的抚养、教育和保护的权利和义务,由父母双方平等享有、共同承担,而非一方的单方权利和义务。

这是现代各国几乎都确立的父母共同亲权原则。早期资本主义社会的民事立法几乎都片面地把亲权的行使交与父亲一方,剥夺了母亲一方对子女的亲权。比如,1804 年《法国民法典》第 33 条曾规定,父母在婚姻关系存续中,亲权由父单独行使之。后来,随着社会的进步,亲权逐渐摆脱了家族主义和父权的束缚,许多国家在立法上规定了共同亲权原则,如 1970 年修改后的《法国民法典》第 372 条规定,父与母共同行使亲权,从而确定了共同亲权的原则。日本在 1948 年修改民法时,在第 818 条中规定,亲权由父母共同行使之。

在我国奴隶和封建社会,父母与子女的关系强调父权和父治,要求子女服从父亲的管治,奉行"父为子纲""子不教,父之过",子女一般也没有独立的财产,家中的财产一般由父亲全权支配。母亲在家庭中一般没有什么权利,亲权集中由父亲行使。新中国成立后,实现了男女平等,在家庭关系上,实行夫妻地位平等。婚姻法明确规定了父母都有管教和保护其未成年子女的权利和义务。妇女权益保障法第 49 条第 1 款也明确规定,父母双方对未成年子女享有平等的监护权。这次编纂民法典,增加了本条规定,对共同亲权原则作了进一步的明确和强调。

共同亲权原则实际上是男女平等原则的体现。根据本条规定,对未成年子女抚养、教育和保护的权利由该子女的父母即夫妻双方平等享有,如何行使这一权利夫妻双方应当共同决定,不允许任何一方剥夺对方的这一权利;同样,对未成年子女抚养、教育和保护的义务由夫妻双方共同承担,不允许任何一方不履行这一义务。

第一千零五十九条　夫妻有相互扶养的义务。

需要扶养的一方,在另一方不履行扶养义务时,有要求其给付扶养费的权利。

【释义】 本条是关于夫妻相互扶养义务的规定。

夫妻相互扶养义务是指夫妻之间相互供养和扶助的法定义务,对保障夫妻正常生活,维护婚姻家庭关系的稳定,具有重要意义。夫妻相互扶养义务与夫妻人身关系密不可分,夫妻之间接受对方扶养的权利和履行扶养对方的义务是基于夫妻间的配偶身份关系的产生而产生的,也会随着夫妻间的配偶身份关系的消灭而消灭。即这一义务始于婚姻关系确立之日,终止于婚姻关系解除之日。

夫妻之间的相互扶养既是权利又是义务,而且这种权利义务是相互对应和平等的,夫妻互为权利主体和义务主体。也就是说,丈夫有扶养其妻子的义务,妻子也有扶养其丈夫的义务;反之,夫妻任何一方均享有受对方扶养的权利。夫妻相互扶养义务与夫妻地位平等是相适应的。在历史上,由于夫妻地位不平等,丈夫成为家庭的主导者,妻子实际上是其丈夫的附属品。基于妻对夫的人身依附关系,很多国家当时都规定了夫有扶养其妻的义务,妻是其夫的被扶养者。在近代资产阶级民事立法中,虽然强调天赋人权、权利平等,废除了夫权制度,但还没有完全体现夫妻权利地位的平等,如旧的《法国民法典》一方面规定了夫妻负有相互忠实、帮助、救援的义务,但同时又规定了丈夫应当保护其妻子,丈夫负有接纳其妻子,并按照其财力和身份供给其妻生活上需要的义务。又如旧的《德国民法典》第1360条规定,丈夫应当按照其社会地位、财产及收益能力扶养其妻;如丈夫不能扶养自己时,妻子应当按照其财产及收益地位给以与丈夫社会地位相当的扶养。21世纪二三十年代以来,特别是第二次世界大战以后,随着科技革命的迅速发展,妇女在经济上逐渐获得独立,尤其是妇女解放运动深入发展,人们的思想观念发生了急剧的变化,在婚姻家庭立法上进行了全面调整,以夫妻权利地位平等取代了过去民法上维护夫权的规定,同时规定了夫妻有相互扶养的义务。如新的《法国民法典》第212条规定,夫妻双方应当相互忠诚、相互帮助和救助。新的《德国民法典》第1360条规定,配偶双方相互负有与其劳动能力相当的扶养义务。

在新中国成立以前的漫长历史时期，特别强调夫权的统治，奉行“夫为妻纲”，妻子处于无权地位，生活上完全受其丈夫的支配。在经济上，由于封闭的封建经济模式，男主外、女主内，妻子在经济上也从属于其丈夫，因此丈夫理所应当地负起扶养其妻子的义务。由于封建势力的强大和顽固，以及中国民族资产阶级的软弱和政治地位不强大，这种夫权制度一直保持到 20 世纪 40 年代。新中国成立后，1950 年制定的婚姻法，确定了男女权利平等为婚姻法的基本原则。1980 年婚姻法中进一步确认了男女平等为婚姻法的基本原则，在第 14 条中规定了夫妻有互相扶养的义务。2001 年修改婚姻法和本次编纂民法典，也充分肯定了男女平等为婚姻法的基本原则，保留了 1980 年婚姻法第 14 条规定的内容。

夫妻互相扶养义务是法定义务，具有强制性，夫妻之间不得以约定形式改变这一法定义务。有扶养能力的一方，对于因失业、残疾、患病、年老等原因没有固定收入，缺乏生活来源的另一方，必须主动履行扶养义务。即使是根据本法第 1065 条规定，有的夫妻实行分别财产制，约定各自的工资或者收入归各自所有，也不意味着夫或妻只负担各自的生活费用而不承担扶养对方的义务，如当一方患有重病时，另一方仍有义务尽力照顾，并提供有关治疗费用。目前，在我国的一些家庭中，夫妻双方的经济收入还有一定差距，往往是丈夫收入多于妻子，在扶养问题上，丈夫应多承担一些义务。在司法实践中，在处理夫妻互相扶养问题上，也更注重保护女方的合法权益。

但在现实生活中，有的夫妻只能共富贵，不能共患难，即夫或妻对于自己的配偶，在生活困难时不主动履行扶养义务，甚至无情地抛弃。因此，为了保障夫妻相互扶养义务的履行，本条规定第 2 款明确了对不履行扶养义务的一方，另一方有追索扶养费的请求权。当夫或妻一方不履行扶养义务时，需要扶养的一方可以根据本条第 2 款的规定，要求对方给付扶养费。应当给付扶养费的一方拒绝给付或者双方就扶养费数额、支付方式等具体内容产生争议的,需要扶养的另一方可以直接向人民法院提起诉讼,或者向人民调解组织提出调解申请,要求获得扶养费。如果夫或妻一方患病或者没有独立生活能力,有扶养义务的配偶拒绝扶养,情节恶劣,构成遗弃罪的,还应当承担刑事责任。

第一千零六十条　夫妻一方因家庭日常生活需要而实施的民事法律行为,对夫妻双方发生效力,但是夫妻一方与相对人另有约定的除外。

夫妻之间对一方可以实施的民事法律行为范围的限制,不得对抗善意相对人。

【释义】 本条是关于夫妻日常家事代理权的规定。

夫妻日常家事代理权,是指夫妻一方因家庭日常生活需要而与第三方为一定民事法律行为时互为代理的权利。夫妻一方在日常家庭事务范围内,与第三方所实施的一定民事法律行为,视为依夫妻双方的意思表示所为的民事法律行为,另一方也应承担因此而产生的法律后果。

在日常生活中,夫妻需要处理的家庭事务很多,参与社会经济生活非常频繁,需要实施不少民事法律行为。这些民事法律行为由夫妻双方共同处理当然更能充分体现其共同意愿,但如果要求所有民事法律行为都必须由夫妻双方共同实施,必然加大婚姻生活成本,加大社会经济活动成本,客观上是不必要也是不可能的。为了方便经济交往和婚姻家庭生活,保护夫妻双方和相对人的合法权益,维护社会交易安全,有必要赋予夫妻双方日常家事代理权。

很多国家和地区对于夫妻日常家事代理权都作了明确规定。《法国民法典》第220条规定,夫妻各方均有权单独订立以维持家庭日常生活与教育子女为目的的合同。夫妻一方依此缔结的债务对另一方具有连带拘束力。但是,依据家庭生活状况,所进行的活动是否有益以及缔结合同的第三人是善意还是恶意,对明显过分的开支,不发生此种连带责任。以分期付款方式进行的购买以及借贷,如未经夫妻双方同意,亦不发生连带责任;但如此种购买与借贷数量较少,属于家庭日常生活之必要,不在此限。《德国民法典》第 1357 条规定,婚姻的任何一方均有权处理使家庭的生活需求得到适当满足并且其效力也及于婚姻对方的事务。婚姻双方皆通过此种事务而享有权利和承担义务,但是如果根据情况得出另外的结论则除外。《瑞士民法典》第 166 条规定:(1)配偶双方中任何一方,于共同生活期间,代表婚姻共同生活处理家庭日常事务。(2)对于家庭的其他事务,配偶之一方仅在下述情形下,始得代表婚姻共同生活:①如配偶之他方或法官授予其处理该事务的权利;②如为婚姻共同生活的利益考虑,某业务不容延缓,且配偶他方因疾病、缺席或类似原因无法表示同意时。(3)配偶中任何一方对其行为负个人责任,但该行为无法使第三人辨明已超越代理权的,配偶他方亦应负连带责任。《日本民法典》第 761 条规定,夫妻一方就日常家事与第三人之间的法律行为,另一方就因此所生的债务负连带责任。但已经对第三人预先告知不负责任时,不在此限。《韩国民法典》第 827 条规定:(1)夫妻就日常家事,互有代理权。(2)对前项代理权的附加的限制,不得对抗善意第三人。第 832 条规定,夫妻一方,就日常家事与第三人为法律行为的,另一方就因此而产生的债务负连带债务。但已向第三人明示另一方不负责任的,则不同。我国台湾地区"民法"第 1003 条规定,夫妻于日常家务,互为代理人。夫妻之一方滥用前项代理权时,他方得限制之。但不得对抗善意第三人。

我国婚姻法对夫妻日常家事代理权未作出明确规定,仅在第 17 条第 2 款规定,"夫妻对共同所有的财产,有平等的处理权"。《最高人民法院关于适用〈中华人民共和国婚姻法〉若干问题的解释(一)》第 17 条在此基础上规定:"婚姻法第十七条关于'夫或妻对夫妻共同所有的财产,有平等的处理权'的规定,应当理解为:(一)夫或妻在处理夫妻共同财产上的权利是平等的。因日常生活需要而处理夫妻共同财产的,任何一方均有权决定。(二)夫或妻非因日常生活需要对夫妻共同财产做重要处理决定,夫妻双方应当平等协商,取得一致意见。他人有理由相信其为夫妻双方共同意思表示的,另一方不得以不同意或不知道为由对抗善意第三人。”这一规定实际上已经涵盖了夫妻日常家事代理权的实质内容。在2017年制定民法总则时,就有不少意见建议,在“代理”一章中对夫妻日常家事代理权作出明确规定。经研究认为,家事代理与一般民事代理确有较大不同。首先,从适用范围上看,其只适用于婚嫁家庭领域,不具有普遍适用性。其次,从法律效果上讲,家事代理中的妻或者夫任何一方的民事法律行为的效果由夫和妻双方共同承担;而一般民事代理中,代理人的民事法律效果原则上由被代理人承担,代理人不承担。因此,对于家事代理问题不宜规定在民法总则的民事代理中,可在将来编纂婚姻家庭编时再统筹考虑。这次编纂民法典,在婚姻家庭编中新增了本条规定,对夫妻日常家事代理权作出了明确规定。

本条第1款规定:“夫妻一方因家庭日常生活需要而实施的民事法律行为,对夫妻双方发生效力,但是夫妻一方与相对人另有约定的除外。”第2款规定:“夫妻之间对一方可以实施的民事法律行为范围的限制,不得对抗善意相对人。”理解这两款规定,需要注意以下几个方面的问题:

第一,夫妻日常家事代理权的权利主体。法律设立夫妻日常家事代理权这一权利的目的在于扩张夫妻双方的意思自治,使夫妻双方在日常家庭事务的处理中无需事必躬亲,从而突破夫妻各自在时间、精力上的局限性,满足夫妻共同生活的需要。因此,夫妻日常家事代理权为夫妻双方同等享有,夫妻双方在处理日常家庭事务中互相为代理人,各自都可以行使夫妻日常家事代理权。

第二,夫妻日常家事代理权的存续期间。夫妻日常家事代理权由法律直接规定,以夫妻身份的存在为前提。因此,夫妻日常家事代理权只存在于具有合法婚姻关系的配偶之间,始于婚姻关系的确立,终于婚姻关系的解除。在婚姻关系存续期间,夫妻日常家事代理权始终存在。

第三,夫妻日常家事代理权的行使方式。夫妻日常家事代理权的行使方式与一般代理不同。本法总则编规定的代理包括委托代理和法定代理,代理人都必须以被代理人的名义实施民事法律行为。而对于夫妻日常家事代理权,夫妻任何一方在日常家事范围内与第三人为民事法律行为时,不必明确其代理权,可直接以自己名义、另一方名义或者双方名义为之。

第四,夫妻日常家事代理权的行使范围。夫妻日常家事代理权的行使范围仅限于"因家庭日常生活需要而实施的民事法律行为",通说概括为"日常家庭事务"或者"日常家事"。日常家事是指为满足正常夫妻共同生活和家庭生活所必需的,非属人身性的一切事务,比如购买食物、衣服等生活用品,正常的娱乐、保健、医疗费用,通常的子女教育费用,等等。国家统计局有关统计资料显示,我国城镇居民家庭消费种类主要分为八大类,分别是食品、衣着、家庭设备用品及维修服务、医疗保健、交通通信、文娱教育及服务、居住、其他商品和服务。对"家庭日常生活需要"的范围,我们认为,可以参考上述八大类家庭消费的分类,根据夫妻共同生活的状态(如双方的职业、身份、资产、收入、兴趣、家庭人数等)和当地一般社会生活习惯予以认定。鉴于我国东、中、西部经济发展不平衡,城乡差异巨大,家庭日常生活的范围在不同地区、不同家庭有很大差异,目前还难以确定一个统一的具体标准。

需要强调的是,家庭日常生活需要的支出是指通常情况下必要的家庭日常消费,主要包括正常的衣食消费、日用品购买、子女抚养教育、老人赡养等各项费用,是维系一个家庭正常生活所必需的开支,立足点在于"必要"。随着我国经济社会和人们家庭观念、家庭生活方式的不断发展变化,在认定是否属于家庭日常生活需要支出时,也要随着社会的发展变化而不断变化。

第五,夫妻日常家事代理权的行使限制。通常情况下,夫妻任何一方都可以在日常家事的范围内行使日常家事代理权。但在实际生活中,基于种种考虑如一方时间、精力、知识、能力上的原因,一方滥用代理权的原因等,有时候夫妻双方对一方可以实施的民事法律行为会有所限制。这种限制在夫妻双方之间是有效的,法律无需加以规制,但为了保护正常交易安全,保护第三人的合法权益,法律明确规定这种限制不能对抗善意相对人。所谓"善意",是指相对人不知道或者不应当知道夫妻之间对一方可以实施的民事法律行为的限制。比如,妻子与丈夫约定,丈夫不得购买一条以上的香烟,结果丈夫到小卖部购买了两条香烟,小卖部无从知晓夫妻双方对于购买香烟的约定,则该买卖行为是有效的。

第六,夫妻日常家事代理权的法律效力。夫妻任何一方行使夫妻日常家事代理权所实施的民事法律行为,对夫妻双方都发生效力,即该民事法律行为所产生的法律效果归属于夫妻双方。夫妻任何一方基于夫妻日常家事代理权所实施的民事法律行为所设立、变更、终止民事法律关系的一切结果都归属于夫妻双方,取得的权利由夫妻双方共同享有,产生的义务也由夫妻双方共同承担。但是,如果夫妻一方在行使夫妻日常家事代理权的同时,与相对人就该民事法律行为另有约定的,则法律效力依照该约定。比如,丈夫在购买家具时,与家具商约定,该家具购买合同只约束自己,不涉及妻子,则该家具合同所产生的债权债务关系仅在家具商与丈夫之间有效。

第一千零六十一条　夫妻有相互继承遗产的权利。

【释义】 本条是关于夫妻遗产相互继承权的规定。

(一)继承与继承权

理解本条的含义,有必要先了解一下有关继承与继承权的基本知识。继承是自然人死亡后,按照法律规定或者遗嘱处理分配其所遗留的个人财产的制度。继承要解决的核心问题就是所有权人死亡后私人财产的移转问题。继承权是民事权利的一种,是自然人依法享有继承被继承人死亡时遗留的财产的权利。

在我国,继承权的主体是自然人。根据本法第1127条的规定，配偶与子女、父母同属第一顺序继承人。同一顺序的继承人继承遗产的份额，一般应当均等。也就是说，配偶、子女、父母的继承权是平等的。但是在特殊情况下，同一顺序的继承人继承的份额也不是绝对均等的。如对生活有特殊困难又缺乏劳动能力的继承人，分配遗产时，应当予以照顾。对被继承人尽了主要扶养义务或者与被继承人共同生活的继承人，分配遗产时，可以多分。有扶养能力和扶养条件的继承人，不尽扶养义务的，分配遗产时，应当不分或者少分。

继承权的客体是被继承人的遗产。本法第 1122 条第 1 款明确规定，“遗产是自然人死亡时遗留的个人合法财产”。我国继承法所确立的继承制度，是单纯的财产继承制度，与以前封建社会中的宗祧继承制度根本不同。在宗祧继承制度中，身份继承、祭祀祖先的继承和财产继承三者一体，身份继承、祭祀祖先的继承居主导地位，财产继承是身份继承、祭祀祖先的继承的附属物。宗祧继承实质是男子为中心的嫡长子继承制。新中国成立后，废除了宗祧继承的旧制度，确立了单纯的财产继承制度，这也是目前世界上绝大多数国家所采取的继承制度。遗产作为特殊的财产，与一般财产存在诸多不同：首先，遗产仅存于特定时间段。遗产是在自然人死亡之后到被分割之前特定时间阶段的财产状态。其次，遗产在性质上属于财产。被继承人的人身性权利和义务不属于遗产的范围。如著作权中的署名权等人身性权利，不能成为遗产被继承。再次，遗产是自然人死亡时遗留的所有个人财产。被继承人死亡后的所有个人财产都成为遗产，不论财产的形态，只要属于其个人所有的财产都转为遗产。最后，遗产是自然人死亡时遗留的合法的财产。只有自然人生前合法取得的财产才能成为遗产。

（二）夫妻有相互继承遗产的权利

夫妻互相享有遗产继承权，是夫妻双方在婚姻家庭关系中地位平等的一个重要标志。在奴隶社会和封建社会，妻子在继承问题上基本处于无权地位。在“父死子继”的宗祧继承制度下，否认女子的继承权,丈夫死后,其遗产首先由其儿子继承,妻子只有在不改嫁的前提下,才能管理丈夫的遗产。只有在丈夫死后,其财产又无别的男子继承,成为“绝户产”时,妻子才能继承丈夫的遗产。但是由于封建社会中多妻制和收养制存在,真正成为“绝户产”的可能性非常小。同时,由于当时还盛行“立嗣”制度,又进一步从根本上排除了妻子继承财产的可能性。新中国成立后,1950年颁布的婚姻法,确立了男女平等的原则,在继承问题上,彻底废除了以男子为中心的宗祧继承制度,在法律上赋予女子与男子同等的继承权,其第12条明确规定,“夫妻有互相继承遗产的权利”。1985年通过的继承法作为专门调整继承关系的法律,在第9条明确规定,“继承权男女平等”。并在“法定继承”一章对配偶的继承权作了全面具体的规定,明确配偶与子女、父母同为第一顺序的继承人。本法继承编基本沿袭了继承法的上述规定。

根据本法的规定,理解夫妻相互遗产继承权,应注意把握以下问题:

第一,夫妻相互遗产继承权以合法的夫妻关系为前提。夫妻间的继承权是基于婚姻的法律效力产生的,只有具备合法婚姻关系的夫妻双方,才能以配偶身份继承对方的遗产。如双方属于婚外姘居的,双方就不享有相互法定的相互遗产继承权。只有在婚姻关系确立之日起至婚姻关系解除之日止,配偶一方死亡,另一方才享有继承权。在实践中,还应当区分以下几种情况:(1)男女双方符合法定的结婚条件,并依法办理了结婚登记手续,但由于种种原因未同居生活。这种情况下,双方是合法婚姻关系,一方死亡时,生存的另一方仍可以以配偶身份继承对方的财产。(2)在现实生活中,男女双方依法办理了结婚登记手续,但尚未举办婚礼,这在法律上仍是合法的婚姻关系。如果这时候一方死亡,生存的另一方仍可以以配偶身份继承对方的财产。(3)双方的婚姻根据本法属于无效婚姻的,如重婚,一方死亡时,生存的另一方不享有继承权,不能以配偶的资格继承对方的财产。(4)双方婚姻根据本法属于可撤销婚姻的,如果婚姻被撤销之前,一方死亡的,生存的另一方可以继承对方的财产。(5)双方正处于分居状态或者离婚诉讼的过程中,一方死亡时,生存的另一方仍对对方的财产享有继承权。

第二,夫妻互为第一顺序的法定继承人。根据本法继承编第1127条的规定,第一顺序的法定继承人包括配偶、子女、父母。除了本法继承编第1125条规定的丧失继承权等情形外,不得以任何理由剥夺、限制或者干涉生存一方对死亡配偶所享有的继承权。

第三,要正确确定继承遗产的范围,不得侵害生存配偶的合法财产权。夫或妻一方死亡时,继承开始,首先要确定哪些财产属于被继承人的遗产。被继承人的财产一般包括在夫妻共同财产中的份额以及其个人财产。根据本法第1062条、第1063条、第1065条的规定,夫妻共同财产主要包括在婚姻关系存续期间所得的工资、奖金、劳务报酬,生产、经营、投资的收益,知识产权的收益,继承或者受赠的财产等。夫妻也可约定其个人特有财产全部归共同所有或部分共同所有,这部分财产也属于共同财产。夫妻个人财产主要包括:一方的婚前财产,一方因受到人身损害获得的赔偿和补偿,遗嘱或者赠与合同中确定只归一方的财产,一方专用的生活用品等。本法第1153条第1款规定:"夫妻共同所有的财产,除有约定的外,遗产分割时,应当先将共同所有的财产的一半分出为配偶所有,其余的为被继承人的遗产。"也就是说,对于婚姻关系存续期间所得的夫妻共同财产,除夫妻双方另有约定外,在配偶一方死亡时,应当先对夫妻共同财产进行认定和分割,并分出一半为生存配偶所有,一半作为死者遗产进行继承。要严格防止将夫妻共同财产都作为遗产继承,侵犯生存配偶的合法财产权益。被继承人的个人财产和共同财产的一半为其所有遗产,如果死者生前没有立遗嘱,其生存的配偶与其他第一顺序的继承人,包括被继承人的子女、父母按照法定继承均分其遗产。比如,夫妻在婚姻存续期间的共同财产为12万元,丈夫的个人财产有3万元。双方没有财产约定。丈夫去世后继承遗产时,应当将12

万元的共同财产的一半即6万元分出归妻子所有。余下的6万元和被继承人的3万元个人财产共9万元作为遗产。如果被继承人还有一个儿子和父母,妻子应当与他们均分,妻子应得2.25万元的遗产。当然,夫妻可以在生前约定其共同财产的分割,如约定无论谁先去世,共同财产暂不分割,等都去世后,由继承人继承。也可以约定夫妻财产在继承分割时,其中2/3归生存方所有,1/3作为去世方的遗产。如果夫妻在平等自愿的基础上作出此类约定,法律应当尊重其约定。

第四,注意保障生存配偶对分得遗产的所有权。夫妻一方死亡后,生存的另一方依法继承死者遗产后,就取得了该财产的所有权,有权根据自己的意愿和利益在法律允许的范围内占有、使用和处理该财产,如果再婚,有权带走或处分其继承的财产。实践中,有的寡妇因再婚离开原家庭时,将其继承其亡夫的财产带走的,有时会受到个别近亲属的阻扰,引发各种纠纷。对此,本法第1157条也作了明确规定,"夫妻一方死亡后另一方再婚的,有权处分所继承的财产,任何组织或者个人不得干涉"。

第一千零六十二条　夫妻在婚姻关系存续期间所得的下列财产,为夫妻的共同财产,归夫妻共同所有:

(一)工资、奖金、劳务报酬;

(二)生产、经营、投资的收益;

(三)知识产权的收益;

(四)继承或者受赠的财产,但是本法第一千零六十三条第三项规定的除外;

(五)其他应当归共同所有的财产。

夫妻对共同财产,有平等的处理权。

【释义】　本条是关于夫妻共同财产的规定。

(一)夫妻财产制

所谓夫妻财产制,是规定夫妻财产关系的法律制度,包括夫妻婚前财产和婚后所得财产的归属、管理、使用、收益和处分，以及家庭生活费用的负担，夫妻债务的清偿，婚姻终止时夫妻财产的清算和分割等内容，其核心是夫妻婚前财产和婚后所得财产的所有权归属问题。法律设立夫妻财产制，调整夫妻财产关系，对保护夫妻的合法权利和财产利益，维护平等、和睦的家庭关系，并保障夫妻与第三人交易安全，具有重要意义。现代各国有关婚姻家庭的法律均对夫妻财产制度作出了规定。

1. 夫妻财产制的分类

关于夫妻财产制的类型，根据不同的标准，可以划分为不同的种类：

第一，按照夫妻财产制的产生依据，可分为法定财产制和约定财产制。

（1）法定财产制是指夫妻婚前或者婚后均未就夫妻财产关系作出约定，或者所作约定无效时，依照法律规定当然适用的夫妻财产制。

（2）约定财产制是相对于法定财产制而言的，指法律允许的由夫妻双方以约定的形式，确定适用夫妻双方的财产制形式的法律制度。约定财产制是法律对婚姻关系双方当事人就双方之间的财产关系进行约定的意思自治的尊重，具有优先于法定财产制适用的效力，只有在没有约定或者约定无效时才适用法定财产制。

第二，按照夫妻财产制的内容，可分为统一财产制、联合财产制、共同财产制、分别财产制和剩余共同财产制。

（1）统一财产制，是指除特有财产外，将妻子的婚前财产估定价额，转归丈夫所有，妻子保留在婚姻关系终止时对估价财产的返还请求权。

（2）联合财产制，是指除特有财产外，婚前或者婚后的财产仍归夫妻各自所有，但将双方财产联合在一起，由丈夫统一管理。在婚姻关系终止时，妻子的财产由本人收回或者由其继承人继承。

(3)共同财产制,是指除特有财产外,夫妻的全部或者部分财产归双方共同所有。依共同所有财产范围的不同,共同财产制又可分为:

①一般共同制,是指除特有财产外,夫妻婚前和婚后的一切财产,包括动产和不动产均归夫妻双方共同所有。

②婚前动产及所得共同制,是指夫妻婚前的动产和婚后所得的一切财产均归夫妻双方共同所有。

③婚后所得共同制,是指夫妻在婚姻关系存续期间所得的一切财产均归夫妻双方共同所有。

④婚后劳动所得共同制,是指夫妻婚后劳动所得的财产归夫妻双方共同所有,非劳动所得的财产如继承或者受赠所得的财产归各自所有。

(4)分别财产制,是指夫妻双方婚前和婚后所得的财产均归各自所有,各自行使管理、使用、收益和处分的权利;但不排除双方约定一部分财产共有或者将一方的财产管理权交给另一方。

(5)剩余共同财产制,是指夫妻对于自己婚前和婚后所得的财产,各自保留所有权、管理权、使用收益权和有限制的处分权,夫妻财产制终止时,以夫妻双方增值财产的差额为剩余财产,归夫妻双方分享。

第三,按照夫妻财产制的适用情况,可分为普通财产制和非常财产制。

(1)普通财产制,是指在通常情况下,夫妻双方无约定时依法律的直接规定所适用的财产制。

(2)非常财产制,是指在婚姻关系存续期间,因发生特定事由,依照法律的规定或者法院宣告,终止夫妻共同财产制,改为适用分别财产制。

2. 我国夫妻财产制的沿革

各国夫妻财产制的采用,具有一定的地域性和时代性,同本国的文化传统、伦理观念、民主法治的发展程度紧密相连。在我国古代的宗法家族制度下,夫妻关系实行的是夫妻一体主义,“夫为妻纲”的三纲五常是婚姻家庭关系中的最高准则，妻对夫具有人身依附性，受夫权支配，一切财产归夫所有，妻没有独立的财产权，正如《礼记》中说，“子妇无私货，无私畜，无私器，不敢私假，不敢私与”。此时的夫妻财产制可称为“吸收财产制”。

近代以来，随着西学东渐和中国民主革命的发端，传统的宗法家族制度和封建思想受到质疑和批判，至以“科学与民主”为旗帜的“五四”新文化运动时期，先进知识分子大力宣传“男女平等”的思想，对封建夫权发出挑战，揭开了中国妇女解放运动的序幕。新中国成立后，废除了封建夫权，实行男女平等的法律制度，妻子在财产上享有与丈夫相同的权利，1950 年婚姻法第 10 条规定，“夫妻双方对于家庭财产有平等的所有权与处理权”。1950 年婚姻法规定的夫妻财产制是一般共同制，它的实施对我国的夫妻财产制的变革和发展起了重要作用。

1980 年婚姻法在 1950 年婚姻法的基础上，根据新的历史时期的新情况，作了部分修改和发展，该法第 13 条第 1 款规定，“夫妻在婚姻关系存续期间所得的财产，归夫妻共同所有，双方另有约定的除外”。从该条可以看出，1980 年婚姻法实行的是以法定财产制为主，约定财产制为辅的夫妻财产制度，其中以婚后所得共同财产制为法定财产制。

1980 年婚姻法产生于改革开放初期，那时的夫妻财产较少，财产关系比较简单，法律规定比较原则。随着社会主义市场经济的发展，社会的经济、文化和人的思想、生活方式都发生了深刻的变化，夫妻财产日益多样、丰厚，财产关系日趋复杂，各种新型的财产关系不断出现；人们的价值观念也发生了巨大的变化，个人自由和权利观念不断增强，对个人价值的追求日益迫切；人们的生活方式也在快节奏地变化，特别是在年轻一代的知识阶层、白领阶层中，有不少人在尝试婚前协议、AA 制的生活方式，采用夫妻约定财产制的人将越来越多。这一切使得原有的有关夫妻财产制的规定愈来愈显示出其局限性，不尽适应社会经济发展的需要、调整变化了的夫妻财产关系，不利于充分保护个人财产所有权以及对财产权利的合理行使。1980 年婚姻法关于夫妻财产制的规定存在两个方面的缺陷:一是夫妻共同财产的范围过宽,根据该法第 13 条的规定,除非夫妻双方对婚后财产作出约定,否则,夫妻在婚姻关系存续期间所得的财产基本上都归夫妻共同所有。这一规定重视夫妻作为生活共同体的一面,但在尊重个人意愿、保护个人财产权方面显得不足,应当适当缩小夫妻共同财产的范围,增加有关夫妻个人特有财产的规定。二是对夫妻约定财产制的规定过于简单,对约定的要件、范围、方式、效力等重要问题都没有规定,在实践中缺乏可操作性,应当对夫妻约定财产制作进一步的规定。

基于此,2001 年婚姻法延续了 1980 年婚姻法对夫妻财产制的规定,仍然以婚后所得共同财产制作为法定财产制。所不同的是,对夫妻共同财产的范围作了列举式的规定,并增加规定了夫妻个人特有财产的范围,同时,对夫妻约定财产制作了较为详细的规定。

这次编纂民法典,有一些意见建议对我国的夫妻财产制作出修改,可以考虑实行分别财产制。但经过研究,民法典对 2001 年婚姻法的相关规定没有作出实质性的修改,仍适用婚后所得共同财产制为主、约定财产制为辅的夫妻财产制。这主要是从我国现实的国情考虑的。在当前社会中,男女两性的经济地位事实上仍存在着很大差距,女性的受教育程度、就业机会和经济收入大多不如男子,而一些妇女没有参加就业或因养育子女、照顾家庭放弃了原有的职业,这些女性基本没有独立的经济收入,在这种情况下实行分别财产制,往往会形成事实上的夫妻不平等。而共同财产制有利于保障夫妻中经济能力较弱一方的权益,有利于实现真正的夫妻地位平等。同时,保持法律的连续性,可以避免对婚姻家庭生活和社会生活产生剧烈的震荡。这也符合我国文化传统和当前绝大多数人对夫妻财产制的要求。共同财产制虽然在尊重个人意愿、保护个人权利上显得不足,但更符合夫妻作为生活共同体的要求,有利于维系更加平等、和睦的家庭关系。

(二)夫妻共同财产

本条第1款规定,夫妻在婚姻关系存续期间所得的财产,如工资和奖金,从事生产、经营的收益等,为夫妻的共同财产,归夫妻共同所有。这一规定表明,我国的夫妻共同财产制采用的是婚后所得共同制,即在婚姻关系存续期间,除个人特有财产和夫妻另有约定外,夫妻双方或者一方所得的财产,均归夫妻共同所有,夫妻双方享有平等的占有、使用、收益和处分权利的财产制度。这里的共同所有指的是共同共有,不是按份共有。

根据本条的规定,我国的夫妻共同财产具有以下特征:

(1)夫妻共同财产的主体,是具有婚姻关系的夫妻。未形成婚姻关系的男女两性,如未婚同居、婚外同居等,以及无效或者被撤销婚姻的男女双方,不能成为夫妻共同财产的主体。

(2)夫妻共同财产,是在婚姻关系存续期间取得的财产。夫妻任何一方的婚前财产不属于夫妻共同财产。婚姻关系存续期间,自合法婚姻缔结之日起,至夫妻一方死亡或者离婚生效之日止。

(3)夫妻共同财产的来源,为夫妻双方或者一方所得的财产,既包括夫妻通过劳动所得的财产,也包括其他非劳动所得的合法财产,当然,法律直接规定为个人特有财产的和夫妻约定为个人财产的除外。这里讲的"所得",是指对财产权利的取得,而不要求对财产实际占有,如果一方在婚前获得某项财产如稿费,但并未实际取得,而是在婚后出版社才支付稿费,此时这笔稿费不属于夫妻共同财产。同理,如果在婚后出版社答应支付一笔稿费,但直到婚姻关系终止前也没有得到这笔稿费,那么这笔稿费也属于夫妻共同财产。

(4)夫妻对共同财产享有平等的所有权,双方享有同等的权利,承担同等的义务。夫妻对共同所有的财产,有平等的处理权。特别是夫妻一方对共同财产的处分,除另有约定外,应当取得对方的同意。

关于夫妻共同财产的范围,本条第1款作了列举式的规定:

(1)工资、奖金、劳务报酬。即劳动者的劳动收入,既包括工资、奖金,也包括各种津贴、补贴等劳务报酬。

(2)生产、经营、投资的收益。这包括夫妻一方或者双方从事生产、经营所得的各种收入和投资所得的收入,如农村中的农业生产和城市里的工业生产以及第三产业等各行各业的生产经营投资收益,有劳动收入,也有资本收益,如股票债券收入、股份、股权等资本利得,亦是夫妻共同财产的一种形式。

(3)知识产权的收益。知识产权是一种智力成果权,它既是一种财产权,也是一种人身权,具有很强的人身性,与人身不可分离,婚后一方取得的知识产权权利本身归一方专有,权利也仅归权利人行使,比如作者的配偶无权在其著作中署名,也不能决定作品是否发表。但是,由知识产权取得的经济利益,则属于夫妻共同财产,如因发表作品取得的稿费,因转让专利获得的转让费等,归夫妻共同所有。

(4)继承或者受赠的财产,但遗嘱或者赠与合同中确定只归一方的财产除外。夫妻任何一方继承或者受赠的财产属于夫妻共同财产,但如果遗嘱或者赠与合同中指明财产归夫妻一方所有的,是立遗嘱人或者赠与人根据自己意愿处分财产的表现,基于意思自治,应当尊重其对财产的处分权,该财产归一方所有。在审议的过程中,有的意见提出,目前一些国家采用的婚后所得共同制一般是指夫妻通过劳动获得的财产,非劳动所得的财产,如继承、受赠的财产等应当规定为夫妻的个人财产。比如,关于继承的财产,根据我国继承法的规定,女婿、儿媳不在法定继承人的范围之内,如果将一方继承的财产作为夫妻共同财产,等于扩大了法定继承人的范围,与继承法的规定相违背;而遗嘱继承则体现了强烈的个人意志性,遗嘱人将其财产指定由特定的人继承,体现了对其所拥有财产的处分权,如果将夫妻一方因遗嘱继承而得到的财产视为夫妻共同财产,等于变更了遗嘱,这违背了遗嘱人的意愿,限制了其对财产的自由处分权,因此,婚姻关系存续期间,一方继承的财产不宜作为夫妻共同财产。这种观点的意义在于,努力从维护个人财产权的角度出发,积极保护个人权利,应该说,这种观点正是实行分别财产制的理论基础,而正与实行共同财产制的基本观念相对立。共同财产制关注更多的是家庭,是夫妻共同组成的生活共同体,而不是个人,在这一制度下,夫妻一方经法定继承或者遗嘱继承的财产,同个人的工资收入、知识产权收益一样,都是满足婚姻共同体存在的必要财产,应当归夫妻共同所有。而且,法定继承的财产归夫妻共有,并没有扩大法定继承人的范围,因为女婿、儿媳只是分享了其配偶应得的遗产份额,并不影响其他法定继承人的利益。在遗嘱继承中,可以将遗嘱人交由夫妻一方继承的遗产视为留给整个家庭的财产,如果遗嘱人的本意是只给夫妻一方,不允许其配偶分享,则可以在遗嘱中指明,确定该财产只归一方所有,根据本条第 1 款第 4 项的但书和第 1063 条第 3 项的规定,该遗产就不是夫妻共同财产而是一方的特有财产了,这样,也就体现了遗嘱人的意愿。关于赠与的财产,与此同理,可以将赠与夫妻一方的财产视为赠与整个家庭的财产,归夫妻共同所有,这也是与大多数人的思想观念相符合的。如果赠与人只想赠与夫妻的一方,可以在赠与合同中指明该财产只归其中的一方所有,这样,也就尊重了赠与人的意愿。因此,这次编纂民法典,对于本项规定没有作出修改。

(5)其他应当归共同所有的财产。这项规定属于概括性规定。随着社会经济的发展和人们生活水平的提高,夫妻共同财产的范围在不断地扩大,共同财产的种类在不断地增加,目前,夫妻共同财产已由原来简单的生活用品发展到汽车、房产、股票、债券乃至整个公司、企业等,今后还将出现一些新的财产类型。上述四项只是列举了现已较为明确的共同财产的范围,但难以列举齐全,因此,作了这项概括性规定。

本条第 2 款规定:“夫妻对共同财产,有平等的处理权。”这是关于夫妻如何对共同财产行使所有权的规定。如前所述,夫妻共同财产的性质是共同共有,不是按份共有,因此夫妻对全部共同财产,应当不分份额地享有同等的权利,承担同等的义务。不能根据夫妻双方经济收入的多少来确定其享有共同财产所有权的多少。夫妻双方对共同财产享有平等的占有、使用、收益和处分的权利。夫妻一方对共同财产的使用、处分，除另有约定外，应当在取得对方的同意之后进行。尤其是重大财产问题，未经对方同意，任何一方不得擅自处分。夫妻一方在处分共同财产时，另一方明知其行为而不作否认表示的，视为同意，事后不得以自己未参加处分为由否认处分的法律效力。夫妻一方未经对方同意擅自处分共同财产的，对方有权请求宣告该处分行为无效，但不得对抗善意第三人，即如果第三人不知道也无从知道夫妻一方的行为属于擅自处分行为的，该处分行为有效，以保护第三人的利益，维护交易安全。

第一千零六十三条　下列财产为夫妻一方的个人财产：
（一）一方的婚前财产；
（二）一方因受到人身损害获得的赔偿或者补偿；
（三）遗嘱或者赠与合同中确定只归一方的财产；
（四）一方专用的生活用品；
（五）其他应当归一方的财产。

【释义】　本条是关于夫妻个人财产的规定。

所谓夫妻个人财产，又称夫妻特有财产、夫妻保留财产，是指夫妻在实行共同财产制的同时，依照法律规定或者夫妻约定，夫妻各自保留的一定范围的个人所有财产。根据产生的原因不同，个人财产可分为法定的个人财产和约定的个人财产。法定的个人财产，是指依照法律规定所确认的夫妻双方各自保留的个人财产，本条即属于法定个人财产的规定。

个人财产是夫妻在婚姻关系存续期间分别保留的独立于夫妻共同财产之外的财产，夫妻双方对各自的个人财产，享有独立的管理、使用、收益和处分权利，他人不得干涉。夫妻可以约定将各自的个人财产交由一方管理；夫妻一方也可以将自己的个人财产委托对方代为管理。对家庭生活费用的负担,在夫妻共同财产不足以负担家庭生活费用时,夫妻应当以各自的个人财产分担。

目前,世界上许多实行共同财产制的国家和地区,对夫妻共同财产的范围加以限制,明确规定了夫妻个人财产的范围。比如《法国民法典》第1404条规定,以下财产即使系在婚姻期间取得,依其性质,仍构成个人自有财产:夫妻一方使用的衣被及其他日用布制品;对本人受到的身体或精神伤害请求赔偿之诉权;不得让与的债权与抚恤金;以及一般言之,具有人身性质的所有财产以及专与人身相关的一切权利。夫妻一方为从事职业所必要的劳动工具,依其性质,亦构成个人自有财产;但在必要时,如对该方已给予补偿,不在此限;如此种工具属于一项营业资产之附属部分,或者属于构成共同财产的经营事务的附属部分,亦不在此限。第1405条规定,夫妻双方在结婚之日各自拥有所有权或各自占有的财产,各自于婚姻期间因继承、赠与或遗赠而取得的财产,仍为各人的自有财产。《德国民法典》第1418条规定:(1)保留财产被排除在共同财产之外。(2)保留财产为如下物品:①通过夫妻财产合同宣布为配偶一方的保留财产的物品;②配偶一方因死因取得而取得或者是第三人无偿赠送的物品,如果被继承人以终意处分或者该第三人在赠送时指定该所得物品应当成为保留财产;③配偶一方基于属于其保留财产的权利,或者因属于保留财产之物的毁坏、损坏或者侵夺的补偿,或者由于与保留财产相关的法律行为所得之物。《瑞士民法典》第225条规定:(1)自有财产通过婚姻契约、第三人的赠与或依法成就。(2)根据法律,任何配偶一方的自有财产应包括仅供其个人使用的物品以及抚慰金的请求权。(3)配偶一方有权作为特留份得到的财产,只要婚姻契约规定其为共同财产的,不得由其亲属作为自有财产向其赠与。《意大利民法典》第179条规定,下列物品不构成夫妻共同财产,属于夫妻个人所有:(1)自婚前配偶即为其所有权人,或者为其用益物权的名义人的物品;(2)配偶一方在婚后取得的、在赠与文书或者遗嘱中没有特别表明属于共同财产的赠与或遗产;

(3)属于个人使用的物品及其附属物;(4)属于配偶一方的职业用品,但是,属于夫妻共同财产的、用于企业经营的财产不在此限;(5)因损害赔偿以及因部分或全部丧失劳动能力而获得的赔偿;(6)在购置文件中明确载明是用转让或交换本条所列个人财产获得的价金购置的物品。如果另一配偶也在场并且在购置文件中明确表示所购置的物品不属于共同财产,则按照该条第 3 项、第 4 项以及第 6 项的规定,不动产以及在婚后取得的该法第 2683 条所列动产不属于共同财产。《俄罗斯联邦家庭法典》第 36 条规定:(1)夫妻婚前属于个人的财产,以及在婚姻存续期间作为礼物、通过继承或基于其他无偿法律行为取得的财产(夫妻个人财产),分别归各方所有;(2)个人使用的物品(衣服、鞋和其他),除贵重物品和其他奢侈品外,即使是在婚姻存续期间用夫妻共有财产资金所购置,也应当认为是使用物品的一方的个人财产。《韩国民法典》第 830 条规定:(1)夫妻一方,于婚前所有的固有财产及婚姻中以自己名义取得的财产,为其特有财产;(2)夫妻间归属不明的财产,推定为夫妻共有。我国台湾地区"民法"第 1013 条规定,下列财产为特有财产:(1)专供夫或妻个人使用的物;(2)夫或妻职业上必需的物;(3)夫或妻所受之赠物,经赠与人声明为其特有财产的。从以上规定可以看出,各地对夫妻个人财产范围的规定,有一定的相似之处,但也存在一定的差异。此外,有一些国家如法国、德国、瑞士等还对夫妻个人财产的管理、使用、收益和处分权利及其财产责任、个人财产的效力、个人财产的举证责任、个人财产与共同财产之间的结算等作了进一步的规定,从而形成个人财产制度。

规定夫妻个人财产的意义在于,它弥补了共同财产制对个人权利和意愿关注不够的缺陷,防止共同财产范围的无限延伸,有利于保护个人财产权利。关于我国夫妻个人财产的范围,本条作了列举式的规定,下面逐一进行介绍:

(1)一方的婚前财产。婚前财产是指夫妻在结婚之前各自所有的财产,包括婚前个人劳动所得财产、继承或者受赠的财产以及其他合法财产。婚前财产归各自所有,不属于夫妻共同财产。

(2)一方因受到人身损害获得的赔偿或者补偿。这些财产是指与生命健康直接相关的财产,具有人身专属性,对于保护个人权利具有重要意义,因此应当专属于个人所有,而不能成为共同财产。这样有利于维护受害人的合法权益,保证受害人的身体康复和生活需要。

(3)遗嘱或者赠与合同中确定只归一方的财产。根据本法第1062条第4项的规定,因继承或者受赠的财产,属于夫妻共同财产。但为了尊重遗嘱人或者赠与人的个人意愿,保护个人对其财产的自由处分权,如果遗嘱人或者赠与人在遗嘱或者赠与合同中明确指出,该财产只遗赠或者赠给夫妻一方,另一方无权享有,那么,该财产就属于夫妻个人财产,归一方个人所有。这样规定的另一个意义在于,防止夫妻另一方滥用遗产或者受赠的财产,如妻子的朋友赠送一笔钱资助孩子上学,而丈夫有酗酒恶习,如果这笔钱属于夫妻共同财产,丈夫就有可能利用它买酒,在这种情况下,赠与人可以在赠与时确定这笔现金只赠送给妻子,属于妻子个人所有,丈夫就无权将其用来酗酒了。对此,我国台湾地区也有类似规定,我国台湾地区“民法”第1013条规定,夫或妻所受之赠物,经赠与人声明为其特有财产的,属于夫妻个人财产。

(4)一方专用的生活用品。一方专用的生活用品具有专属于个人使用的特点,如个人的衣服、鞋帽等,应当属于夫妻个人财产。我国司法实践中,在处理离婚财产分割时,一般也将个人专用的生活物品,作为个人财产处理。在编纂民法典过程中,有一种意见认为,用夫妻共同财产购买的且价值较大的生活用品,如贵重的首饰等,即使为一方专用,也应当属于夫妻共同财产。这一意见未被采纳。价值较大的生活用品,因其具有个人专用性,仍应当归个人所有,这也符合夫妻双方购买该物时的意愿。况且,夫妻对共同财产有平等的处理权,多数情况下,夫妻双方都有价值较大的生活用品。当然,不同经济状况的家庭,“价值较大”的含义不同。

(5)其他应当归一方的财产。这项规定属于概括性规定。夫妻个人财产除前四项的规定外,还包括其他一些财产和财产权利。随着社会经济的发展、新的财产类型的出现以及个人独立意识的增强,夫妻个人财产的范围也将有所增加。

第一千零六十四条　夫妻双方共同签名或者夫妻一方事后追认等共同意思表示所负的债务,以及夫妻一方在婚姻关系存续期间以个人名义为家庭日常生活需要所负的债务,属于夫妻共同债务。

夫妻一方在婚姻关系存续期间以个人名义超出家庭日常生活需要所负的债务,不属于夫妻共同债务;但是,债权人能够证明该债务用于夫妻共同生活、共同生产经营或者基于夫妻双方共同意思表示的除外。

【释义】　本条是关于夫妻共同债务的规定。

夫妻共同债务问题,事关夫妻双方特别是未举债一方和债权人合法权益的保护,事关婚姻家庭稳定和市场交易安全的维护,在民法典编纂过程中各方面较为关注,争议也较大。

婚姻法涉及夫妻所负债务清偿问题的条款是第 19 条第 3 款和第 41 条。第 19 条第 3 款规定:"夫妻对婚姻关系存续期间所得的财产约定归各自所有的,夫或妻一方对外所负的债务,第三人知道该约定的,以夫或妻一方所有的财产清偿。"第 41 条规定:"离婚时,原为夫妻共同生活所负的债务,应当共同偿还。共同财产不足清偿的,或财产归各自所有的,由双方协议清偿;协议不成时,由人民法院判决。"第 19 条是对夫妻约定财产制的问题作出具体规定,第 3 款主要针对夫妻进行财产约定后,一方所欠第三人的债务如何清偿的问题,对夫妻共同财产制下债务如何清偿没有作出明确具体的规定。第 41 条是规定离婚时夫妻共同生活所负的债务在夫妻之间如何分担的问题,属于夫妻债务的内部法律关系,对夫妻债务的外部法律关系即如何偿还债权人没有作出进一步规定。综上,共同财产制下夫妻一方对外所负的债务是否均为共同债务,债权人如何主张权利,2001 年婚姻法实际上没有作出明确具体的规定,理论界对如何确定夫妻共同债务问题一直存有不同理解,审判实践中对于夫妻共同债务的认定和清偿也存在司法不统一的问题。

为解决审判实践中存在的问题,指导人民法院依法妥善审理涉及夫妻债务纠纷案件,2003 年 12 月通过的《最高人民法院关于适用〈中华人民共和国婚姻法〉若干问题的解释(二)》第 24 条明确了夫妻共同债务认定的裁量标准,该条第 1 款规定:"债权人就婚姻关系存续期间夫妻一方以个人名义所负债务主张权利的,应当按夫妻共同债务处理。但夫妻一方能够证明债权人与债务人明确约定为个人债务,或者能够证明属于婚姻法第十九条第三款规定情形的除外。"第 24 条的出台主要是基于当时夫妻"假离婚、真逃债"损害债权人利益的情形较为多发的实际,目的是遏制夫妻恶意逃债联手"坑"债权人的社会现象,实践中也确实基本解决了这类问题,较好地维护了市场交易安全。

近年来,随着经济社会的发展,我国城乡居民家庭财产结构、类型、数量、形态以及理财模式等发生了巨大变化,社会公众的婚姻家庭观念和家庭投资渠道也日趋多元化。许多家庭的财富因此快速增长,同时因投资而产生债务的风险也在不断加大。特别是 2014 年以后,受民间借贷案件高发的影响,夫妻债务问题越来越突出,出现了夫妻一方与债权人恶意串通损害夫妻另一方权益,而人民法院适用《最高人民法院关于适用〈中华人民共和国婚姻法〉若干问题的解释(二)》第 24 条判令未举债一方配偶共同承担虚假债务、非法债务的极端案例,引起社会各界广泛关注,不少意见要求废止或者修改第 24 条。

为及时有效地解决这一问题,最高人民法院在 2017 年 2 月出台了《最高人民法院关于适用〈中华人民共和国婚姻法〉若干问题的解释(二)的补充规定》,在第 24 条的基础上增加两款规定:"夫妻一方与第三人串通,虚构债务,第三人主张权利的,人民法院不予支持。夫妻一方在从事赌博、吸毒等违法犯罪活动中所负债务,第三人主张权利的,人民法院不予支持。"并同时出台了《最高人民法院关于依法妥善审理涉及夫妻债务案件有关问题的通知》。上述补充规定和通知出台后,在司法实践中起到了积极作用,但是有关夫妻共同债务认定标准、举证证明责任等方面的问题仍然没有得到全面解决。因配偶一方超出家庭日常生活需要大额举债,造成配偶另一方在毫不知情的情况下背上沉重债务负担的问题日益凸显,人民群众进一步规范和细化夫妻共同债务认定标准的呼声也日益强烈。

基于上述情况,最高人民法院在2018年1月出台了《最高人民法院关于审理涉及夫妻债务纠纷案件适用法律有关问题的解释》,修改了此前司法解释关于夫妻债务认定的规定。该解释共4条,其中,第1条规定:"夫妻双方共同签字或者夫妻一方事后追认等共同意思表示所负的债务,应当认定为夫妻共同债务。"第2条规定:"夫妻一方在婚姻关系存续期间以个人名义为家庭日常生活需要所负的债务,债权人以属于夫妻共同债务为由主张权利的,人民法院应予支持。"第3条规定:"夫妻一方在婚姻关系存续期间以个人名义超出家庭日常生活需要所负的债务,债权人以属于夫妻共同债务为由主张权利的,人民法院不予支持,但债权人能够证明该债务用于夫妻共同生活、共同生产经营或者基于夫妻双方共同意思表示的除外。"第4条是关于实施日期的规定。

民法典编纂的过程中,夫妻债务问题被作为一个重点问题进行研究。2018年8月,民法典各分编草案提请十三届全国人大常委会第五次会议审议,草案说明中提出:"关于夫妻债务问题,现行婚姻法没有具体规定夫妻关系存续期间个人债务、共同债务的认定和承担。2003年最高人民法院出台的婚姻法司法解释(二)第24条,近年来引发了较大争议,一度成为社会关注的热点问题。2018年1月,《最高人民法院关于审理涉及夫妻债务纠纷案件适用法律有关问题的解释》发布,修改了此前司法解释关于夫妻债务认定的规定。目前看来,司法解释基本平息了争议和热点。因新司法解释刚出台实施不久,尚需要进一步观察实践效果,再研究如何在婚姻家庭编草案作出相关规定。草案目前对现行婚姻法的有关规定未作实质性修改。”

2019 年 6 月,民法典婚姻家庭编草案提请十三届全国人大常委会第十一次会议审议,草案修改情况的汇报中提出,“现行婚姻法没有具体规定婚姻关系存续期间有关夫妻共同债务的认定。2003 年最高人民法院曾出台婚姻法司法解释(二),其中第 24 条对此问题作了规定。2018 年 1 月,最高人民法院根据各方面意见又出台了《最高人民法院关于审理涉及夫妻债务纠纷案件适用法律有关问题的解释》。有的专家学者、法学教学研究机构、社会公众提出,新司法解释的规定比较妥当,建议草案加以吸收,明确夫妻共同债务的范围。宪法和法律委员会经与有关方面认真研究,建议采纳这一意见,在草案第三章第一节‘夫妻关系’中增加一条”。民法典婚姻家庭编草案二审稿第 840 条之一规定:“夫妻双方共同签字或者夫妻一方事后追认等共同意思表示所负的债务,以及夫妻一方在婚姻关系存续期间以个人名义为家庭日常生活需要所负的债务,属于夫妻共同债务。夫妻一方在婚姻关系存续期间以个人名义超出家庭日常生活需要所负的债务,不属于夫妻共同债务,但是债权人能够证明该债务用于夫妻共同生活、共同生产经营或者基于夫妻双方共同意思表示的除外。”之后的民法典婚姻家庭编草案三审稿、民法典草案以及最终出台的民法典对于本条规定都没有作出实质性的修改。

本条分两款,规定了三类比较重要的夫妻共同债务,即基于共同意思表示所负的夫妻共同债务、为家庭日常生活需要所负的夫妻共同债务、债权人能够证明的夫妻共同债务。

(一)基于共同意思表示所负的夫妻共同债务

本条第 1 款明确规定,“夫妻双方共同签名或者夫妻一方事后追认等共同意思表示所负的债务”,属于夫妻共同债务。这就是俗称的“共债共签”“共签共债”。多个民事主体基于共同签字等共同意思表示所形成的债务属于共同债务,这不存在任何争议,本条规定对这一内容加以强调意在引导债权人在形成债务尤其是大额债务时,为避免事后引发不必要的纷争,加强事前风险防范,尽可能要求夫妻共同签名。这种制度安排,一方面,有利于保障夫妻另一方的知情权和同意权,可以从债务形成源头上尽可能杜绝夫妻一方“被负债”现象发生;另一方面,也可以有效避免债权人因事后无法举证证明债务属于夫妻共同债务而遭受不必要的损失,对于保障交易安全和夫妻一方合法权益,具有积极意义。实践中,很多商业银行在办理贷款业务时,对已婚者一般都要求夫妻双方共同到场签名。一方确有特殊原因无法亲自到场,也必须提交经过公证的授权委托书,否则不予贷款,这种操作方式最大限度地降低了债务不能清偿的风险,保障了债权人的合法权益,也不会造成对夫妻一方权益的损害。

虽然要求夫妻“共债共签”可能会使交易效率受到一定影响,但在债权债务关系形成,增加一定交易成本和夫妻一方的知情权、同意权产生冲突时,因夫妻一方的知情权、同意权,关系到地位平等、意思自治等基本法律原则和公民基本财产权利和人格权利,故应优先考虑。事实上,适当增加交易成本不仅有利于保障交易安全,还可以减少事后纷争,从根本上提高交易效率。

(二)为家庭日常生活需要所负的夫妻共同债务

本条第 1 款规定,“夫妻一方在婚姻关系存续期间以个人名义为家庭日常生活需要所负的债务”,属于夫妻共同债务。也就是基于夫妻日常家事代理权所生的债务属于夫妻共同债务。

夫妻日常家事代理权,是指夫妻一方因家庭日常生活需要而与第三方为一定民事法律行为时互为代理的权利。夫妻一方在日常家庭事务范围内,与第三方所实施的一定民事法律行为,视为依夫妻双方的意思表示所为的民事法律行为,另一方也应承担因此而产生的法律后果。本法第 1060 条明确规定:“夫妻一方因家庭日常生活需要而实施的民事法律行为,对夫妻双方发生效力,但是夫妻一方与相对人另有约定的除外。夫妻之间对一方可以实施的民事法律行为范围的限制,不得对抗善意相对人。”根据这一规定,夫妻任何一方行使夫妻日常家事代理权所实施的民事法律行为,对夫妻双方都发生效力,即该民事法律行为所产生的法律效果归属于夫妻双方。夫妻任何一方基于夫妻日常家事代理权所实施的民事法律行为所设立、变更、终止民事法律关系的一切结果都归属于夫妻双方,取得的权利由夫妻双方共同享有,产生的义务包括债务也由夫妻双方共同承担。当然,如果夫妻一方在行使夫妻日常家事代理权的同时,与相对人就该民事法律行为的法律效力另有约定的,则法律效力依照该约定。

本条第1款规定"夫妻一方在婚姻关系存续期间以个人名义为家庭日常生活需要所负的债务"属于夫妻共同债务,实际上已经包括在本法第1060条规定的内容之中,这里是再次加以强调。如何认定为家庭日常生活需要等,可以参考前述条文的释义,这里不再赘述。

(三)债权人能够证明的夫妻共同债务

本条第2款规定,夫妻一方在婚姻关系存续期间以个人名义超出家庭日常生活需要所负的债务,不属于夫妻共同债务;但是,债权人能够证明该债务用于夫妻共同生活、共同生产经营或者基于夫妻双方共同意思表示的除外。这一类夫妻共同债务情形最为复杂,实践中如何认定争议最大。

夫妻双方共同签名或者夫妻一方事后追认等共同意思表示所负的债务,以及夫妻一方在婚姻关系存续期间以个人名义为家庭日常生活需要所负的债务,属于夫妻共同债务。那如果不是基于夫妻共同意思表示、夫妻一方以个人名义所负的超出家庭日常生活需要所负的债务,是否就不属于夫妻共同债务呢?根据本条第2款规定,如果债权人能够证明该债务用于夫妻共同生活、共同生产经营的,那该债务也属于夫妻共同债务。

用于夫妻共同生活、共同生产经营的债务属于夫妻共同债务,这个争议不大,主要问题在于怎么认定,即由谁来举证证明。

随着我国经济社会的发展,城乡居民家庭财产结构、类型、数量、形态以及理财模式等发生了很大变化,人们的生活水平不断提高,生活消费日趋多元化,很多夫妻的共同生活支出不再局限于以前传统的家庭日常生活消费开支,还包括大量超出家庭日常生活范围的支出。这些支出系夫妻双方共同消费支配,或者用于形成夫妻共同财产,或者基于夫妻共同利益管理共同财产产生的支出,性质上均属于夫妻共同生活的范围。夫妻共同生活包括但不限于家庭日常生活,本条第 2 款所指的需要债权人举证证明的夫妻共同生活的范围,指的就是超出家庭日常生活需要的部分。

夫妻共同生产经营的情形非常复杂,主要是指由夫妻双方共同决定生产经营事项,或者虽由一方决定但另一方进行了授权的情形。判断生产经营活动是否属于夫妻共同生产经营,要根据经营活动的性质以及夫妻双方在其中的地位作用等综合认定。夫妻共同生产经营所负的债务一般包括双方共同从事工商业、共同投资以及购买生产资料等所负的债务。

夫妻一方在婚姻关系存续期间以个人名义超出家庭日常生活需要所负的债务,如果债权人能够证明该债务用于夫妻共同生活、共同生产经营或者基于夫妻双方共同意思表示的,就属于夫妻共同债务,否则,不属于夫妻共同债务,应当属于举债一方的个人债务。这里强调债权人的举证证明责任,能够促进债权人尽到谨慎注意义务,引导相关主体对于大额债权债务实行"共债共签",体现从源头上控制纠纷、更加注重交易安全的价值取向,也有利于强化公众的市场风险意识,从而平衡保护债权人和未举债夫妻一方的利益。

要注意的是,本条只规定了三类比较重要的夫妻共同债务,但在实践中还存在依据法律规定产生的其他种类的夫妻共同债务。比如,本法第 1168 条规定,"二人以上共同实施侵权行为,造成他人损害的,应当承担连带责任"。因此,夫妻因共同侵权所负的债务也属于夫妻共同债务。本法第 1188 条第 1 款规定:"无民事行为能力人、限制民事行为能力人造成他人损害的,由监护人承担侵权责任。"因此,夫妻因被监护人侵权所负的债务,也属于夫妻共同债务。

第一千零六十五条　男女双方可以约定婚姻关系存续期间所得的财产以及婚前财产归各自所有、共同所有或者部分各自所有、部分共同所有。约定应当采用书面形式。没有约定或者约定不明确的，适用本法第一千零六十二条、第一千零六十三条的规定。

夫妻对婚姻关系存续期间所得的财产以及婚前财产的约定，对双方具有法律约束力。

夫妻对婚姻关系存续期间所得的财产约定归各自所有，夫或者妻一方对外所负的债务，相对人知道该约定的，以夫或者妻一方的个人财产清偿。

【释义】　本条是关于夫妻约定财产制的规定。

所谓约定财产制，是指法律允许夫妻用协议的方式，对夫妻在婚前和婚姻关系存续期间所得财产的所有权的归属、管理、使用、收益、处分，以及对第三人债务的清偿、婚姻解除时财产的分割等事项作出约定，从而排除或者部分排除夫妻法定财产制适用的制度。约定财产制是相对于法定财产制而言的，它是夫妻以契约的方式依法选择适用的财产制，而法定财产制是依照法律直接规定而适用的财产制。约定财产制是法律对婚姻关系双方当事人就双方之间的财产关系进行约定的意思自治的尊重，约定财产制具有优先于法定财产制适用的效力，只有在当事人未就夫妻财产作出约定，或者所作约定不明确，或者所作约定无效时，才适用夫妻法定财产制。

约定财产制与法定财产制相比较而言，其灵活性更强，更能适应复杂多样的夫妻财产关系，更能适应现代社会丰富多样的生活方式，也更能体现当事人的真实意愿和个性化的需要。目前，大多数国家和地区都在法律中明文规定，夫妻双方可以在婚前或者婚姻关系存续期间，约定采用某种财产制来支配他们之间的财产关系。比如，《法国民法典》第 1497 条规定，夫妻双方得在婚姻财产契约中，订立与第 1387 条、第 1388 条及第 1389 条之规定不相抵触的任何协议,约定对法定共同财产制作出变更。夫妻双方尤其可以约定:(1)夫妻共同财产包括动产与婚后取得的财产;(2)不执行有关共同财产管理的规则;(3)夫妻一方得以支付补偿金的方式先提取某些财产;(4)夫妻一方享有健在配偶的先取权;(5)夫妻两人在共同财产内所占的份额不等;(6)夫妻之间实行包括全部财产的共同财产制。凡是未经当事人约定的其他所有事项,仍适用法定共同财产制的规则。《德国民法典》第1408条规定,婚姻双方可以通过合同(婚姻合同)规定其婚姻财产制关系,特别是在结婚之后对婚姻财产制予以撤销或变更。《瑞士民法典》第182条规定,未婚双方或者配偶双方仅可在法律的范围内选择、终止或变更其财产制。《意大利民法典》第210条规定,在不与该法第161条的规定相抵触的情况下,夫妻双方可以根据该法第162条的规定以协议的方式修改法定夫妻共有关系。该法第179条c)项、d)项和e)项规定的财产不属于协议共同财产的范畴。夫妻双方不得违背法定共有关系中有关共同财产的管理和本来应当属于法定共同财产标的的财产份额均等的规定。《俄罗斯联邦家庭法典》第42条规定,夫妻之间的婚姻合同可以变更法定共有财产制度,规定对夫妻所有财产、其中个别所有财产或夫妻个人财产按份共有或分别所有。婚姻合同,可针对夫妻现有的财产订立,也可针对将来取得的财产订立。夫妻有权在婚姻合同中确定相互权利义务、相互参与收入的方式、各方负担家庭开支的办法,确定离婚时移转给一方的财产,以及将涉及夫妻之间财产关系的其他规定包含于婚姻合同之中。我国台湾地区"民法"第1004条规定,夫妻得于结婚前或结婚后,以契约就本法所定之约定财产制中,选择其一,为其夫妻财产制。

允许夫妻采用约定财产制的国家,关于约定财产制内容的规定不尽相同,从立法限制的程度看,大体可分为两种情况:一种是立法限制较少的,即对婚姻当事人约定财产关系的范围和内容没有严格限制,法律既没有规定几种财产制形式供当事人选择,在程序上也没有特别要求,如日本、俄罗斯、英国等国。另一种是立法限制较多的,即在约定财产制的范围上,明确规定约定时可供选择的财产制,在约定的内容上规定不得相抵触的事由,在程序上要求夫妻订立要式契约,如法国、德国、瑞士、意大利等国。

我国1950年婚姻法对夫妻约定财产制没有作出规定,从新中国成立到“文革”结束前这一段时期,我国的经济发展水平和人民生活水平相对较低,公民的个人财产和家庭财产都很少,因此在实际生活中对夫妻财产进行约定的也很少。

1980年婚姻法适应新时期社会经济发展和家庭财产关系变化的需要,在规定以共同财产制为法定财产制的同时,允许夫妻双方对财产关系作出约定,以排除共同财产制的适用,该法第13条第1款规定,“夫妻在婚姻关系存续期间所得的财产,归夫妻共同所有,双方另有约定的除外”。1993年11月在《最高人民法院关于人民法院审理离婚案件处理财产分割问题的若干具体意见》第1条也规定:“夫妻双方对财产归谁所有以书面形式约定的,或以口头形式约定,双方无争议的,离婚时应按约定处理。但规避法律的约定无效。”允许夫妻按照双方的意愿,约定处理夫妻财产关系,适应新形势下夫妻因各种原因,如个人承包经营、再婚夫妻的财产、涉外婚姻及涉及港、澳、台同胞的婚姻等,以多种形式处理双方财产问题的需要,体现了夫妻享有平等的财产权利,有利于减少家庭纠纷,保护当事人的合法权益。但1980年婚姻法仅规定夫妻婚姻关系存续期间的财产关系可以进行约定,对婚前财产和约定财产制的内容,如约定的范围、约定的条件和方式、约定的效力等未作规定。

随着社会主义市场经济的发展,生活水平不断提高,夫妻财产日益增多,财产关系日趋复杂多样;人们的价值观念和婚姻家庭观念也发生了很大变化,个人权利意识和独立意识不断增强;人们的生活方式也在不断地变化,一些人特别是年轻人,为了保持生活的独立性或出于其他原因,开始尝试婚前协议、AA制的生活方式,而从事企业经营或其他高收入职业的人群,为了保护个人财产权利,避免因配偶的债务殃及自己的财产,或者为了减少夫妻财产因个人债务而承担的风险,或者为了防止对方借婚姻谋取财产,对夫妻约定财产制的需求更为强烈。此外,随着离婚时财产分割的纠纷增多,采用约定财产制的人们也会有所增加。随着采用约定财产制来调整夫妻财产关系的人不断增多,1980年婚姻法有关夫妻约定财产制的规定就显得过于简单,既缺乏指导性,也缺乏可操作性,需要增加规定,以完善我国的夫妻约定财产制度。2001年修改婚姻法时,适用新时期调整夫妻财产关系的需要,对约定财产制作了补充和完善,在第19条规定,"夫妻可以约定婚姻关系存续期间所得的财产以及婚前财产归各自所有、共同所有或部分各自所有、部分共同所有。约定应当采用书面形式。没有约定或约定不明确的,适用本法第十七条、第十八条的规定。夫妻对婚姻关系存续期间所得的财产以及婚前财产的约定,对双方具有约束力。夫妻对婚姻关系存续期间所得的财产约定归各自所有的,夫或妻一方对外所负的债务,第三人知道该约定的,以夫或妻一方所有的财产清偿"。

从这些年的实践经验看,这一规定基本适应现实需要,这次编纂民法典,对这一规定仅作了一些文字修改。根据本条的规定,我国夫妻约定财产制的内容主要包括以下几个方面:

(一)约定的条件

夫妻对财产关系进行约定是一种双方民事法律行为,它不仅要符合民事法律行为的一般要件,还要符合婚姻法的有关规定,因为该约定是基于配偶这一特殊身份发生的。夫妻对财产关系的约定需要符合下列要件:(1)缔约双方必须具有合法的夫妻身份,未婚同居、婚外同居者对他们之间财产关系的约定,不属于夫妻财产约定。(2)缔约双方必须具有完全民事行为能力。(3)约定必须双方自愿。夫妻对财产的约定必须出于真实的意思表示,以欺诈、胁迫等手段使对方在违背真实意思的情况下作出的约定,对方有权请求撤销。(4)约定的内容必须合法,不得违反法律、行政性法规的强制性规定,不得违背公序良俗,不得利用约定恶意串通、损害他人合法权益,约定的内容不得超出夫妻财产的范围,如不得将其他家庭成员的财产列入约定财产的范围,不得利用约定逃避对第三人的债务以及其他法定义务。

(二)约定的方式

关于约定的方式,本条第1款明确规定“约定应当采用书面形式”。这样规定的目的,在于更好地维护夫妻双方的合法权益以及第三人的利益,维护交易安全,避免发生纠纷。当然如果夫妻以口头形式作出约定,事后对约定没有争议的,该约定也有效。夫妻以书面形式对其财产作出约定后,可以进行公证。在民法典编纂过程中,有一种意见认为,夫妻对财产关系的约定,应当进行公证。这种观点不符合公证自愿的原则,而且公证只具有证明的效力,不是约定生效的要件。还有一种意见认为,夫妻对财产的约定应当向婚姻登记机关进行登记,未经登记不生效或不得对抗善意第三人。由于夫妻财产登记的内容、效力等问题比较复杂,而我国对家庭财产的监管还不够规范和完善,因此这次编纂民法典没有采纳这种意见。

(三)约定的时间

关于约定的时间,有两种立法例:法国、日本、韩国仅限于婚前约定;德国、瑞士、意大利、我国澳门特别行政区和我国台湾地区则不设时间限制,当事人婚前、婚后均可订立。本条对约定的时间未作规定。根据我国的实际情况,对约定的时间不必作更多的限制。约定可以在婚前进行也可以在婚后进行。约定生效后,因夫妻一方或者双方的情况发生变化,只要双方合意,也可以随时变更或者撤销原约定。

(四)约定的内容

关于约定的内容,本条第1款规定,“男女双方可以约定婚姻关系存续期间所得的财产以及婚前财产归各自所有、共同所有或者部分各自所有、部分共同所有”。这一规定的范围是比较宽的,根据这一规定,夫妻既可以对婚姻关系存续期间所得的财产进行约定,也可以对婚前财产进行约定;既可以对全部夫妻财产进行约定,也可以对部分夫妻财产进行约定;既可以概括地约定采用某种夫妻财产制,也可以具体地对某一项夫妻财产进行约定;既可以约定财产所有权的归属或者使用权、管理权、收益权、处分权的行使,也可以约定家庭生活费用的负担、债务清偿责任、婚姻关系终止时财产的分割等事项。

关于当事人可以约定采用哪种夫妻财产制,本条未作规定,即没有对当事人可以选择的财产制进行限制。一般来说,当事人可以约定采用的夫妻财产制主要有以下几种:(1)一般共同制,夫妻的婚前财产和婚姻关系存续期间所得的财产均归夫妻共同所有;(2)劳动所得共同制,夫妻婚后的劳动所得归夫妻共有,非劳动所得的财产,如继承、受赠的财产、人身损害赔偿金等,归各自所有;(3)管理共同制,夫妻的婚前财产和婚姻关系存续期间所得的财产归各自所有,同时根据双方的约定,除特有财产外,双方的财产由夫或妻统一管理;(4)分别财产制,夫妻的婚前财产和婚姻关系存续期间所得的财产均归各自所有,各自独立管理,委托对方管理的,适用有关委托代理的规定。如果当事人不愿意概括地约定采用某种夫妻财产制,也可以对部分夫妻财产,甚至某一项财产进行约定,如当事人可以约定一方从事生产经营的收益归其本人所有,也可以约定一方因身体受到伤害获得的赔偿金归夫妻共同所有。

(五)约定的效力

约定的效力,分为优先效力、对内效力和对外效力。

(1)关于优先效力。约定财产制的优先效力是指约定财产制的效力优先于法定财产制。本条第1款规定,"没有约定或者约定不明确的,适用本法第一千零六十二条、第一千零六十三条的规定"。根据这一规定,约定财产制具有优先于法定财产制适用的效力,只有在当事人未就夫妻财产作出约定,或者所作约定不明确,或者所作约定无效时,才适用夫妻法定财产制。

(2)关于对内效力。约定财产制的对内效力是指夫妻财产约定对婚姻关系当事人的效力。本条第2款规定:"夫妻对婚姻关系存续期间所得的财产以及婚前财产的约定,对双方具有法律约束力。”夫妻对财产关系的约定,对双方具有法律约束力,双方按照约定享有财产所有权以及管理权等其他权利,并承担相应的义务。

(3)关于对外效力。约定财产制的对外效力是指夫妻财产约定对婚姻关系当事人以外的第三人即相对人的效力。主要考虑的是在夫妻对财产进行约定、保护夫妻财产权的同时,要保障相对人的利益,维护交易安全。夫妻之间对财产关系的约定,如何对相对人产生效力?关于这一问题,一些国家和地区规定夫妻财产约定须进行登记或者为相对人所明知,才能对相对人发生法律约束力。如《德国民法典》第1412条规定,如果婚姻双方排除或变更法定婚姻财产制,则对于婚姻一方与第三人之间所采取的法律行为,只在婚姻合同在采取上述法律行为之时已在主管的初级法院的婚姻财产制登记簿上登记或已为该第三人所知的情形,婚姻双方方得以此针对第三人对该法律行为提出异议。《日本民法典》第756条规定,夫妻订有同法定财产制相异的契约时,除非于婚姻申报前进行登记,不得以之对抗夫妻的承受人及第三人。我国台湾地区“民法”第1008条规定,夫妻财产制契约之订立、变更或废止,非经登记,不得以之对抗第三人。如前所述,目前我国没有建立夫妻财产登记制度,为了保障相对人的利益不因夫妻财产约定而受到损害,本条第3款规定,“夫妻对婚姻关系存续期间所得的财产约定归各自所有,夫或者妻一方对外所负的债务,相对人知道该约定的,以夫或者妻一方的个人财产清偿”。

这一规定以“相对人知道该约定”为条件,即在相对人与夫妻一方发生债权债务关系时,如果相对人知道其夫妻财产已经约定归各自所有的,就以其一方的财产清偿;相对人不知道该约定的,该约定对相对人不生效力,夫妻一方对相对人所负的债务,按照在夫妻共同财产制下的清偿原则进行偿还。关于相对人如何知道该约定,既可以是夫妻一方或双方告知,也可以为相对人曾经是夫妻财产约定的见证人或者知情人。如何判断相对人是否知道该约定,夫妻一方或者双方负有举证责任,夫妻应当证明在发生债权债务关系时,相对人确已知道该约定。本款中的“夫或者妻一方对外所负的债务”,是指夫妻一方以自己的名义与相对人之间产生的债务,至于是为夫妻共同生活所负的债务,还是个人债务,在所不问,即无论是为子女教育所负的债务,或者个人从事经营所负的债务,还是擅自资助个人亲友所负的债务,都适用本款的规定。

第一千零六十六条　婚姻关系存续期间,有下列情形之一的,夫妻一方可以向人民法院请求分割共同财产:

(一)一方有隐藏、转移、变卖、毁损、挥霍夫妻共同财产或者伪造夫妻共同债务等严重损害夫妻共同财产利益的行为;

(二)一方负有法定扶养义务的人患重大疾病需要医治,另一方不同意支付相关医疗费用。

【释义】　本条是关于婚姻关系存续期间分割夫妻共同财产的规定。

民法典婚姻家庭编实行的是以法定财产制为主、约定财产制为辅的夫妻财产制度。约定财产制具有优先于法定财产制适用的效力。夫妻双方根据实际情况,可以在婚前或者婚姻存续期间任一时间约定婚姻关系存续期间所得的财产以及婚前财产归各自所有、共同所有或者部分各自所有、部分共同所有。只要双方合意,也可以随时变更或者撤销原约定。如果夫妻双方未就夫妻财产作出约定,或者所作约定不明确,或者所作约定无效,就适用夫妻法定财产制。在夫妻法定财产制下,夫妻双方对于夫妻共同财产享有共同所有权,即对夫妻共同财产不分份额地共同享有权利并承担义务。

夫妻共同财产制有利于保障夫妻中经济能力较弱一方的权益,有利于实现真正的夫妻地位平等,符合我国文化传统和当前绝大多数人对夫妻财产制的要求,有利于维系更加平等、和睦的家庭关系。但在现实生活中,存在一些夫妻一方通过各种手段侵害另一方的共有财产权益的情况，这时，如果夫妻双方离婚，进而分割共同财产，彻底解决问题，当然是最好的。可由于种种原因，夫妻双方或者一方不愿意离婚，只是要求人民法院解决财产问题，此时应如何处理，是否允许夫妻分割共同财产，是这次编纂民法典婚姻家庭编中的一个争议较大的问题。主要有三种意见：

第一种意见认为，应当增设非常法定财产制。非常法定财产制，是指在婚姻关系存续期间，因发生特定事由，依照法律的规定或者法院宣告，终止夫妻共同财产制，改为适用分别财产制。法国、德国、意大利、瑞士和我国台湾地区等国家和地区都对非常法定财产制作了明确规定。有的意见提出，在婚姻关系存续期间，共同财产制的实行应当有利于夫妻双方的利益，如果出现夫妻一方不善管理等行为，继续维持夫妻共同财产制将会使夫妻另一方的合法权益受到损害，夫妻另一方就可以请求人民法院将夫妻共同财产制改为夫妻分别财产制，这有利于弥补夫妻共同财产制的不足。

第二种意见认为，可以采取分割夫妻共同财产的办法。有的意见提出，法律应当提供夫妻一方在婚姻关系存续期间保护自己财产权利的救济途径。非常法定财产制不符合我国国情，可以在不解除婚姻关系的前提下对夫妻共同财产进行分割，否则只能眼看对方随意处分夫妻共同财产而无可奈何，其结果有悖公平原则。物权法第99条规定："共有人约定不得分割共有的不动产或者动产，以维持共有关系的，应当按照约定，但共有人有重大理由需要分割的，可以请求分割；没有约定或者约定不明确的，按份共有人可以随时请求分割，共同共有人在共有的基础丧失或者有重大理由需要分割时可以请求分割。因分割对其他共有人造成损害的，应当给予赔偿。"这实际上也允许共同共有人在有重大理由时请求分割共同财产。

第三种意见认为，应当通过其他途径解决。有的意见认为，夫妻共同财产是最典型的共同共有关系，共同共有人在共有关系存续期间，一般不得请求分割共同财产。人民法院介入夫妻纠纷,对夫妻共同财产进行分割,可能会产生影响家庭稳定,影响经济发展等负面效应。夫妻一方的权利受到侵害的情况,应当通过法律规定的其他救济途径解决,比如,婚姻法第17条第2款规定,“夫妻对共同所有的财产,有平等的处理权”。第20条规定:“夫妻有互相扶养的义务。一方不履行扶养义务时,需要扶养的一方,有要求对方付给扶养费的权利。”这些都可以对受到侵害的夫妻一方的权利进行救济。

经过认真研究,在民法典中采纳了第二种意见,主要考虑是:一方面,我国采取婚后所得共同财产制为主、约定财产制为辅的夫妻财产制度,没有规定分别财产制。增设非常法定财产制对我国夫妻财产制度的变革较大,怎么规定较为合适争议不小,现阶段作出这样的规定难度较大。同时,法定的分别财产制不符合我国文化传统,在法律中明确规定对家庭和睦、社会稳定可能会造成一定影响,应当慎重。另一方面,社会生活中确实存在夫妻一方财产权益因另一方行为受损或者夫妻双方对财产处理产生较大争议的情况,通过其他法律途径难以完全予以解决,绝对不允许分割夫妻共同财产对保障夫妻财产权益,实现家庭保障功能等都有一定影响。《最高人民法院关于适用〈中华人民共和国婚姻法〉若干问题的解释(三)》第4条就采纳了第二种意见,明确规定:“婚姻关系存续期间,夫妻一方请求分割共同财产的,人民法院不予支持,但有下列重大理由且不损害债权人利益的除外:(一)一方有隐藏、转移、变卖、毁损、挥霍夫妻共同财产或者伪造夫妻共同债务等严重损害夫妻共同财产利益行为的;(二)一方负有法定扶养义务的人患重大疾病需要医治,另一方不同意支付相关医疗费用的。”该条实施效果比较好。基于此,本条规定在最高人民法院司法解释的基础上,对婚姻关系存续期间分割夫妻共同财产的问题作出了明确规定。

根据本条规定,婚姻关系存续期间,夫妻双方一般不得请求分割共同财产,只有在法定情形下,夫妻一方才可以向人民法院请求分割共同财产,法定情形有两项:

一种情形是一方有隐藏、转移、变卖、毁损、挥霍夫妻共同财产或者伪造夫妻共同债务等严重损害夫妻共同财产利益的行为。

夫妻共同财产主要指夫妻双方在婚姻关系存续期间所得的财产，根据本法第 1062 条的规定，夫妻共同财产包括工资、奖金、劳务报酬；生产、经营、投资的收益；知识产权的收益；继承或者受赠的财产，但是遗嘱或者赠与合同中确定只归一方的财产的除外；其他应当归共同所有的财产。夫妻共同财产从性质上说，属于共同共有。夫妻在婚姻关系存续期间，无论属于双方或者一方的收入，无论各自收入的数量多少，也无论其中一方有无收入，夫妻作为共同生活的伴侣，对共同财产享有平等的所有权。对共同财产，夫妻双方均有依法占有、使用、收益和处分的权利。本法第 1062 条就明确规定，夫妻对共同财产，有平等的处理权。夫妻在处分共同财产时，应当平等协商，取得一致意见，任何一方不得违背他方的意志，擅自处理。特别是对共有财产作较大的变动时，如出卖、赠与等，更应征得他方的同意，否则就侵犯了另一方对共有财产的所有权。实践中，比较典型的就是夫妻一方隐藏、转移、变卖、毁损、挥霍夫妻共同财产或者伪造夫妻共同债务等行为，这些都属于严重损害夫妻共同财产利益的行为。隐藏是指将财产藏匿起来，不让他人发现，使另一方无法获知财产的所在从而无法控制。转移是指私自将财产移往他处，或者将资金取出移往其他账户，脱离另一方的掌握。变卖是指将财产折价卖给他人。毁损是指采用打碎、拆卸、涂抹等破坏性手段使物品失去原貌，失去或者部分失去原来具有的使用价值和价值。挥霍是指超出合理范围任意处置、浪费夫妻共同财产。伪造夫妻共同债务是指制造内容虚假的债务凭证，包括合同、欠条等，意图侵占另一方财产。上述违法行为，在主观上只能是故意，不包括过失行为，如因不慎将某些共同财产毁坏，只要没有故意，不属于本条规定之列。

另一种情形是一方负有法定扶养义务的人患重大疾病需要医治，另一方不同意支付相关医疗费用。

这里所指的扶养是广义上的扶养，即一定范围的亲属之间互相供养和扶助的法律关系。广义的扶养包括抚养、赡养和狭义的扶养。抚养是就长辈对晚辈而言,主要指父母对未成年子女,祖父母对孙子女,外祖父母对外孙子女的供养;赡养是就晚辈对长辈而言,主要指子女对父母,孙子女对祖父母、外孙子女对外祖父母的供养;扶养是就平辈而言,主要是夫妻之间和兄弟姐妹之间的供养。

扶养还可以分为法定扶养、协议扶养和遗嘱扶养。法定扶养是指基于法律强制性规定的扶养;协议扶养是指基于合同而产生的扶养;遗嘱扶养是指基于遗嘱产生的扶养。本条规定明确仅指法定扶养。本法对法定扶养义务作了明确规定。第1059条规定:"夫妻有相互扶养的义务。需要扶养的一方,在另一方不履行扶养义务时,有要求其给付扶养费的权利。"第1067条规定:"父母不履行抚养义务的,未成年子女或者不能独立生活的成年子女,有要求父母给付抚养费的权利。成年子女不履行赡养义务的,缺乏劳动能力或者生活困难的父母,有要求成年子女给付赡养费的权利。"第1071条第2款规定:"不直接抚养非婚生子女的生父或者生母,应当负担未成年子女或者不能独立生活的成年子女的抚养费。"第1072条第2款规定:"继父或者继母和受其抚养教育的继子女间的权利义务关系,适用本法关于父母子女关系的规定。"第1074条规定:"有负担能力的祖父母、外祖父母,对于父母已经死亡或者父母无力抚养的未成年孙子女、外孙子女,有抚养的义务。有负担能力的孙子女、外孙子女,对于子女已经死亡或者子女无力赡养的祖父母、外祖父母,有赡养的义务。"第1075条规定:"有负担能力的兄、姐,对于父母已经死亡或者父母无力抚养的未成年弟、妹,有扶养的义务。由兄、姐扶养长大的有负担能力的弟、妹,对于缺乏劳动能力又缺乏生活来源的兄、姐,有扶养的义务。"应当根据这些法律规定来确定是否为夫妻一方负有法定扶养义务的人。

关于"重大疾病",本条没有作出明确界定,疾病是否认定为重大,在司法实践中应当参照医学上的认定,借鉴保险行业中对重大疾病的划定范围,一般认为,某些需要长期治疗、花费较高的疾病,如糖尿病、肿瘤、脊髓灰质炎等,或者直接涉及生命安全的疾病属于重大疾病。“相关医疗费用”主要指为治疗疾病需要的必要、合理费用,不应包括营养、陪护等费用。

在全国人大常委会审议和征求意见的过程中,有的意见还提出,本条仅规定这两种情形,范围过于狭窄,建议增加一些情形,比如一方的财产不足清偿其个人债务的;一方要求用夫妻共同财产从事投资经营活动,另一方不同意的;一方实施家庭暴力,受害方要求分割的;因感情不和分居满一年的;一方基于其他重大理由需要分割共同财产。经研究,为维护家庭和睦、稳定,对夫妻一方要求分割夫妻共同财产的法定情形应当从严掌握,上述这些情形所涉问题有的无需通过分割夫妻共同财产解决,有的实践中可操作性不强,因此,最后本条规定维持这两种情形不变。

第二节　父母子女关系和其他近亲属关系

第一千零六十七条　父母不履行抚养义务的,未成年子女或者不能独立生活的成年子女,有要求父母给付抚养费的权利。

成年子女不履行赡养义务的,缺乏劳动能力或者生活困难的父母,有要求成年子女给付赡养费的权利。

【释义】 本条是关于父母与子女之间抚养和赡养义务的规定。

本法第26条规定:“父母对未成年子女负有抚养、教育和保护的义务。成年子女对父母负有赡养、扶助和保护的义务。”这一条是关于父母子女之间法律义务的规定。尊老爱幼是中华民族的传统美德,这一条规定从弘扬中华民族的传统美德出发,根据宪法,在婚姻法、未成年人保护法、老年人权益保障法等法律有关规定的基础上,将父母子女之间的法律义务进一步明确化、法定化,强调了家庭责任,有利于促进家庭关系的和睦,从法律上倡导和落实社会主义核心价值观。

依据本法第26条的规定,父母对未成年子女的抚养、教育和保护义务,主要包括进行生活上的照料,保障未成年人接受义务教育,以适当的方式、方法管理和教育未成年人,保护未成年人的人身、财产不受到侵害,促进未成年人的身心健康发展等。成年子女对父母的赡养、扶助和保护义务,主要包括子女对丧失劳动能力或者生活困难的父母,要进行生活上的照料和经济上供养,从精神上慰藉父母,保护父母的人身、财产权益不受侵害。

本法第26条是对父母子女之间法律义务的一般性规定。民法典婚姻家庭编以及未成年人保护法、老年人权益保障法等对此作出了更为具体的规定。本条规定就是对第26条中有关父母与子女之间抚养和赡养义务的细化规定。

(一)父母对子女的抚养义务

抚养子女既是父母应尽的义务,也是子女应享有的权利。抚养是指父母抚育子女的成长,并为他们的生活、学习提供一定的物质条件。宪法第49条就明确规定,父母有抚养教育未成年子女的义务。父母对未成年子女的抚养是无条件的,在任何情况下都不能免除;即使父母已经离婚,对未成年的子女仍应依法履行抚养的义务。父母对成年子女的抚养是有条件的,在成年子女没有劳动能力或者出于某种原因不能独立生活时,父母也要根据需要和可能,负担其生活费用或者给予一定的帮助。对有独立生活能力的成年子女,父母自愿给予经济帮助,法律并不干预。

既然是法定义务,父母作为义务人就应当积极主动履行此项义务。但实践中由于种种原因有的父母没有履行抚养义务,基于此,本条第1款明确规定,"父母不履行抚养义务的,未成年子女或者不能独立生活的成年子女,有要求父母给付抚养费的权利"。因父母不履行抚养义务而引起的纠纷,可由有关部门调解或者向人民法院提出追索抚养费的诉讼。人民法院应根据子女的需要和父母的抚养能力,通过调解或者判决,确定抚养费的数额、给付的期限和方法。对拒不履行抚养义务,恶意遗弃未成年子女已构成犯罪的,还应当根据我国刑法的有关规定追究刑事责任。

(二)子女对父母的赡养义务

父母对子女有抚养的义务,同时子女对父母也有赡养的义务。赡养是指子女在物质上和经济上为父母提供必要的生活条件。父母抚养教育了子女,也为社会创造了财富,为民族培养了后代,他们理应得到社会和家庭的尊敬和照顾。宪法第 45 条规定,中华人民共和国公民在年老的情况下,有从国家和社会获得物质帮助的权利。根据该规定,老年职工可以按照国家的规定领取退休金,没有亲属供养的老人可以享受国家和集体提供的福利。老年人权益保障法第 4 条也规定,国家和社会应当采取措施,健全保障老年人权益的各项制度,逐步改善保障老年人生活、健康、安全以及参与社会发展的条件,实现老有所养、老有所医、老有所为、老有所学、老有所乐。老年人有从国家和社会获得物质帮助的权利。但是,在我国发展的现阶段,赡养老人还是家庭的一项重要职能。国家和社会对老年人的物质帮助,还不能完全取代家庭在这方面的作用。子女对父母履行赡养扶助义务,是对家庭和社会应尽的责任。宪法第 49 条明确规定,成年子女有赡养扶助父母的义务。老年人权益保障法第 13 条进一步规定,老年人养老以居家为基础,家庭成员应当尊重、关心和照料老年人。子女作为赡养人,应当履行对老年人经济上供养、生活上照料和精神上慰藉的义务,照顾老年人的特殊需要。儿子和女儿都有义务赡养父母,已婚妇女也有赡养其父母的义务和权利。

一切有经济能力的子女,对丧失劳动能力,无法维持生活的父母,都应予以赡养。对不在一起生活的父母,应根据父母的实际生活需要和子女的负担能力,给付一定的赡养费用。赡养费用一般不低于子女本人或者当地的普通生活水平,有两个以上子女的,可依据不同的经济条件,共同负担赡养费用。经济条件较好的子女应当自觉、主动地承担较大的责任。赡养人之间也可以就履行赡养义务签订协议,但不得违反法律的规定和老年人的意愿。基层群众性自治组织、老年人组织或者赡养人所在单位监督协议的履行。

赡养人的义务具体还应表现为以下几个方面:一是赡养人应当使患病的老年人及时得到治疗和护理;对经济困难的老年人,应当提供医疗费用。对生活不能自理的老年人,赡养人应当承担照料责任;不能亲自照料的,可以按照老年人的意愿委托他人或者养老机构等照料。二是赡养人应当妥善安排老年人的住房,不得强迫老年人居住或者迁居条件低劣的房屋。老年人自有的或者承租的住房,子女或者其他亲属不得侵占,不得擅自改变产权关系或者租赁关系。老年人自有的住房,赡养人有维修的义务。三是应当关心老年人的精神需求,不得忽视、冷落老年人。与老年人分开居住的,应当经常看望或者问候老年人。四是赡养人不得以放弃继承权或者其他理由,拒绝履行赡养义务。赡养人不履行赡养义务,老年人有要求赡养人付给赡养费等权利。赡养人不得要求老年人承担力不能及的劳动。

如果子女不履行赡养义务,需要赡养的父母可以通过有关部门进行调解或者向人民法院提起诉讼。人民法院在处理赡养纠纷时,应当坚持保护老年人的合法权益的原则,通过调解或者判决使子女依法履行赡养义务。本条第 2 款就专门对赡养费作出规定:"成年子女不履行赡养义务的,缺乏劳动能力或者生活困难的父母,有要求成年子女给付赡养费的权利。"对负有赡养义务而拒绝赡养,情节恶劣构成遗弃罪的,还应当承担刑事责任。

适用本条时,应当注意本条适用于婚生父母子女之间、非婚生父母子女之间、构成抚养教育关系的继父母子女之间以及养父母子女之间的关系。

第一千零六十八条　父母有教育、保护未成年子女的权利和义务。未成年子女造成他人损害的,父母应当依法承担民事责任。

【释义】 本条是关于父母教育、保护未成年子女的权利和义务的规定。

本法第26条规定："父母对未成年子女负有抚养、教育和保护的义务。成年子女对父母负有赡养、扶助和保护的义务。"对未成年子女的教育和保护是父母的重要职责。

所谓"教育"，是指父母要按照法律和道德要求，采取正确的方法，对其未成年子女进行教导，并对其行为进行必要的约束，其目的是保障未成年子女的身心健康。未成年子女是未满18周岁的人，不论在生理上还是在心理上，都处在未完全成熟时期，他们的人生观、世界观也尚未完全形成，辨别是非的能力和控制自己行为的能力都很弱。在这个时期，他们极易受外界的不良影响，养成不良习惯，实施不良行为。因此父母应当加强对其未成年子女的教育，提高他们的心理素质，培养他们的良好品行，增强他们辨别是非的能力，保证他们的心理健康。对未成年子女的管教，应当从小抓起。儿童时期正是开始学知识、长见识的时期，也正是思想活跃，但是非观念模糊的时期，容易接受好的东西，也容易接受坏的东西。从这个时期开始对未成年子女进行理想、道德、法治和爱国主义、集体主义、社会主义教育，这样就可以用好的、美的、正确的东西，去占领他们的内心世界，保障他们身心健康地成长。当前，在社会上仍然存在不少妨害未成年人勤学向上、健康成长的消极因素。如一些企业和场所违法经营，渲染暴力、淫秽、色情内容的非法出版物屡禁不止，吸毒、卖淫等社会丑恶现象沉渣泛起等。这些丑恶社会现象，不仅严重地污染了社会风气，危害了未成年人的心理健康，也为未成年人误入歧途，走上犯罪，提供了不良土壤。父母应当就不良行为的性质、范围、危害等对未成年子女进行专门教育，使其树立防范意识；对于已有不良行为的未成年子女，则应当加强教育约束，制止和纠正其不良行为。对未成年子女的管教应当尊重其人格尊严，根据适应未成年人身心发展的特点，通过多种形式进行教育和管束。虽然在管教过程中，父母可以对未成年子女使用适当的惩戒手段，但不得对其使用暴力或以其他形式进行虐待。

父母对子女有教育义务。教育子女是家庭的一项重要职能，家庭教育对子女的成长有很大的影响。父母子女间的亲密关系，为教育子女提供了有利的条件。因此，教育好子女是父母双方在法律上应尽的义务，也是社会道德的必然要求。根据未成年人保护法的规定，父母有义务促进未成年人在品德、智力、体质等方面全面发展，把他们培养成有理想、有道德、有文化、有纪律的社会主义事业的接班人。家庭和国家、社会、学校一起对未成年人进行理想、道德、文化、纪律和法律教育，也要进行爱国主义、集体主义、共产主义教育。因此父母应当以健康的思想、品德和适当的方法教育未成年子女，引导他们进行有益身心健康的活动，预防未成年子女吸烟、酗酒、流浪以及聚赌、吸毒等恶习。父母不但要从政治上、思想上关心教育未成年子女，同时要为子女，尤其是未成年子女受教育提供应有的物质条件。按照义务教育法第11条规定，父母必须使适龄的子女按时入学，接受规定年限的义务教育。未成年人保护法第13条规定，父母应当尊重未成年子女受教育的权利，必须使适龄未成年人依法入学接受并完成义务教育，不得使接受义务教育的未成年人辍学。那种对子女只抚养不教育，或者只顾眼前利益让子女"弃学务农""弃学从商"的做法，是不符合民法典婚姻家庭编的精神的，同时也违反了义务教育法和未成年人保护法等法律规定，应当承担相应的法律责任。

所谓"保护"，是指父母应当保护其未成年子女的人身安全和合法权益，预防和排除来自外界的危害，使其未成年子女的身心处于安全状态。本法第34条第1款规定："监护人的职责是代理被监护人实施民事法律行为，保护被监护人的人身权利、财产权利以及其他合法权益等。"根据该规定，父母对其未成年子女的保护主要包括人身保护和财产保护。对未成年子女的人身保护主要包括：照顾未成年子女的生活，保护其身体健康，保护未成年子女的人身不受侵害，为未成年子女提供住所等。对未成年子女的财产保护主要指为未成年子女的利益管理和保护其财产权益，除为未成年子女的利益外,不得处理属于该未成年子女的财产。如果父母未履行监护职责或者侵害未成年子女合法权益,造成未成年子女损失的,应当赔偿损失。父母对未成年子女的保护还体现在,父母代理其未成年子女实施民事法律行为。当未成年子女的权益受到侵害时,其父母有权以法定代理人身份提起诉讼,维护未成年子女的合法权益。

要注意的是,父母作为未成年子女的法定代理人和监护人,其对未成年子女的教育和保护既是权利又是义务,本法第 34 条第 2 款就明确规定,“监护人依法履行监护职责产生的权利,受法律保护”。

本条还明确规定:“未成年子女造成他人损害的,父母应当依法承担民事责任。”这是为了充分保护受害一方的合法权益,增强父母对其未成年子女教育的责任感。至于承担民事责任的条件、方法等,应当适用相关法律规定。本法第 1188 条对此作了明确规定:“无民事行为能力人、限制民事行为能力人造成他人损害的,由监护人承担侵权责任。监护人尽到监护职责的,可以减轻其侵权责任。有财产的无民事行为能力人、限制民事行为能力人造成他人损害的,从本人财产中支付赔偿费用;不足部分,由监护人赔偿。”第 1189 条规定:“无民事行为能力人、限制民事行为能力人造成他人损害,监护人将监护职责委托给他人的,监护人应当承担侵权责任;受托人有过错的,承担相应的责任。”

第一千零六十九条　子女应当尊重父母的婚姻权利,不得干涉父母离婚、再婚以及婚后的生活。子女对父母的赡养义务,不因父母的婚姻关系变化而终止。

【释义】　本条是关于子女应尊重父母的婚姻权利的规定。

本法第 1041 条规定的“婚姻自由”是我国婚姻家庭制度中的首要内容。婚姻自由既包含了年轻人的婚姻自由,自然也包括老年人的婚姻自由,这一内涵本来是不言而喻的。然而现实生活中反映出的突出问题是，丧偶或者离异的老人不在少数，而老年人再婚是障碍多、麻烦大、难上难。因此本条专门作出有针对性的规定，进一步使“婚姻自由”在老年人婚姻问题上有具体的体现，以达到保障老年人再婚自由的目的。

现实生活中阻碍老年人再婚有以下三大障碍：

一是世俗偏见的禁锢。一些人认为，老年人再婚是“老不正经”“有伤风化”。这种偏见使老年人备受压抑，动摇了老年人再婚的想法。

二是老年人自身固有观念的束缚。有的老年人觉得自己再婚会低人一等，让人瞧不起。还有的老人受“终身守节”“一女不二嫁”等封建残余的影响，放弃了再婚的念头。

三是子女干涉。一些年轻人认为，父母再婚“有辱门风”，让自己脸上无光；父母积攒的财产也会流落外人手里。因此为了自己的脸面和财产利益，百般阻挠，想尽办法干涉父母的再婚自由，甚至侮辱、威胁或者施以暴力来达到阻止父母再婚的目的。

由此可见，从法律上有针对性地强调保护老年人的婚姻自由，特别是再婚自由就显得尤为重要。在老年人再婚的问题上，除了消除世俗偏见，打消老年人自身不正确的固有观念这些无形的枷锁外，更重要的是防止子女对父母婚姻自由的阻挠和干涉，还老年人再婚自由的空间。对于老年人来说，仅有“老有所养”是不够的，还应该“老有所伴”“老有所慰”。让再婚老人相互关怀照顾，共度幸福晚年，对国家、社会和家庭都有利。老年人再婚，应得到社会的认可和关注，得到子女的理解和支持。给老年人一个金色的晚年，这也是社会文明进步的需要和体现。

本条规定：“子女应当尊重父母的婚姻权利，不得干涉父母离婚、再婚以及婚后的生活。子女对父母的赡养义务，不因父母的婚姻关系变化而终止。”从这一规定来看，主要强调了两个方面的内容：

第一，老年人的婚姻自由受法律保护，子女应当尊重父母的婚姻权利，包括离婚和再婚的自主权利，尤其是不得因一己私利和世俗偏见阻挠干涉父母再婚。父母是否再婚，与谁结婚应由其自主决定。父母再婚后，子女不得干涉父母婚后的生活，比如子女不得干涉父母选择居所或者依法处分个人财产。

第二，子女对父母的赡养义务，不因父母的婚姻关系变化而终止。本法第26条规定，成年子女对父母负有赡养、扶助和保护的义务。本法第1067条规定，成年子女不履行赡养义务的，缺乏劳动能力或者生活困难的父母，有要求成年子女给付赡养费的权利。子女对父母的赡养义务，包括对老年人经济上的供养、生活上的照料和精神上的慰藉义务，并应当照顾老年人的特殊需要。比如提供生活费或实物、体力上给予帮助和精神上予以尊敬、关怀等，对患病的老年人还应当提供医疗费用和进行护理。子女对父母的赡养义务是无期限的，只要父母需要赡养，子女就应当履行这一义务。父母婚姻关系的变化不导致子女赡养义务的解除，子女不能因父母再婚而对父母不闻不问，相互推诿，不尽赡养义务。在有赡养能力的子女不履行赡养义务时，没有劳动能力或生活困难的父母，有要求子女给付赡养费的权利。父母可以直接向子女索要赡养费，也可以请求有关组织，如子女所在单位、居民委员会、村民委员会调解，还可以直接向人民法院起诉要求给付赡养费。

老年人权益保障法第76条明确规定："干涉老年人婚姻自由，对老年人负有赡养义务、扶养义务而拒绝赡养、扶养，虐待老年人或者对老年人实施家庭暴力的，由有关单位给予批评教育；构成违反治安管理行为的，依法给予治安管理处罚；构成犯罪的，依法追究刑事责任。"暴力干涉婚姻自由有极大的危害性，因此我国刑法第257条前两款规定："以暴力干涉他人婚姻自由的，处二年以下有期徒刑或者拘役。犯前款罪，致使被害人死亡的，处二年以上七年以下有期徒刑。"拒绝赡养老人也为国法所不容，刑法第261条规定："对于年老、年幼、患病或者其他没有独立生活能力的人，负有扶养义务而拒绝扶养，情节恶劣的，处五年以下有期徒刑、拘役或者管制。"民法典、老年人权益保障法和刑法的规定给老年人的婚姻自由和婚后生活提供了法律保障。

第一千零七十条　父母和子女有相互继承遗产的权利。

【释义】　本条是关于父母子女之间相互遗产继承权的规定。

根据本条的规定,子女可以继承其父母的遗产,父母可以继承其子女的遗产。也可以理解为,父母与子女之间相互有继承权。这种权利是以双方之间的身份为依据的。父母、子女都是被继承人的最近的直系血亲,他们之间有极为密切的人身关系和财产关系。本法第1127条作了明确规定:“遗产按照下列顺序继承:(一)第一顺序:配偶、子女、父母;(二)第二顺序:兄弟姐妹、祖父母、外祖父母。继承开始后,由第一顺序继承人继承,第二顺序继承人不继承;没有第一顺序继承人继承的,由第二顺序继承人继承。本编所称子女,包括婚生子女、非婚生子女、养子女和有扶养关系的继子女。本编所称父母,包括生父母、养父母和有扶养关系的继父母。本编所称兄弟姐妹,包括同父母的兄弟姐妹、同父异母或者同母异父的兄弟姐妹、养兄弟姐妹、有扶养关系的继兄弟姐妹。”根据这一规定,子女、父母都是第一顺序的继承人。

(一)父母

这里享有继承权的父母,包括生父母、养父母和有抚养关系的继父母。被继承人的父和母,继承其死亡子女的财产的权利是平等的。

亲生父母与子女之间的关系,是自然血亲关系。亲生父母有对其子女的继承权。父母之间的婚姻关系的变化,不影响亲生父母与子女之间的关系,父母即使离婚,也可以继承其亲生子女的财产。如父母有抚养能力和抚养条件,但未尽抚养子女的义务,在分配子女的遗产时,应当不分或者少分。

养父母是指收养他人子女为自己子女的人。养父母与养子女虽不是己身所出的血亲,但基于收养关系的确立并对子女尽了抚养义务,是拟制血亲,与亲生父母处于同等的继承地位。养父母对养子女而言，只要他们之间的收养关系没有中断，权利义务依然存在。养父母离婚的，双方仍然对养子女进行抚养的，仍可以继承其养子女的财产。如果养父母离婚，养子女归一方抚养，未尽抚养义务的另一方不能继承养子女的财产。

继父母如果尽了抚养义务，与继子女之间产生一种特殊的拟制血亲。尽了抚养义务的继父母在继承上与亲生父母处于相同的法律地位。如果继父与生母离婚，继子女随生母生活，继父与继子女之间的抚养关系中断，继父与继子女之间的血亲关系消灭，继父不享有继子女的财产继承权。反之继母与生父离婚，继子女随生父生活，继母与继子女之间的抚养关系中断，继母与继子女之间的血亲关系消灭，继母不享有继子女的财产继承权。

（二）子女

享有继承权的子女，包括亲生子女、养子女和有抚养关系的继子女。

亲生子女包括婚生子女和非婚生子女。不论婚生子女，还是非婚生子女，都有同等的继承权。成年子女有赡养能力和赡养条件，但未尽赡养义务，在分配父母遗产时，应当不分或者少分。

养子女是指被收养的子女。收养他人子女为自己子女的人为养父母。收养关系一经确立，养子女取得与亲生子女同等的法律地位，同时养子女与生父母之间的权利义务关系消除。这样养子女可以继承养父母的财产，但不能继承其生父母的财产。如果抚养关系解除，养父母与养子女之间的抚养关系中断，原养子女就享有对生父母财产的继承权。

继子女是夫妻一方对另一方与他人所生子女而言。继子女与继父或者继母之间形成了抚养和赡养关系，继子女对继父或者继母的财产有继承权。如果继父与生母或继母与生父离婚，继父母不再抚养继子女，原继子女也不再赡养原继父母，原继子女不享有对原继父母财产的继承权。还有一点要注意，因为亲生父母子女之间的天然血亲关系不因父母离婚而消灭，因此，有抚养和赡养关系的继子女在继承继父母遗产的同时，仍然有权继承自己生父母的遗产。但是，如果有赡养能力和赡养条件的继子女对其生父或者生母未尽赡养义务，在遗产分割上，就应当少分或不分。

作为继承人的子女，不论性别，不论已婚还是未婚，都平等地享有继承权。在我国现实生活中，特别是在广大农村地区，女儿出嫁后，由于重男轻女的封建思想，如女儿不能传宗接代，出嫁后不能在娘家顶门立户等，存在忽视或取消已婚女儿的继承权现象。按照本条和本法继承编的有关规定，这种做法是错误的。法律保护已婚女儿合法的继承权利。如果女儿出嫁后，赡养其父母的义务主要由她的兄弟们承担，在这种情况下，已婚女儿往往就不提继承父母财产的要求了，这可以看作其放弃继承权。这种情况，既符合继承法中权利义务相一致的原则，也符合一般情况和不少地区的风俗习惯。

第一千零七十一条　非婚生子女享有与婚生子女同等的权利，任何组织或者个人不得加以危害和歧视。

不直接抚养非婚生子女的生父或者生母，应当负担未成年子女或者不能独立生活的成年子女的抚养费。

【释义】　本条是关于非婚生子女权利的规定。

非婚生子女是指没有婚姻关系的男女所生的子女，包括未婚男女双方所生的子女或者已婚男女与婚外第三人发生两性关系所生的子女。对于无效婚姻或者被撤销婚姻的当事人所生子女，有的国家将其视为非婚生子女，有的国家则基于保护子女权益的需要仍然规定其为婚生子女。

关于非婚生子女的法律地位，因时代、国家、宗教、道德、习惯等不同而有较大差异，经历了一个较长的、分阶段的发展过程。早期为了保护一夫一妻的婚姻制度，各国对非婚生子女普遍采取歧视的态度，不仅在法律上没有给他们应有的权利，而且在现实生活中非婚生子女也受到不同程度的虐待。比如，英国普通法上规定，非婚生子女不属于任何人的子女，其父不负有抚养的义务。

1806年《法国民法典》中也规定,非婚生子女不得请求其父认领,非婚生子女不得主张婚生子女的权利,非婚生子女不得为继承人。对于认领过的非婚生子女,与婚生子女同时继承时,其继承的份额仅为婚生子女的1/3。20世纪初,人们开始认识到非婚生子女的出现是基于其父母的过错和责任,非婚生子女本身是无辜的,因此,法国率先取消了"禁止搜索生父"的规定,此后,德国等一些国家也陆续在法律中规定,非婚生子女与婚生子女具有相同的待遇。20世纪60年代以来,随着人权思想的深入,同时为了防止遗弃非婚生子女导致的社会混乱,多数国家均加大了对非婚生子女保护的力度,非婚生子女的处境得到进一步的改善,不少国家非婚生子女都取得了与婚生子女同等的法律地位。甚至在一些国家,法律上已经完全取消了非婚生子女与婚生子女的区分,被统称为"自然子女""亲生子女"。

非婚生子女在我国以前被俗称为"私生子",具有一定歧视的含义。《大清现行刑律》中就对非婚生子女的继承问题作出了种种限制,明确在继承财产时"奸生子、婢生子依子量予半分"。新中国成立以后,我国法律赋予非婚生子女与婚生子女相同的权利和义务,不仅在婚姻法中明确了非婚生子女的法律地位,而且在继承法中也对非婚生子女的继承问题作出了明确规定。

根据本法的规定,对非婚生子女的保护主要有以下几个方面:

(一)对非婚生子女不得歧视和危害

对于非婚生子女的歧视和危害主要有两方面:一方面是来自家庭内部的歧视和迫害。当非婚生子女的生母或者生父与第三方结婚,非婚生子女一般也会随父亲或者母亲来到新的家庭。由于非婚生子女的加入涉及家庭财产的分割等若干利益冲突,非婚生子女往往受到新家庭成员的歧视和虐待。另一方面是来自社会各方面的歧视和迫害。虽然近些年来人们对非婚生子女的认识有了很大的改变,但仍然有一些人还是将对非婚生子女生父母行为的疑义和鄙视,发泄在非婚生子女身上,致使一些非婚生子女的身心受到了极大的伤害。因此,对于非婚生子女而言,其所在的学校、工作单位及住所地对其成长都会产生很大的影响,各方面不仅不得歧视和迫害非婚生子女,还应当认识到非婚生子女是无辜的,社会各界应当对于当事人的隐私给予应有的尊重和保护。

(二)非婚生子女的生父、生母都应当负担子女的抚养费

1980年婚姻法仅规定非婚生子女的生父应当负担其子女生活费和教育费的一部分或全部。这主要是由于当时非婚生子女一般都是随生母生活,因此,法律上需要强调生父应当承担的责任。但是,社会生活中有不少非婚生子女随生父生活的情况,这就要求法律对这种情况作出规定,明确其生母在此情况下应当承担的责任,否则,会造成非婚生子女父母双方法律地位的不平等,无法充分保障非婚生子女的健康成长。因此,2001年修改婚姻法时对此问题作出了修改,明确只要不与非婚生子女生活在一起,未直接抚养非婚生子女的,不论是生父还是生母,都应当负担子女的生活费和教育费,直到该子女独立生活时为止。本次编纂民法典,对这一规定作了进一步的完善,明确不直接抚养非婚生子女的生父或者生母,应当负担未成年子女或者不能独立生活的成年子女的抚养费。如果不与非婚生子女生活在一起的一方拒绝履行该抚养义务的,那么,非婚生子女有权向人民法院起诉要求其承担相应的义务。我国某法院曾处理过一起要求生父支付抚养费的案件。原告是两个未成年的姐妹,是其母李某与王某在恋爱期间所生,后来李某与张某结婚,两原告一直与其生母和张某共同生活。几年后张某提出与李某离婚,并以两原告不是其所生及经济困难为由拒绝抚养两原告。为此,两原告诉请人民法院,要求其生父王某承担抚养义务。人民法院在审理中认为,被告王某系两原告的生父,又有一定的经济条件,根据有关法律的规定,被告王某应当承担两原告的抚养义务。后该案经人民法院调解,被告王某同意按每月每人30元付给两原告生活费,直到两原告满18周岁。

（三）非婚生子女与生父母间有相互继承遗产的权利

本法第1127条规定："遗产按照下列顺序继承：（一）第一顺序：配偶、子女、父母；（二）第二顺序：兄弟姐妹、祖父母、外祖父母。继承开始后，由第一顺序继承人继承，第二顺序继承人不继承；没有第一顺序继承人继承的，由第二顺序继承人继承。本编所称子女，包括婚生子女、非婚生子女、养子女和有扶养关系的继子女。本编所称父母，包括生父母、养父母和有扶养关系的继父母。本编所称兄弟姐妹，包括同父母的兄弟姐妹、同父异母或者同母异父的兄弟姐妹、养兄弟姐妹、有扶养关系的继兄弟姐妹。"这一规定使非婚生子女与婚生子女在继承时完全享有相同的权利和义务，使非婚生子女不会因为其出生问题受到不公平的待遇，在继承财产时不分或者少分。同样，在非婚生子女的父母继承非婚生子女的财产时，他们之间的权利和义务也完全等同于父母子女之间的权利和义务。

第一千零七十二条　继父母与继子女间，不得虐待或者歧视。

继父或者继母和受其抚养教育的继子女间的权利义务关系，适用本法关于父母子女关系的规定。

【释义】　本条是关于继父母与继子女间权利义务的规定。

继父母是指子女母亲或者父亲再婚的配偶；继子女是指夫或者妻一方与前配偶所生的子女。继父母和继子女的关系是因子女的生父或者生母再婚而形成的，即生父母一方死亡，另一方再婚，或者生父母离婚，生父或者生母再婚。

我国法律对继父母子女关系一直给予了足够的重视。1950年婚姻法第16条曾规定，夫对于其妻所抚养的与前夫所生的子女或妻对其夫所抚养的与前妻所生的子女，不得虐待和歧视。该条虽然没有使用"继子女"的概念，但在立法中第一次确定继子女的法律地位。1980年婚姻法明确规定了继父母和继子女的权利和义务,并且规定继父母和继子女之间不得虐待和歧视,继父或继母和受其抚养教育的继子女间的权利义务,适用法律中父母子女关系的有关规定。1985年继承法明确规定,法定继承人范围中的子女包括有扶养关系的继子女、父母包括有扶养关系的继父母、兄弟姐妹包括有扶养关系的继兄弟姐妹。多年的实践证明,我国法律中有关继父母和继子女的规定是行之有效的,所以,这次编纂民法典没有对现行法律中有关继父母和继子女的规定作出改动。

(一)继父母和继子女之间不能相互虐待或者歧视

本条第1款明确规定:"继父母与继子女间,不得虐待或者歧视。"由于我国长期处于封建社会,所以,继子女的社会地位一直很低下,他们受到家庭和社会的虐待和歧视的情况比比皆是。虽然新中国成立以来,对继子女权利的保护有了充分的法律依据,但封建残余思想仍影响着一些人的头脑。有的继父母不仅在生活上不给继子女提供应有的保障,而且还以种种理由剥夺了继子女受教育的权利;有的继父母对继子女采取打骂、体罚等手段从各方面来折磨和摧残继子女。而反过来,继子女长大后,出于报复等心理又对继父母进行打骂和虐待,使一些继父母晚年的生活极为不幸,得不到继子女的赡养。因此,一方面应当加大对继子女的保护力度,使他们不能因为父母婚姻状况的改变而受到不公正的待遇,另一方面也应当重视对继父母权利的保护,保障他们能老有所养。继父母和继子女之间不能相互虐待和歧视的条款,不仅适用于因生父母与继父母结婚而形成的单纯的姻亲关系,而且也包括已形成扶养关系的继父母与继子女。

(二)继父母子女之间的权利义务关系

我国法律中的父母子女关系可分为婚生父母子女关系、非婚生父母子女关系、养父母子女关系和继父母子女关系四种。前三种父母子女关系都适用民法典关于父母子女关系权利义务的有关规定,只有继父母子女关系不能一概适用,而是有条件地适用父母子女关系权利义务的规定。

在现实中,继父母与继子女的关系因具体情况的不同而具有不同的权利义务关系,主要可以分为三种类型:

1. 名义型

即生父或者生母与继母或者继父再婚时,继子女已经独立生活,或者继子女虽未成年但是由其生父母抚养,继父母没有尽抚养的义务,继子女也没有对继父母尽到赡养的义务。这种情况下,继父母与继子女之间是纯粹的直系姻亲关系,没有父母子女间的权利义务关系。

2. 收养型

即继父或者继母经继子女的生父母同意,正式办理了收养手续,将继子女收养为养子女。随着收养关系的确立,继父母与继子女之间的关系为养父母子女关系,该子女与和其共同生活的生父或者生母之间的关系仍为直系血亲,而与不在一起共同生活的生父或者生母一方的父母子女关系随之消灭。大多数国家和地区都鼓励继父母收养继子女,并通过这种转化来调整继子女和继父母的法律关系。

3. 共同生活型

即生父或者生母与继母或者继父再婚时,继子女尚未成年,他们随生父母一方与继父或者继母共同生活时,继父或者继母对其承担了部分或者全部抚养教育义务;或者成年继子女事实上对继父母长期承担了赡养义务,形成了赡养关系。这些继子女和生父母、继父母之间实际上形成了双重权利义务关系,即继子女和生父母、继父母之间的权利义务都适用父母子女关系的规定。本条第 2 款即对此作了规定:"继父或者继母和受其抚养教育的继子女间的权利义务关系,适用本法关于父母子女关系的规定。"

根据本条第 2 款的规定,继父母与接受其抚养教育的继子女之间,属于法律上的拟制血亲关系,产生父母子女间的权利义务关系,而未形成抚养关系的继父母和继子女之间则不发生父母子女的权利义务关系。但这种拟制血亲关系又和继父母收养继子女有所不同,它不以解除继子女与其生父母间的权利和义务关系为前提。继父或者继母和受其抚养教育的继子女间的权利义务关系,适用本法关于父母子女关系的有关规定,主要包括以下几层含义:一是继父母对继子女有抚养和教育的义务。继父母不仅要保证继子女的生活所需,而且要保证继子女能接受正常的教育。对于不履行抚养义务的继父母,未成年的继子女或者不能独立生活的继子女,有要求给付抚养费的权利。二是继子女对继父母有赡养和扶助的义务。在通常情况下,受继父母抚养成人并独立生活的继子女,应当承担赡养继父母的义务。继子女不履行赡养义务时,缺乏劳动能力或者生活困难的继父母,有要求继子女支付赡养费的权利。三是继父母和继子女之间有相互继承财产的权利。本法第1127条规定:"遗产按照下列顺序继承:(一)第一顺序:配偶、子女、父母;(二)第二顺序:兄弟姐妹、祖父母、外祖父母……本编所称子女,包括婚生子女、非婚生子女、养子女和有扶养关系的继子女。本编所称父母,包括生父母、养父母和有扶养关系的继父母……"四是继父母有教育、保护未成年继子女的权利和义务。未成年继子女造成他人损害的,继父母应当依法承担民事责任。

第一千零七十三条　对亲子关系有异议且有正当理由的,父或者母可以向人民法院提起诉讼,请求确认或者否认亲子关系。

对亲子关系有异议且有正当理由的,成年子女可以向人民法院提起诉讼,请求确认亲子关系。

【释义】　本条是关于亲子关系异议之诉的规定。

亲子关系确立制度,是指有关子女与父母之间是否确立亲子关系的制度,传统的亲子关系确立制度包括亲子关系的推定、否认、认领和非婚生子女的准正等。不同国家和地区的亲子关系确立制度基于社会经济状况、文化传统、宗教道德、社会习惯等的不同而有一定的差异。比如,关于亲子关系的推定的标准,各国差别较大,有的采出生论,有的采受胎论;关于亲子关系的否定,在诉权人的范围上,有的很窄,只有被推定为父亲的人才有权起诉,有的子女或者母亲也可以,有的其他利害关系人如父亲的继承人、子女的监护人等也可以;在否定权的诉讼时效上,各国长短不一,有的1年,有的2年,有的6个月或者3个月,有的没有明确规定;关于非婚生子女的准正,有的允许因父母结婚而准正,有的只能由有权机关宣告而准正,有的国家取消了婚生子女与非婚生子女的区别,因而不存在准正制度;关于亲子关系的认领,有的对自愿认领设定生母或者子女同意等条件,有的以儿童利益最大化为原则。可见,在亲子关系确立制度上,各国都根据自己国家的国情等实际情况来构建具体制度。

我国现行法律对于亲子关系确立制度基本没有涉及。这次编纂民法典,很多意见提出,应当参照国外立法例,结合我国实践需要,对此作出明确、具体的规定。

根据各方面意见,在2018年8月提交全国人大常委会审议的民法典各分编草案中,在第850条中对这一问题作了原则性规定,即"对亲子关系有异议的,父、母或者成年子女可以向人民法院提起诉讼,请求确认或者否认亲子关系"。

对此规定,有的地方、专家学者和社会公众提出,亲子关系问题涉及家庭稳定和未成年人的保护,作为民事基本法律,草案对此类诉讼进行规范是必要的。同时,建议进一步提高此类诉讼的门槛,明确当事人需要有正当理由才能提起,以更好地维护家庭关系和亲子关系的和谐稳定。有的地方、部门和专家学者提出,允许成年子女提起亲子关系否认之诉,可能会导致其逃避对父母的赡养义务,建议对成年子女提起此种诉讼予以限制。宪法和法律委员会经研究,建议采纳这一意见,对上述规定作了修改,规定对亲子关系有异议且有正当理由的,父母可以向人民法院提起诉讼,请求确认或者否认亲子关系;对亲子关系有异议且有正当理由的,成年子女可以向人民法院提起诉讼,请求确认亲子关系。

本条规定分为两款,根据提起诉讼主体的不同,分别规定了父或者母作为提起诉讼主体的亲子关系之诉和成年子女作为提起诉讼主体的亲子关系之诉。

本条第1款规定:"对亲子关系有异议且有正当理由的,父或者母可以向人民法院提起诉讼,请求确认或者否认亲子关系。"理解本款规定,需注意以下几个问题:

第一,关于提起诉讼的主体。本款规定的提起诉讼的主体限于"父或者母"。

第二,关于诉讼请求。根据本款规定,父或者母向人民法院提起的诉讼请求为"确认或者否认亲子关系"。

第三,关于提起诉讼的条件。根据本款规定,父或者母向人民法院请求确认或者否认亲子关系的诉讼请求,必须满足"对亲子关系有异议且有正当理由"的条件。"对亲子关系有异议"是指父或者母认为现存的亲子关系是错误的,自己是或者不是他人生物学意义上的父或者母。对亲子关系有异议,进而请求人民法院确认或者否认亲子关系,这是当然之义。在2018年8月提交全国人大常委会审议的民法典各分编草案中对于提起诉讼的条件只作了"对亲子关系有异议"这一要求,在2019年6月提交全国人大常委会审议的民法典婚姻家庭编草案二审稿中增加了"有正当理由"这一条件。亲子关系对婚姻家庭关系影响巨大,更可能涉及未成年人合法权益的保护,如果任凭当事人的怀疑或者猜测就允许其提起亲子关系之诉,不利于夫妻关系和社会秩序的稳定,不利于构建和谐社会的总体要求。父或者母对亲子关系有异议时,还需举证证明其"有正当理由",才能提起亲子关系之诉。如何认定"有正当理由",本款没有作出具体界定,实践中应当由人民法院根据案件的具体情况来作出判断。比如,当事人应当提供初步证据证明其提出的确认或者否认亲子关系的主张,如丈夫提供的医院开具其无生殖能力的证明,又如有资质机构开具的其与某人不存在亲子关系的亲子鉴定书,等等。人民法院根据当事人提供的初步证据,经审查符合"有正当理由"的条件的,对其提起的亲子关系之诉才能予以受理。

本条第2款规定："对亲子关系有异议且有正当理由的，成年子女可以向人民法院提起诉讼，请求确认亲子关系。"理解本款规定，需注意以下几个问题：

第一，关于提起诉讼的主体。本款规定的提起诉讼的主体限于"成年子女"。这里的"子女"仅指生子女，即不包括养子女和继子女。

第二，关于诉讼请求。根据本款规定，成年子女向人民法院提起的诉讼请求为"确认亲子关系"。与第1款规定不同的是，成年子女不能请求人民法院否认亲子关系。这主要是因为在审议过程中，有的地方、部门和专家学者提出，允许成年子女提起亲子关系否认之诉，可能会导致其逃避对父母的赡养义务，建议对成年子女提起此种诉讼予以限制。从调研的情况来看，实践中，成年子女提起否认亲子关系之诉，主要的目的是逃避法律规定的对父母的赡养义务，即使被否认的"父母"已对其尽了抚养义务，这不符合社会主义核心价值观的要求，因此，本款规定对这种情形作了限制，不允许成年子女提起否认亲子关系之诉。

第三，关于提起诉讼的条件。根据本款规定，成年子女向人民法院请求确认亲子关系的诉讼请求，必须满足"对亲子关系有异议且有正当理由"的条件。这与第1款的规定相同，不再赘述。

第一千零七十四条　有负担能力的祖父母、外祖父母，对于父母已经死亡或者父母无力抚养的未成年孙子女、外孙子女，有抚养的义务。

有负担能力的孙子女、外孙子女，对于子女已经死亡或者子女无力赡养的祖父母、外祖父母，有赡养的义务。

【释义】　本条是关于祖父母、外祖父母与孙子女、外孙子女之间抚养和赡养义务的规定。

祖父母、外祖父母与孙子女和外孙子女是隔代的直系血亲关系，他们之间在具备法律条件的情况下，可以形成抚养和赡养关系。德国、日本、瑞士等国家的法律对祖孙之间的抚养和赡养义务都作了规定，而且既没有区分父系亲还是母系亲，也没有区分孙辈为男性或者女性。就我国目前情况看，虽然三代同居家庭的数量在逐步减少，但由于我国人口基数较大，所以三代同居的家庭仍占不小的比例。随着经济的发展，人的寿命在普遍延长，人口的老龄化已成为一个不容忽视的社会性问题。我国的社会保障体系虽然逐步完善，但靠社会的力量还不能完全承担对老年人的扶养。同样，对于父母已经死亡或者无力抚养的孙子女、外孙子女，社会福利机构也没有能力完全承担起抚养的义务。因此，隔代扶养可以说是我国在相当长的时间内将面临的一个问题，扶老育幼不仅是中华民族需要发扬光大的优良传统，而且也需要法律对此问题作出明确的规定。根据本条的规定，祖孙之间抚养或者赡养关系的形成应当具备以下条件：

（一）被抚养、赡养人的父母、子女死亡或者无抚养、赡养能力

主要包括两种情况：第一，子女在未成年时父母双亡，或者父母丧失抚养能力；第二，子女在成年后死亡或者丧失扶养能力，无法赡养其父母。在第一种情况下，需要被抚养人的祖父母和外祖父母来承担抚养的义务；第二种情况则需要被扶养人的孙子女和外孙子女来承担赡养的义务。1976年我国唐山发生了一起大地震，许多家庭都失去了亲人，出现了不少爷爷抚养孙子，孙女赡养奶奶等隔代抚养和赡养的情况。1980年婚姻法对本条的规定仅限于“父母已经死亡”或者“子女已经死亡”的情况，2001修改婚姻法对此问题进行了调整，增加了“父母无力抚养”和“子女无力赡养”的规定，更加全面地涵盖和规范了现实中存在的隔代抚养和赡养的情况。这次编纂民法典沿用了这一规定。

（二）被抚养、赡养人确实有困难需要被抚养、赡养

祖孙之间扶养关系的形成必须建立在一方确实有困难的基础上，如果被扶养人有一定的经济收入或者经济来源，完全能负担自身的生活所需，那么，就不能要求祖父母、外祖父母或者孙子女、外孙子女来承担其抚养或者赡养义务。当然，作为一个文明

古国,我国有着尊老爱幼的优良传统,如果祖孙之间完全基于亲情,在对方没有困难的情况下仍愿承担一定的抚养或者赡养义务,是一种值得发扬和提倡的美德。

(三)承担抚养、赡养义务的人有一定的抚养、赡养能力

如果法律意义上的抚养、赡养义务人没有一定的抚养、赡养能力,那么就不能再要求其承担相应的法律责任。比如,一个8岁的女孩,其父母在一场车祸中丧生,只有奶奶还在世,奶奶没有工作,一直靠社会福利金生活,那么,在这种情况下就不能要求女孩的奶奶承担抚养其孙女的义务。此外,如果抚养或者赡养义务人有多人时,比如,被赡养人既有孙子又有外孙女,那么需要当事人协商决定其应当承担的义务。同样,如果抚养或者赡养权利人有多个人时,在抚养或者赡养义务人的经济能力不足以承担全部抚养或者赡养义务时,那么,对于经济状况和身体状况最差者应当优先抚养或者赡养。

关于抚养或者赡养的方式,本法对此没有作出专门规定,只规定对不履行抚养或者赡养义务的人,权利人有要求其履行义务的权利。实践中抚养或者赡养的方式主要有以下两种,当事人可以根据自身的情况来选择:一是共同生活抚养或者赡养,即被抚养或者赡养人与抚养或者赡养义务人共同居住,进行直接的抚养或者赡养;二是通过给付抚养或者赡养费、探视、扶助等方式完成扶养义务。

抚养或者赡养义务人在履行抚养或者赡养义务时,往往需要和被抚养或者赡养人就抚养或者赡养义务的程序、抚养或者赡养的具体方式等内容进行协商,达成对当事人均具有约束力的抚养或赡养协议。如果当事人之间达不成协议,那么,可以请求人民法院通过判决来确定权利和义务。

抚养或者赡养协议达成后或者人民法院的判决生效后,当事人的经济和生活状况往往会出现一些新的变化,如果仍然要求当事人按照原有的抚养或者赡养协议或者判决来执行,可能会使一方当事人利益受到损害,因此,当事人需要通过一定的途径来变

更抚养或者赡养权。所谓变更抚养或者赡养权是指抚养或者赡养义务人、抚养或者赡养权利人以及抚养或者赡养程序和方法的变更。在抚养或者赡养当事人一方或者双方在经济和生活状况发生变化时,抚养或者赡养权利人和抚养或者赡养义务人都有权要求变更原抚养或者赡养协议或者有关抚养或者赡养的判决。当事人首先可以在自愿、平等的基础上进行协商,协商不成时,可以向人民法院起诉,来重新确定双方的权利和义务。

第一千零七十五条　有负担能力的兄、姐,对于父母已经死亡或者父母无力抚养的未成年弟、妹,有扶养的义务。

由兄、姐扶养长大的有负担能力的弟、妹,对于缺乏劳动能力又缺乏生活来源的兄、姐,有扶养的义务。

【释义】　本条是关于兄弟姐妹间扶养义务的规定。

(一)兄弟姐妹间的扶养关系在法律规定上的发展变化

我国1950年婚姻法没有对兄弟姐妹间的扶养关系作出规定,但在实际生活中,兄、姐扶养教育弟、妹却是常见的现象。1980年的婚姻法,结合我国家庭成员间关系较为密切的实际,从爱小育幼的社会主义家庭关系的角度出发,将兄、姐在特定条件和特定情况下扶养弟、妹的内容纳入了法律的调整范围。1980年婚姻法第23条规定:“有负担能力的兄、姊,对于父母已经死亡或父母无力抚养的未成年的弟、妹,有抚养的义务。”使有负担能力的兄、姐,对于父母已经死亡或者父母无力抚养的未成年的弟、妹的扶养成为一项法定义务。此后,1984年《最高人民法院关于贯彻执行民事政策法律若干问题的意见》(已失效)第26条作出解释:“由兄、姐抚养长大的有负担能力的弟、妹,对丧失劳动能力、孤独无依的兄、姐,有扶养的义务。”根据这一司法解释,由兄、姐抚养长大的有负担能力的弟、妹,与丧失劳动能力、孤独无依的兄、姐间也产生了有条件的扶养义务。

2001年修改婚姻法时,将弟、妹在特定条件和特定情况下负有扶养兄、姐的义务上升为法律内容,取得了各方面广泛的共识。不少意见提出,在现实生活中,许多兄、姐在扶养弟、妹时,节衣缩食、倾囊而助、全力以赴,有的甚至牺牲了个人的婚姻。而不少弟、妹长大后,生活很好了,对其兄、姐却没有回报的意识。按照权利义务对等原则,弟、妹理应回报尽了扶养义务的兄、姐。扶养不仅是物质方面的,也包括精神上的安慰和生活上的照顾。不要造成"兄姐照管弟妹小,弟妹不管兄姐老"的后果。2001 年婚姻法把在实际生活中和司法实践中认为是可行的做法以法律形式加以规范,补充规定"由兄、姐扶养长大的有负担能力的弟、妹,对于缺乏劳动能力又缺乏生活来源的兄、姐,有扶养的义务"。这一规定肯定了尊老爱幼的社会主义家庭关系,符合我国历来近亲属关系密切、相互扶助的传统道德,体现了权利义务相一致的法律精神,使得未成年人能够健康成长,老年人生活有所保障。这次编纂民法典,延续了 2001 年婚姻法的这一规定。

(二)形成兄弟姐妹间扶养义务的条件

1. 负有扶养义务的兄弟姐妹的范围

兄弟姐妹包括同胞兄弟姐妹、同父异母或同母异父兄弟姐妹、养兄弟姐妹和继兄弟姐妹。在一般情况下,兄弟姐妹应由他们的父母抚养,因而他们相互之间不发生扶养与被扶养的权利义务关系。但是在特定条件和特定情况下,兄、姐与弟、妹之间会产生有条件的扶养义务。当然,法律对兄弟姐妹间扶养义务的规定,主要是从同胞兄弟姐妹之间的关系来确定的,因为他们是血缘关系最密切的同辈旁系血亲。对于半血缘的同父异母或者同母异父兄弟姐妹,以及没有血缘关系的养兄弟姐妹和继兄弟姐妹,如果符合法律规定的条件和情形,其相互之间也将产生扶养与被扶养的权利义务关系。

2. 兄弟姐妹形成扶养义务的条件

兄、姐扶养弟、妹,或者弟、妹扶养兄、姐不是必然发生的法定义务,而是有条件的。简言之,就是应尽抚养或者赡养或者扶养义务的父母、子女或者配偶不能尽其抚养或赡养或扶养义务时,由有能力的兄弟姐妹来承担扶养义务。兄弟姐妹间的扶养义务是第二顺序的,具有递补性质。但兄弟姐妹间一旦形成扶养义务,那么该义务又是不可推卸的法定义务,义务人应当自觉履行。

(1)兄、姐扶养弟、妹需具备的条件

产生兄、姐对弟、妹的扶养义务,应当同时具备下述三个条件:

第一,弟、妹须为未成年人,即不满18周岁。如果弟、妹已经成年,虽无独立生活能力,兄、姐亦无法定扶养义务。

第二,父母已经死亡或者父母无力抚养。这里包含了两种情况:一是父母均已经死亡,没有了父母这第一顺序的抚养义务人。如果父母一方尚在且有抚养能力,仍应由尚在的父或母承担抚养义务。二是父母均尚在或者一方尚在但都没有抚养能力,比如父母在意外事故中致残没有了劳动能力和生活来源,便产生了由有负担能力的兄、姐扶养弟、妹的义务。

第三,兄、姐有负担能力。在前述两项条件具备时,兄、姐对弟、妹的扶养义务并不必然发生,只有这项条件也具备时,即兄、姐有负担能力时,才产生扶养弟、妹的义务。

(2)弟、妹扶养兄、姐需具备的条件

产生弟、妹对兄、姐的扶养义务,亦应当具备下述三个条件:

第一,兄、姐缺乏劳动能力又缺乏生活来源。如果兄、姐虽缺乏劳动能力但并不缺少经济来源,比如受到他人经济上的捐助或自己有可供生活的积蓄的,则不产生弟、妹的扶养义务。同时,如果兄、姐虽缺少生活来源,但有劳动能力,兄、姐可通过自己的劳动换取生活来源,在此情况下,弟、妹亦无扶养兄、姐的义务。

第二,兄、姐没有第一顺序的扶养义务人,或者第一顺序的扶养义务人没有扶养能力。比如兄、姐没有配偶、子女,或兄、姐的配偶、子女已经死亡或者配偶、子女没有扶养能力。如果兄、姐的配偶尚在或者有子女且有扶养能力,应由这些第一顺序的扶养义务人承担扶养义务。

第三,弟、妹由兄、姐扶养长大且有负担能力。这里包含两方面的因素：一是弟、妹是由兄、姐扶养长大的。这表明在弟、妹未成年时，父母已经死亡或父母无抚养能力，兄、姐对弟、妹的成长尽了扶养义务。按照权利义务对等原则，弟、妹应承担兄、姐的扶养责任。二是弟、妹有负担能力。若无负担能力则不负扶养义务。

第四章　离　　婚

本章共 17 条，对协议离婚、诉讼离婚、婚姻关系解除时间、现役军人离婚、男方离婚请求权的限制、复婚、离婚对父母子女关系的影响、离婚后子女抚养及抚养费的负担、父母一方探望子女的权利、离婚时夫妻共同财产的分割、离婚经济补偿、夫妻共同债务清偿、离婚经济帮助、离婚损坏赔偿、夫妻一方擅自处分共同财产或伪造债务侵占另一方财产的法律责任等作了规定。

第一千零七十六条　夫妻双方自愿离婚的，应当签订书面离婚协议，并亲自到婚姻登记机关申请离婚登记。

离婚协议应当载明双方自愿离婚的意思表示和对子女抚养、财产以及债务处理等事项协商一致的意见。

【释义】　本条是关于协议离婚的规定。

婚姻法对协议离婚只有 1 条规定，即第 31 条的规定，“男女双方自愿离婚的，准予离婚。双方必须到婚姻登记机关申请离婚。婚姻登记机关查明双方确实是自愿并对子女和财产问题已有适当处理时，发给离婚证”。婚姻家庭编对协议离婚增加了 2 条规定，进一步完善了协议离婚制度，本条是对协议离婚的基本规定。

（一）协议离婚制度的含义和意义

我国的离婚制度，分为协议离婚和诉讼离婚两种。由于婚姻关系当事人对离婚所持的态度不同,在处理程序上也不大相同。

协议离婚也叫"双方自愿离婚",是指婚姻关系当事人达成离婚合意并通过婚姻登记程序解除婚姻关系的法律制度。其主要特征:一是当事人双方在离婚以及子女和财产问题上意愿一致,达成协议;二是按照婚姻登记程序办理离婚登记,取得离婚证,即解除婚姻关系。

协议离婚制度,是我国离婚制度的重要组成部分。由于这项制度充分尊重当事人的意愿,且程序简便,因此为婚姻关系当事人充分接受。与此同时,婚姻登记机关也积累了丰富的经验,在制度上日趋完善。随着我国婚姻家庭法制的不断健全,当事人采用协议方式,通过非讼程序解决离婚问题,已被越来越多的离婚当事人作为首先考虑的途径。

从法律上确立协议离婚制度有以下重要意义:

第一,协议离婚制度注重婚姻双方当事人的主观意愿,实行协议离婚制度是婚姻自由原则的重要体现。我国法律赋予并保障自然人自主自愿地处理个人婚姻问题的权利。男女双方有自主自愿地缔结婚姻的自由,同时,在婚姻当事人双方一致同意解除婚姻关系的时候,也赋予了他们解除婚姻关系的自由并为其提供了程序上的保障。

第二,实行协议离婚,有利于在婚姻关系已经无法继续维持的情况下,由夫妻双方心平气和地解决矛盾冲突,避免互相指责,消除对立情绪,更可以减少日后双方的仇视和对立。

第三,这种离婚方式不究问离婚的原因和具体理由,有利于保护个人隐私。

第四,协议离婚不仅要求双方离婚的合意,而且要求对子女的抚养教育、财产的分割和债务的清偿等作出妥善安排,这样有利于维护当事人双方、子女和第三人的合法权益。

(二)协议离婚的主管机关

协议离婚的主管机关是民政部门,具体的是婚姻登记机关。《婚姻登记条例》第 2 条规定,内地居民办理婚姻登记的机关是县级人民政府民政部门或者乡(镇)人民政府,省、自治区、直辖市人民政府可以按照便民原则确定农村居民办理婚姻登记的具体机关。中国公民同外国人、内地居民同我国香港特别行政区居民(以下简称香港居民)、我国澳门特别行政区居民(以下简称澳门居民)、我国台湾地区居民(以下简称台湾居民)、华侨办理婚姻登记的机关是省、自治区、直辖市人民政府民政部门或者省、自治区、直辖市人民政府民政部门确定的机关。第10条规定,内地居民自愿离婚的,男女双方应当共同到一方当事人常住户口所在地的婚姻登记机关办理离婚登记。中国公民同外国人在中国内地自愿离婚的,内地居民同香港居民、澳门居民、台湾居民、华侨在中国内地自愿离婚的,男女双方应当共同到内地居民常住户口所在地的婚姻登记机关办理离婚登记。在婚姻登记机关中,由持有婚姻登记管理员证书的人员从事协议离婚的登记工作。

(三)协议离婚的条件

根据本条规定,只有符合下列条件的,才能协议离婚:

1. 协议离婚的当事人双方应当具有合法夫妻身份

以协议离婚方式办理离婚的,仅限于依法办理了结婚登记的婚姻关系当事人,不包括未婚同居和有配偶者与他人同居的男女双方,也不包括未办理结婚登记的“事实婚姻”中的男女双方。《婚姻登记条例》第11条中规定,办理离婚登记的内地居民应当出具的证件和证明材料之一就是本人的结婚证。结婚证是婚姻登记机关签发的证明婚姻关系有效成立的法律文书。本法第1049条规定:“要求结婚的男女双方应当亲自到婚姻登记机关申请结婚登记。符合本法规定的,予以登记,发给结婚证。完成结婚登记,即确立婚姻关系。未办理结婚登记的,应当补办登记。”《婚姻登记条例》第7条规定:“婚姻登记机关应当对结婚登记当事人出具的证件、证明材料进行审查并询问相关情况。对当事人符合结婚条件的,应当当场予以登记,发给结婚证;对当事人不符合结婚条件不予登记的,应当向当事人说明理由。”因此,已经办理了结婚登记的,有合法夫妻身份关系的当事人协议离婚,应当向婚姻登记机关提供结婚证,以证明双方是合法夫妻。未办理过结婚登记的男女申请离婚登记的,婚姻登记机关不予受理。其间发生的有关身份关系的纠纷,以及涉及子女、财产问题的争议,可以诉请人民法院处理。

2. 协议离婚的当事人双方均应当具有完全的民事行为能力

《婚姻登记条例》第12条中规定,办理离婚登记的当事人属于无民事行为能力人或者限制民事行为能力人的,婚姻登记机关不予受理。因为只有完全民事行为能力人才能独立自主地处理自己的婚姻问题。一方或者双方当事人为限制民事行为能力或者无民事行为能力的,例如精神病患者、痴呆症患者,不适用协议离婚程序,只能适用诉讼程序处理离婚问题,以维护没有完全民事行为能力当事人的合法权益。

3. 协议离婚当事人双方必须具有离婚的共同意愿

"双方自愿"是协议离婚的基本条件,协议离婚的当事人应当有一致的离婚意愿。这一意愿必须是真实而非虚假的;必须是自主作出的而不是受对方或第三方欺诈、胁迫或因重大误解而形成的;必须是一致的而不是有分歧的。对此本条规定"夫妻双方自愿离婚的",对于仅有一方要求离婚的申请,婚姻登记机关不予受理,当事人只能通过诉讼离婚解决争议。

4. 双方要签订书面离婚协议

《婚姻登记条例》第12条中规定,办理离婚登记的当事人未达成离婚协议的,婚姻登记机关不予受理。本条第2款对双方书面离婚协议的具体内容作了明确要求,即离婚协议应当载明双方自愿离婚的意思表示和对子女抚养、财产及债务处理等事项协商一致的意见。据此,离婚协议应当具有如下内容:(1)有双方自愿离婚的意思表示。双方自愿离婚的意思必须要以文字的形式体现在离婚协议上。(2)有对子女抚养、财产及债务处理等事项协商一致的意见。"对子女抚养、财产及债务处理等事项协商一致的意见"是协议离婚的必备内容。如果婚姻关系当事人不能对子女抚养、财产及债务处理等事项达成一致意见的话,则不能通过婚姻登记程序离婚,而只能通过诉讼程序离婚。

第一,子女抚养等事项。双方离婚后有关子女抚养、教育、探望等问题,在有利于保护子女合法权益的原则下应当作合理的、妥当的安排,包括子女由哪一方直接抚养,子女的抚养费和教育费如何负担、如何给付等。由于父母与子女的关系不因父母离婚而消除,协议中最好约定不直接抚育方对子女探望权利行使的内容,包括探望的方式、时间、地点等。

第二,财产及债务处理等事项。主要包括:(1)在不侵害任何一方合法权益的前提下,对夫妻共同财产作合理分割,对给予生活困难的另一方以经济帮助作妥善安排,特别是切实解决好双方离婚后的住房问题;(2)在不侵害他人利益的前提下,对共同债务的清偿作出清晰、明确、负责的处理。

5. 双方应当亲自到婚姻登记机关申请离婚

申请离婚的当事人双方,必须亲自到婚姻登记机关办理离婚登记手续,是我国的一贯做法,我国先后几次颁布与修改的婚姻法也是这样明确规定的,实践中也是这样做。《婚姻登记条例》第10条规定:“内地居民自愿离婚的,男女双方应当共同到一方当事人常住户口所在地的婚姻登记机关办理离婚登记。中国公民同外国人在中国内地自愿离婚的,内地居民同香港居民、澳门居民、台湾居民、华侨在中国内地自愿离婚的,男女双方应当共同到内地居民常住户口所在地的婚姻登记机关办理离婚登记。”依据这一规定,我国的离婚登记按地域进行管辖。当事人协议离婚的,应当到一方常住户口所在地的婚姻登记机关申请离婚登记。具有涉外因素或者涉港、澳、台、华侨因素的离婚当事人应当到内地居民常住户口所在地的婚姻登记机关办理离婚登记。

符合以上协议离婚条件的,婚姻登记机关才受理当事人协议离婚的申请。这只是协议离婚的第一步,最终是否可以通过协议达到离婚的目的,还要看是否符合民法典第1077条、第1078条的规定。

第一千零七十七条　自婚姻登记机关收到离婚登记申请之日起三十日内,任何一方不愿意离婚的,可以向婚姻登记机关撤回离婚登记申请。

前款规定期限届满后三十日内,双方应当亲自到婚姻登记机关申请发给离婚证;未申请的,视为撤回离婚登记申请。

【释义】　本条是关于离婚冷静期的规定。

离婚冷静期是指夫妻协议离婚时,政府给要求离婚的双方当事人一段时间,强制当事人暂时搁置离婚纠纷,在法定期限内冷静思考离婚问题,考虑清楚后再行决定是否离婚。法律规定当事人冷静思考离婚问题的期限为离婚冷静期。

在编纂民法典过程中,有些意见提出,自2001年《全国人民代表大会常务委员会关于修改〈中华人民共和国婚姻法〉的决定》颁布实施以来,我国的协议离婚问题突出,表现有:一是离婚率呈持续上升趋势。二是协议登记的离婚比例逐渐提高。三是离婚当事人婚龄短,冲动、轻率、草率型离婚屡见不鲜,数量增加。2003年《婚姻登记条例》的修改,进一步简化了当事人在民政部门办理离婚登记的条件和审查程序,婚姻登记部门缺乏必要的调解和限制措施,导致冲动、轻率、草率型离婚的数量增加,由此出现新中国成立以来第三次离婚高峰。

为防止轻率离婚,几届全国人大代表、全国政协委员纷纷提出议案、建议或者提案建议全国人大修改法律,对此问题予以解决。社会各界呼声也很高。对此全国人大立法部门十分重视,对此问题进行了深入的调查,开展了广泛的论证研究。在形成民法典婚姻家庭编征求意见稿时,就增加了离婚冷期的规定。2018年8月宪法和法律委员会在向全国人大常委会提交关于民法典各分编草案几个主要问题中指出:实践中,由于离婚登记手续过于简便,轻率离婚的现象增多,不利于家庭稳定,为此,草案规定了1个月的离婚冷静期,在此期间,任何一方可以向登记机关撤回离婚申请。这一规定,在征求意见中得到了多数赞成。这一内容经过草案的几次修改更加完善。本条就是关于离婚冷静期的具体规定。

依据本条规定,申请协议离婚的当事人自向婚姻登记机关申请离婚之日起30日内,应当冷静、理智地对自己的婚姻状况和今后的生活进行充分的考虑,重新考虑是否以离婚方式解决夫妻矛盾,考虑离婚对自身、子女、双方家庭及社会的利与弊,避免冲动行为。本条中规定的30日即为离婚冷静期,在此期间,任何一方或者双方不愿意离婚的,可以向婚姻登记机关撤回离婚登记申请。国外许多国家有离婚冷静期的规定,只是名称有所不同,英国叫离婚反省期,法国叫离婚考虑期,韩国叫离婚熟虑期,美国叫离婚等候期,其目的是对离婚进行干预,降低离婚率,这对婚姻的瓦解起到了一个缓冲的作用。例如,《法国民法典》第231条规定:夫妻双方如坚持离婚的意愿,法官应向双方指出其申请应在3个月的考虑期以后重新提出。如在考虑期届满后6个月内未重新提出申请,该共同申请即失效。英国法律规定,婚姻当事人一方或双方作出离婚声明后,须经过9个月的反省与考虑期后,如果离婚申请人和当事人都认为婚姻无法维持,则准许离婚。美国的普通离婚程序中,需要经过6个月的等候期之后,离婚手续才会办理完成,夫妻关系才可以终止。加拿大法律规定,婚姻破裂而且分居达1年者,才准许办理离婚手续,除非已有通奸或虐待的证据。比利时、奥地利、瑞典规定的考虑期为6个月。《俄罗斯联邦家庭法典》第19条第3款规定:从提交离婚申请之日起满1个月,户籍登记机关办理离婚并发给离婚证明。韩国为遏制不断上升的离婚率,在2005年推出了“熟虑期”和义务调解制度。规定申请离婚的夫妇如有子女,必须经过3个月的“熟虑期”,如无子女,则“熟虑期”为1个月。在冷静期间,婚姻登记机关并不是坐视不理,可以对当事人进行心理咨询,谈心谈话,了解当事人的婚姻实际状况,判定是危急婚姻还是死亡婚姻,哪方责任大,过错在谁等,积极调解,既可以促使双方当事人平息怨恨、减少敌对,珍惜自己与配偶的婚姻关系;也为以后审查当事人提交的离婚协议作了充分的准备。

依据本条规定,在30日离婚冷静期内,任何一方不愿意离婚的,应当在该期间内到婚姻登记机关撤回离婚申请,对此,婚姻登记机关应当立即终止登记离婚程序。如果离婚冷静期届满,当事人仍坚持离婚,双方应当在离婚冷静期届满后的30日内,亲自到婚姻登记机关申请发给离婚证。婚姻登记机关查明双方确实是自愿离婚,并已对子女抚养、财产及债务处理等事项协商一致的,予以登记,发给离婚证。如果在离婚冷静期届满后的30日内,当事人双方没有亲自到婚姻登记机关申请发给离婚证,则视为撤回离婚申请。

第一千零七十八条　婚姻登记机关查明双方确实是自愿离婚,并已经对子女抚养、财产以及债务处理等事项协商一致的,予以登记,发给离婚证。

【释义】 本条是关于婚姻登记机关对协议离婚查明的规定。

(一)婚姻登记机关对协议离婚的查明

自愿离婚的夫妻双方向婚姻登记机关提交离婚协议后30日内,未向婚姻登记机关申请撤回离婚协议,并在提交离婚协议30日后的30日内,亲自到婚姻登记机关申请发给离婚证,对此,婚姻登记机关应当对当事人提交的离婚协议进行查明:

一是查明当事人双方是否是自愿离婚,是否是真实而非虚假的离婚,查明离婚是否存在被胁迫的情形,查明是否因重大误解而导致的离婚。

二是查明要求离婚的双方当事人是不是对子女抚养问题已协商一致。例如,审查双方对离婚后有关子女抚养、教育、探望等问题是如何规定的,包括子女由哪一方直接抚养,子女的抚养费和教育费如何负担、如何给付等。对不直接抚养子女一方对子女探望权利如何行使,探望的方式、时间、地点等是否协商确定等。

三是审查对财产及债务处理的事项是否协商一致。例如,审查当事人双方在不侵害任何一方合法权益的前提下，对夫妻共同财产是如何作出了合理分割的；对有生活困难的一方当事人另一方当事人是否给予了必要的经济帮助，是如何落实的；查明双方离婚后各自的住房等问题。对债务问题，则可以审查双方当事人是否在不侵害他人利益的前提下，对共同债务的清偿作出清晰、明确、负责的处理。

经婚姻登记机关查明双方确实是自愿离婚，并已对子女抚养、财产及债务处理等事项协商一致的，应当进行离婚登记，发给离婚证。

婚姻登记机关对当事人离婚协议的查明是形式审查还是实质审查，在立法中存在不同的看法和争论。有的意见认为，登记机构应当对离婚协议进行实质审查，以避免错误登记；有的意见认为，登记机构的审查主要是形式审查，实质审查是没有能力做到的。然而，对于何为形式审查，何为实质审查，也存在争论。有的学者从登记审查的范围对二者进行界定，认为形式审查就是登记机构不审查登记申请是否与实体法上的权利关系一致，而仅审查登记申请在登记手续、提供材料等方面是否合法、齐备；实质审查则是不仅审查登记申请在登记手续上是否合法，还要审查其是否与实体法上的权利关系一致，是否符合实际情况。有学者则从登记机构的调查权限上界定实质审查，即登记机构接受了登记申请之后，应当对登记内容进行询问和调查，以确保登记内容的真实性。反之，就是形式审查。

本条没有明确什么是实质审查，什么是形式审查。本条的规定是在调研我国婚姻登记机关实际情况并听取各方面意见的基础上作出的，目的是使登记机构在自己的职权范围内，充分履行职责，尽可能地保证如实、准确、认真负责地查明各有关事项，避免登记错误。婚姻登记机关查明双方确实是自愿离婚，并已对子女抚养、财产及债务处理等事项协商一致的，予以登记，发给离婚证。现行《婚姻登记条例》第 13 条也是这样规定的："婚姻登记机关应当对离婚登记当事人出具的证件、证明材料进行审查并询问相关情况。对当事人确属自愿离婚,并已对子女抚养、财产、债务等问题达成一致处理意见的,应当当场予以登记,发给离婚证。”离婚证是婚姻关系已经合法解除的具有法律效力的文件。当事人从取得离婚证之日起,解除婚姻关系。婚姻登记机关在发给当事人离婚证的同时,应当注销结婚证。婚姻登记机关经过查明,对不符合法定离婚条件如仅为夫妻一方要求离婚,或者夫妻双方虽然都同意离婚,但在子女和财产等问题上未达成协议的,不予离婚登记,并应当以书面形式说明不予登记的理由。

(二)对离婚登记后有关问题的处理

1. 对一方不履行离婚协议所确定的义务的处理

夫妻双方经婚姻登记机关办理了离婚登记后,当事人一方不按照离婚协议履行应尽的义务,或者在子女抚养、财产问题上发生纠纷的,当事人可以向人民法院提起民事诉讼。

2. 离婚证遗失或者损毁的补救

如果离婚证遗失或者损毁,当事人可以持所在单位、居民委员会或者村民委员会出具的证明,向原办理离婚登记的婚姻登记机关申请出具解除夫妻关系证明书。解除夫妻关系证明书与离婚证具有同等法律效力。对此,《婚姻登记条例》第17条规定:“结婚证、离婚证遗失或者损毁的,当事人可以持户口簿、身份证向原办理婚姻登记的机关或者一方当事人常住户口所在地的婚姻登记机关申请补领。婚姻登记机关对当事人的婚姻登记档案进行查证,确认属实的,应当为当事人补发结婚证、离婚证。”

第一千零七十九条　夫妻一方要求离婚的,可以由有关组织进行调解或者直接向人民法院提起离婚诉讼。

人民法院审理离婚案件,应当进行调解;如果感情确已破裂,调解无效的,应当准予离婚。

有下列情形之一,调解无效的,应当准予离婚:

(一)重婚或者与他人同居;

(二)实施家庭暴力或者虐待、遗弃家庭成员;

（三）有赌博、吸毒等恶习屡教不改；

（四）因感情不和分居满二年；

（五）其他导致夫妻感情破裂的情形。

一方被宣告失踪，另一方提起离婚诉讼的，应当准予离婚。

经人民法院判决不准离婚后，双方又分居满一年，一方再次提起离婚诉讼的，应当准予离婚。

【释义】 本条是关于诉讼离婚的规定。

（一）诉讼外调解

诉讼外调解，其依据来源于本条中规定的"夫妻一方要求离婚的，可以由有关组织进行调解"。这种调解属于民间性质。"有关组织"在实践中一般是当事人所在单位、群众团体、基层调解组织等。由这些部门进行调解，符合当事人的非讼心理和社会生活中的传统习惯，容易被当事人认可和接受。也由于调解人一般对当事人的情况比较了解，便于做好思想开导工作，缓解夫妻间的矛盾，有助于妥善、及时地化解离婚争议。

对于离婚纠纷，诉讼外调解并不是当事人要求离婚的必经程序，也不是诉讼前的必经程序。当事人可以直接向人民法院起诉，也可以在接受调解后随时退出调解。调解前不能"强拉硬拽"，调解中也不能"强加于人"。因此，经过调解可能会出现不同的结果：一是双方的矛盾得到化解，重归于好，继续保持婚姻关系；二是双方都同意离婚，在子女抚养、财产及债务处理等事项上也达成一致意见，采用协议离婚的方式，到婚姻登记机关办理离婚登记手续；三是调解不成，一方坚持离婚，另一方则坚持相反意见，或者虽都同意离婚，但在子女抚养、财产及债务处理等事项上达不成协议，而需诉诸法院解决。

（二）诉讼离婚

1. 诉讼离婚的概念及特征

诉讼离婚，是婚姻当事人向人民法院提出离婚请求，由人民法院调解或判决而解除其婚姻关系的一项离婚制度。诉讼离婚制度,适用于当事人双方对离婚有分歧的情况,包括一方要求离婚而另一方不同意离婚而发生的离婚纠纷;或者双方虽然同意离婚,但在子女抚养、财产及债务处理等事项不能达成一致意见、作出适当处理的情况。

诉讼离婚制度有下述特征:

第一,诉讼离婚有法定的必要条件,即"感情确已破裂,调解无效"。人民法院在审理案件中也必须执行法律规定的条件,并以此为据裁判是否许可当事人离婚。

第二,在诉讼活动中,人民法院对争议处理起主导作用,它要对当事人提出的离婚请求和理由进行审查,是否准予离婚取决于人民法院的依法裁量,它既可以判决准予离婚,也可以依法驳回当事人的请求。

第三,人民法院依法作出的调解和判决,在发生法律效力后,即具有强制执行力,当事人不履行调解书和判决书中所确定的义务的,人民法院可依另一方的申请予以强制执行。

2. 诉讼中的调解和判决

第一,诉讼中的调解。本条第 2 款中规定,"人民法院审理离婚案件,应当进行调解"。这表明调解是人民法院审理离婚案件的必经程序。适用调解程序,其目的在于防止当事人草率离婚,以及在双方当事人不能和解时,有助于平和、妥善地处理离婚所涉及的方方面面的问题。在婚姻生活中,双方难免会有一些冲突和纠葛,有时逞一时之气,就会使矛盾扩大,冲突变得激烈,由此,一些尚未达到不能共同生活程度的婚姻当事人也要求离婚。由法院进行调解,可以促使双方当事人平息怨恨、减少敌对,对自己的婚姻状况和今后的生活进行充分的考虑,珍惜自己与配偶的婚姻关系。调解和好不成,双方还是坚持离婚的,也可以调解离婚。调解离婚有助于解决子女抚养和财产、债务处理等问题,由此而达成的调解离婚协议,双方当事人一般都能自觉履行。当然,通过调解达成协议,必须当事人双方自愿,不得强迫;调解也不是无原则的,而应当本着合法的原则进行,调解协议的内容不得违反法律规定。

经过诉讼中的调解，会出现三种可能：第一种是双方互谅互让，重归于好。人民法院将调解和好协议的内容记入笔录，由双方当事人、审判人员、书记员签名或者盖章，协议的法律效力至此产生。第二种是双方达成全面的离婚协议，包括双方同意离婚、妥善安排子女今后的生活、合理分割财产、明确债务的承担等。人民法院应当按照协议的内容制作调解书。调解书应写明诉讼请求、案件的事实和调解结果，并由审判人员、书记员署名，加盖人民法院印章。离婚调解书经双方当事人签收后即具有法律效力。第三种是调解无效，包括双方就是否离婚或者在子女抚养、财产及债务处理等事项上达不成协议，在这种情况下，离婚诉讼程序继续进行。

第二，判决。调解不能久调不决，对于调解无效的案件，人民法院应当依法判决。判决应当根据当事人的婚姻状况，判决准予离婚或者判决不准离婚。

一审判决离婚的，当事人在判决发生法律效力前不得另行结婚。当事人不服一审判决的，有权依法提出上诉。双方当事人在15天的上诉期内均不上诉的，判决书发生法律效力。第二审人民法院审理上诉案件可以进行调解。经调解双方达成协议的，自调解书送达时起原审判决即视为撤销。第二审人民法院作出的判决是终审判决。对于判决不准离婚或者调解和好的离婚案件，没有新情况、新理由，原告在6个月内又起诉的，人民法院不予受理。

3. 诉讼离婚的条件

第一，法律的规定。本条第2款中规定，"如果感情确已破裂，调解无效的，应当准予离婚"。根据这一规定，"感情确已破裂"成为诉讼离婚的基本条件和司法尺度，是准予或者不准予离婚的原则界限。夫妻感情是婚姻关系的基础，离婚争议的产生，归根结底可以归结到感情的变化。如果感情确已破裂，婚姻已经"名存实亡"，就应当依法予以解除。准予或不准予离婚，只能以夫妻的感情状况为客观依据。社会主义制度下夫妻间的婚姻要以感情为基础,如果夫妻感情确实已经难以弥合,那么,解除婚姻关系对于双方、对于社会都会成为一种幸事。感情确已破裂应准予离婚,是婚姻自由的重要内容,充分体现了当事人离婚自由的权利。如果用法律手段强行维持感情确已破裂的婚姻关系,与婚姻自由的原则不相符合。将感情确已破裂,作为准予离婚的法定条件,表明人民法院准予当事人离婚,并不以当事人是否违背夫妻义务或导致夫妻关系解体的特定过错为标准,而是看婚姻关系有无继续维系的可能。不能将不准离婚作为对过错一方的惩罚手段,而且,以判决不准离婚维持已破裂的婚姻,实际上使无过错方也付出了代价。

在如何把握"感情确已破裂"的离婚尺度上,人民法院在审判实践中积累了不少经验。最高人民法院曾作出《最高人民法院关于人民法院审理离婚案件如何认定夫妻感情确已破裂的若干具体意见》的司法解释,其中既有对感情是否确已破裂的综合分析方法,又有视为感情确已破裂的14种情形。该意见指出:人民法院审理离婚案件,准予或不准离婚应以夫妻感情是否破裂作为区分的界限。判断夫妻感情是否确已破裂,应当从婚姻基础、婚后感情、离婚原因、夫妻关系的现状和有无和好的可能等方面综合分析。

所谓婚姻基础,即双方在结婚时的感情状况,比如双方是以爱情为基础的婚姻,还是以金钱、地位、容貌为基础的结合;是自主自愿的自由婚姻,还是包办婚姻、买卖婚姻;是经过慎重了解的,还是草率结婚的。婚姻基础是否牢固,必然会对婚后生活、夫妻感情和离婚原因产生直接或间接的影响。

所谓婚后感情,即双方在婚后共同生活期间的感情状况,它是评价婚姻关系好与坏的基本尺度。当事人的道德品质、性格习惯、工作状况、经济状况、子女抚育、家务分担等,都会不同程度地影响夫妻感情。夫妻感情处于动态的变化之中,需要对其作历史的、全面的分析,既要考察过去,又要着眼于现在。

所谓离婚原因,即导致离婚的直接诱因,包括使夫妻感情发生变化的因素或事件,比如一方有赌博、吸毒等恶习或实施家庭暴力等。正确考量离婚原因与夫妻感情破裂的内在联系,对于判断夫妻感情是否破裂,是否具有和好可能有重要意义。

所谓夫妻关系的现状和有无和好可能,即双方发生离婚纠纷前后夫妻共同生活的实际状况,以及从当事人主观态度和客观状况看,是否有重归于好的可能性。在离婚纠纷发生的前后,夫妻关系会有不同程度的冲突和恶化,但感情是会因一定的主观和客观条件而发生转化的,在濒于破裂时恢复和好也不是没有可能的。因而需要对夫妻关系的现状有所分析,对其发展前景有所预见。

只有通过对上述几个相互联系的方面进行综合分析,才能作出实事求是的正确判断,为调解提供契机,为判决提供依据。

第二,关于"夫妻感情破裂"与"婚姻关系破裂"的不同意见。

在编纂民法典征求意见的过程中,就是否将"夫妻感情确已破裂"修改为"婚姻关系确已破裂"或"夫妻关系确已破裂",有不同的意见,归纳起来主要有两种不同意见:

一种意见认为,应将"夫妻感情破裂"改为"婚姻关系破裂"。其理由是:(1)民法典婚姻家庭编的调整对象是婚姻关系,而不是感情关系。(2)感情是婚姻的基础,但不是婚姻关系,在离婚的法定标准上过分强调婚姻关系的感情内涵,容易在概念上把婚姻关系简单化。(3)感情破裂标准不符合我国婚姻关系的现状,许多婚姻的基础并非感情,但却是自愿的。本条所列举的"调解无效,应准予离婚"的情形中也有非感情因素的情形。如果过分强调感情因素,容易忽视非感情因素对婚姻关系的存续或终止所起的重要作用。(4)夫妻感情是当事人内心的感受,比较复杂,法院难以识别和判断,会降低法律规定在司法实践中的可操作性,而缺乏对婚姻关系破裂事实进行分析的离婚判决,又不可避免地会产生较大的主观随意性。(5)用"夫妻感情破裂"作为离婚的法定条件,与国际立法术语相异。

另一种意见认为,应当维持婚姻法关于“感情确已破裂,调解无效”这一离婚标准。其理由是:(1)“夫妻感情破裂”与“婚姻关系破裂”没有实质区别,最终还是因感情破裂而导致离婚,婚姻关系能否维持是以感情为前提的。(2)感情破裂是婚姻关系解体的内核,至于法律上宣告婚姻的解体,不过是婚姻解体的外在形式,形式服从内容。(3)感情破裂作为离婚标准符合马克思主义对于离婚问题的基本观点。(4)感情破裂是客观的,人民法院的司法实践已经提供了这样的判断依据。(5)法律上并不是把感情确已破裂作为离婚的唯一原因,实际上在司法实践中,也包括了婚姻关系客观上不能维持的现象,但是感情确已破裂是主要的,婚姻关系不能维持或者夫妻双方不能继续共同生活应当是从属性的。(6)改为“婚姻关系确已破裂”实际上在确认离婚标准上没有实质性改变,反而会造成放宽或收紧离婚条件的误导。

这次编纂民法典,在诉讼离婚的法定条件上几乎没有作任何修改,只有个别字词调整,仍然是以“如果感情确已破裂,调解无效的,应准予离婚”作为审判离婚案件的标准。

4. 调解无效,判决准予离婚的主要情形

2001年修改婚姻法时,虽然没有对诉讼离婚的法定条件作实质性修改,但是为了指导司法实践,便于审判人员实际操作,根据社会生活、家庭生活中反映出来的突出问题,以及在司法审判中所积累的经验,将导致夫妻感情破裂的几种常见的情形明确作了列举规定:有下列情形之一,调解无效的,应准予离婚:(1)重婚或有配偶者与他人同居的;(2)实施家庭暴力或虐待、遗弃家庭成员的;(3)有赌博、吸毒等恶习屡教不改的;(4)因感情不和分居满二年的;(5)其他导致夫妻感情破裂的情形。这次编纂民法典延续了这一规定,内容上没有任何实质上的修改,只是对第1项中的文字作了修改。根据本条规定,调解无效,判决准予离婚的主要情形具体是:

第一,重婚或与他人同居。重婚是指有配偶者又与他人结婚的违法行为。其表现为法律上的重婚和事实上的重婚。前者是指有配偶又与他人登记结婚。后者是指有配偶者又与他人以夫妻名义同居生活。有配偶者与他人同居,也称姘居,是指有配偶的人与他人过着隐蔽的同居生活,不以夫妻名义,也无永久共同生活目的的行为。重婚和有配偶者与他人同居的行为,严重违反了我国一夫一妻制的婚姻制度,严重伤害夫妻感情,是导致离婚的情形之一。

因重婚而引发的离婚案件,会出现两种情况:一是一方重婚,合法婚姻的另一方起诉离婚。对此,起诉方坚决要求离婚,调解无效的,应准予离婚。二是重婚一方起诉与原配偶离婚。对此,如夫妻感情尚未破裂,原配偶坚持不离婚的,可不准予离婚。如果夫妻感情确已破裂,调解无效的,可准予离婚。

因姘居而产生的离婚纠纷,也会出现姘居一方的配偶起诉离婚和姘居一方起诉离婚两种情况,对此,人民法院也应以夫妻感情是否确已破裂为基准,决定准予或者不准予离婚。

在处理涉及重婚和姘居的离婚案件中,应当注意以下几点:

首先,必须分清是非、明确责任。对于重婚的应当依法解除重婚关系,并依法给予刑事制裁;对于姘居的,必要时可以向有关单位提出给予党纪、政纪处分的司法建议。

其次,无论是无过错方还是有过错方提出离婚,都应以夫妻感情是否破裂作为是否准予离婚的准则。

最后,准予离婚的,应当在子女和财产问题上照顾无过错方的利益,并应当支持无过错方的损害赔偿请求。

第二,实施家庭暴力或虐待、遗弃家庭成员。家庭暴力和虐待,是指发生在家庭成员之间,以殴打、捆绑、残害身体、禁闭、冻饿、凌辱人格、精神恐吓、性暴虐等手段,对家庭成员从肉体上、精神上进行伤害、摧残、折磨的行为。遗弃是指对于需要扶养的家庭成员,负有扶养义务而拒绝扶养的行为,表现为经济上不供养,生活上不照顾,使被扶养人的正常生活不能维持,甚至生命和健康得不到保障。近年来,因家庭暴力、虐待和遗弃家庭成员而导致离婚的案件增多,甚至发生毁容、杀夫杀妻等恶性案件。

人民法院处理因家庭暴力或者虐待、遗弃家庭成员而导致的离婚案件,应当查明夫妻及其他家庭成员之间的感情状况,实施暴力、虐待和遗弃行为的事实和情节。如平时感情不好,实施上述行为是经常的、一贯的、恶劣的,已严重伤害了夫妻感情,调解无效的,应准予离婚。如果平时感情尚好,上述行为是一时而为之且情节不严重的,应当责其改过并着重进行调解,化解纠纷。

第三,有赌博、吸毒等恶习屡教不改。因有赌博、吸毒以及酗酒等恶习而导致的离婚案件不在少数。沾染上这些恶习的人好逸恶劳,不务正业,不但不履行家庭义务,反而常常引发家庭暴力,消耗家庭的经济积蓄,使家庭安宁、正常的生活难以为继。身染恶习,屡教不改,夫妻不堪同居生活。

对于这类案件,人民法院应当查明有赌博、吸毒、酗酒等行为一方的一贯表现和事实情况。对情节较轻,有真诚悔改表现,对方也能谅解的,应着眼于调解和好。对于恶习难改,一贯不履行家庭义务,夫妻感情难以重建,夫妻难以共同生活的,经调解无效,应准予离婚。

第四,因感情不和分居满2年。夫妻因感情不和分居满2年,一般来说可以构成夫妻感情破裂的事实证明。“分居”是指夫妻间不再共同生活,不再互相履行夫妻义务,包括停止性生活,生活上不再互相关心、互相扶助等。具有分居2年的情形,说明夫妻关系已徒具形式,名存实亡。当事人以此事由诉请人民法院离婚的,如经调解无效,应准予当事人离婚。适用此项规定,应注意以下问题:

一是分居的原因是由于夫妻感情不和,而不是因工作、学习等原因导致的两地分居,以及因住房问题造成的夫妻不能同室而居。

二是分居强调的是夫妻双方互不履行夫妻义务,而不是单方面的不履行家庭义务。

三是夫妻分居已满2年,但未造成夫妻感情确已破裂或经调解尚有和好可能的,则不能认为已具备准予离婚的条件。

四是夫妻分居或分居满 2 年，都不是当事人诉请离婚的必要条件。如果夫妻感情确已破裂，调解无效的，虽无分居事实或分居未满 2 年，也应依法准予离婚。

在法律草案征求意见过程中，曾对是否规定该项内容，以及对分居年限的长短存在不同意见。有的赞成这一规定，认为它反映了夫妻感情破裂的事实情况，理当作为离婚理由；有的不主张规定这项内容，否则会给“喜新厌旧”的人以利用法律的机会，对无过错方不公平。有的认为分居 2 年时间太短，不利于家庭关系的稳定，应改为 3 年或 5 年；有的认为分居已表明夫妻感情不和，要求达到 2 年时间没有必要，而且分居时间长容易引发家庭恶性事件，不利于保护妇女权益，建议改为 1 年。本法根据多数意见规定为 2 年。

第五，其他导致夫妻感情破裂的情形。导致夫妻感情破裂的原因复杂多样。比如一方犯有强奸罪、奸淫幼女罪、侮辱妇女罪等罪行，严重伤害夫妻感情的。再如，一方婚后患严重的精神疾病，久治不愈，夫妻生活无法维持的。这些情形在法律中难以逐一列举，人民法院应当本着保障离婚自由、防止轻率离婚的原则，根据本法的立法精神和案件的具体情况，作出正确判定。

在此需要重申的是，上述所列举的准予离婚的几种主要情形，并非判决当事人诉讼离婚的必备条件、法定情形。一方面，婚姻当事人在婚姻生活中，如无以上情况发生，但有其他因素导致夫妻感情破裂、调解无效的，人民法院亦应判决准予离婚。另一方面，即使婚姻当事人间有上述情形发生，但未导致夫妻感情破裂，或虽给夫妻感情造成裂痕，但可以经过调解和好的，人民法院则不能判决解除婚姻关系。

5. 一方被宣告失踪的离婚

本条第 4 款规定：“一方被宣告失踪，另一方提起离婚诉讼的，应当准予离婚。”

本法第 40 条规定：“自然人下落不明满二年的，利害关系人可以向人民法院申请宣告该自然人为失踪人。”民事诉讼法第 183

条第1款规定:“公民下落不明满二年,利害关系人申请宣告其失踪的,向下落不明人住所地基层人民法院提出。”按照本法和民事诉讼法的规定,自然人下落不明满2年的,即该自然人离开自己居住的地方,音讯杳无,已持续达到2年的,其配偶、父母、子女等利害关系人可以向下落不明的人住所地基层人民法院申请宣告其为失踪人。人民法院受理宣告失踪案件后,应当发出寻找下落不明人的公告,公告期间为3个月。公告期间届满,宣告失踪的事实如果得到确认,人民法院应当作出宣告失踪的判决。在夫妻一方被宣告失踪的情形下,婚姻关系已名存实亡,当事人已经不能达到婚姻的目的,对此如果另一方提出离婚请求,人民法院即应判决准予离婚。

6. 判决不准离婚后又分居1年的离婚

在编纂民法典征求意见过程中,司法部门普遍反映,在审判实践中,经法院判决不准离婚后再次起诉离婚的现象比较普遍,建议将法院判决不准离婚后的分居情况作为认定可否离婚的依据之一在法律中作出规定。立法部门经过深入调研,反复论证,吸收了这一建议,在本条第5款规定:“经人民法院判决不准离婚后,双方又分居满一年,一方再次提起离婚诉讼的,应当准予离婚。”这一规定,可操作性比较强,有利于审判实践工作的展开,可以解决现实生活中久拖不决的离婚案件。

第一千零八十条　完成离婚登记,或者离婚判决书、调解书生效,即解除婚姻关系。

【释义】　本条是关于婚姻关系解除时间的规定。

本法第1049条中规定,完成结婚登记,即确立婚姻关系。那么,婚姻关系什么时候解除,婚姻法没有作出明确规定,这次编纂民法典,新增了本条规定:完成离婚登记,或者离婚判决书、调解书生效,即解除婚姻关系。根据本条的规定,解除婚姻关系的时间是:

（一）完成离婚登记

登记离婚又称协议离婚，是我国法定的一种离婚形式，即婚姻关系当事人达成离婚合意并通过婚姻登记程序解除婚姻关系。按照本法的有关规定，夫妻双方自愿离婚的，应当订立书面离婚协议，并亲自到婚姻登记机关申请离婚登记。离婚协议应当载明双方自愿离婚的意思表示和对子女抚养、财产及债务处理等事项协商一致的意见。自婚姻登记机关收到离婚登记申请之日起 30 日内，任何一方不愿意离婚的，可以向婚姻登记机关撤回离婚登记申请。该 30 日届满后，夫妻双方仍然坚持离婚的，应当在该期限届满后的 30 日内，双方亲自到婚姻登记机关申请发给离婚证。婚姻登记机关查明双方确实是自愿离婚，并已对子女抚养、财产及债务处理等事项协商一致的，予以登记，发给离婚证。完成离婚登记，取得离婚证的当事人基于配偶身份而产生的人身关系和财产关系即行终止。至此，离婚的一方当事人才可以重新选择对象登记结婚。如果双方当事人又想以婚姻的形式生活在一起，那么需要办理复婚登记。

（二）离婚调解书、判决书生效

诉讼离婚是我国法定的另一种离婚形式，即婚姻当事人向人民法院提出离婚请求，由人民法院调解或判决而解除其婚姻关系的一种离婚方式。本法第 1079 条第 2 款中规定，人民法院审理离婚案件，应当进行调解。这表明调解是人民法院审理离婚案件的必经程序。由法院进行调解，可以促使双方当事人平息怨恨、减少情绪，对自己的婚姻状况和今后的生活进行充分的考虑，珍惜自己与配偶的婚姻关系。人民法院的调解有可能促成双方和好。调解和好不成，双方还是坚持离婚的，也可以调解离婚。对调解离婚的，人民法院应当制作调解书。调解书应当写明诉讼请求、案件事实和调解结果。调解书由审判人员、书记员署名，加盖人民法院印章，送达双方当事人；经双方当事人签收后，即具有法律效力，夫妻双方的婚姻关系随即解除。

人民法院对审理的离婚案件，经调解无效的，应当依法作出判决。判决应当根据当事人的婚姻状况，判决准予离婚或者判决不准离婚。一审判决离婚的，当事人不服有权依法提出上诉。双方当事人在15天的上诉期内均不上诉的，判决书发生法律效力。当事人在一审判决发生法律效力前不得另行结婚。第二审人民法院审理上诉案件可以进行调解。经调解双方达成协议的，自调解书送达时起原审判决即视为撤销。第二审人民法院作出的判决是终审判决。诉讼离婚的当事人在接到发生法律效力的离婚判决书后，双方的婚姻关系随即解除。

登记离婚或者判决离婚生效后，当事人解除婚姻关系，双方基于配偶产生的身份关系消灭，基于配偶身份而产生的人身关系和财产关系即行终止。

本条规定的意义在于明确离婚在夫妻双方人身和财产方面的效力，有助于双方当事人依据法律规定，处理离婚后的人身关系和财产关系，进而维护当事人的合法权益。

第一千零八十一条　现役军人的配偶要求离婚，应当征得军人同意，但是军人一方有重大过错的除外。

【释义】　本条是关于现役军人离婚的特别规定。

（一）对军人婚姻特别保护的意义

军队是执行国家政治任务的武装集团，军人是从事军事工作的特殊人员，他（她）们担负着保卫社会主义革命和建设，保卫国家主权、领土完整，防御外来颠覆和侵略的艰巨任务，为了祖国和人民的安宁日夜战斗在国防岗位上。对军人婚姻实行特别保护是维护军队稳定的需要，有利于维护部队广大官兵的切身利益，有利于维护军队的稳定，符合我国的国情和军情，对于消除军人的后顾之忧、激发保家卫国的热情、增强部队战斗力起到了十分积极的作用。同时，这也是拥军优属工作的一项重要内容。我国婚姻法从1950年制定，到1980年、2001年的两次修改，都对现役军人的婚姻问题作了特殊规定。这种特别规定，体现了军人婚姻历来受到党和国家的高度重视和特别保护。

对军人婚姻实行特别保护是党和国家的一贯政策。早在红军时期颁布的《中华苏维埃共和国婚姻法》就规定:红军战士之妻要求离婚,须得其夫同意。抗日战争时期颁布的《晋察冀边区婚姻条例》规定:抗日军人之配偶,非于抗日军人生死不明逾4年后,不得为离婚之请求。1950年新中国颁布的第一部婚姻法明确规定:"现役革命军人与家庭有通讯关系的,其配偶提出离婚,须得革命军人的同意。"1980年公布的婚姻法在确立婚姻自由原则的同时,再次规定:"现役军人的配偶要求离婚,须得军人同意。"1997年公布的国防法规定:"国家采取有效措施保护现役军人的荣誉、人格尊严,对现役军人的婚姻实行特别保护。"同年公布的刑法也对破坏军婚罪作了规定。这充分说明,对军人婚姻实行特别保护,是党和国家的一贯政策,并作为有关军人婚姻立法遵循的重要原则,这项政策和原则至今没有改变。

对军人婚姻实行特别保护并不违背婚姻自由的原则。实行婚姻自由,是我国婚姻法确立的一项基本原则。同时,由于军队担负的特殊任务和军人职业特点,国家对军人婚姻,又有一些特殊的法律规定和政策,它既体现在"现役军人的配偶要求离婚,应当征得军人同意",也体现在军人择偶必须遵守国家和军队的有关规定,军人配偶也享受国家和社会给予军婚家庭的优待和照顾。

(二)对军人婚姻特别保护的完善

1980年婚姻法规定,现役军人的配偶要求离婚,须得军人同意。2001年修改婚姻法时,有的部门和一些法律专家认为,该条规定不符合婚姻自由的原则,特别是军人一方有家庭暴力等重大过错时,其配偶要求离婚还必须征得该军人同意,更不合理,建议删去这一规定,或者修改为现役军人的配偶要求离婚,须得军人同意,但军人一方有重大过错的除外。有的部门认为,对军人婚姻实行特别保护是党和国家的一贯政策,新时期兵役制度改革后,基层军官和士官结婚后与配偶分居两地的情况仍很普遍,对军人婚姻依法实行特别保护，对于消除军人的后顾之忧、维护军队稳定、增强部队战斗力有积极的作用。1984 年《最高人民法院关于贯彻执行民事政策法律若干问题的意见》(已失效)中规定："现役军人的配偶提出离婚，应按婚姻法第二十六条规定进行审理。军人不同意离婚时，应教育原告珍惜与军人的夫妻关系，尽量调解和好或判决不准离婚。对夫妻感情已经破裂，经过做和好工作无效，确实不能继续维持夫妻关系的，应通过军人所在部队团以上的政治机关，做好军人的思想工作，准予离婚。"这一规定基本上也能解决因军人一方有重大过错准予离婚的问题。因此，这个司法解释是可行的，要求保留 1980 年婚姻法保护军婚的规定，对该内容不作补充、修改。当时立法机关研究认为，对军婚予以特别保护是必要的，但是，对于军人一方有过错的，也应作相应的规定，以保护其配偶的合法权益。因此，根据相关意见，将在"现役军人的配偶要求离婚，须得军人同意"修改为"现役军人的配偶要求离婚，须得军人同意，但军人一方有重大过错的除外"。这次编纂民法典婚姻家庭编延续了这一规定，仅有个别字的改动。

(三)适用本条规定应注意的问题

1. 本条适用的主体

本规定适用的主体是现役军人和现役军人的配偶。

第一，现役军人，指有军籍的人，包括在中国人民解放军服现役、具有军籍和军衔的军官、士兵。具体包括：一是现役军官：被任命为排级以上职务或者初级以上专业技术职务，并授予相应军衔的现役军人。二是军士长，专业军士：均属士官、志愿兵役制士兵。军士长是指被任命为基层行政或者专业技术领导管理职务的现役士兵。专业军士是指服现役满 5 年以上，自愿继续服现役，经批准担任专业技术工作的现役士兵。三是军士、兵：在中国人民解放军被授予上士、中士、下士，以及上等兵、列兵军衔的义务兵役制士兵。他们中间的绝大多数由于年龄尚幼，不具备结婚的年龄条件，因此一般不适用本条的规定。

中国人民武装警察部队虽然不属于中国人民解放军的编制序列,但是在婚姻问题上仍按现役军人婚姻问题处理。

现役军人不包括:一是在军事单位中未取得军籍的职工;二是退役军人,包括复员军人、转业军人、退休军人、离休军人以及退役的革命伤残军人;三是在地方担任某种军事职务的人员。如不属于军队编制的在武装部工作的干部、编入民兵组织或者经过登记的预备役士兵。

第二,现役军人的配偶,指同现役军人履行了结婚登记手续,并领取结婚证的非军人一方,也是本条的主体。

2. 不适用本条规定的两类军人离婚案件

第一,如果双方都是现役军人,则不是该条调整的对象。本条的立法意图,是以一定方式限制军人配偶的离婚请求实现权,从而对军人一方的意愿予以特别支持。如果双方都是现役军人,不管由谁首先提出离婚诉讼,若要适用本条的规定,则必然会妨害另一方军人的利益。这与该条特殊保护军人婚姻的立法意图不相符合。

第二,现役军人向非军人主动提出离婚的,不适用本条的规定,应按一般离婚纠纷处理。《军队贯彻实施〈中华人民共和国婚姻法〉若干问题的规定》规定:"现役军人离婚,应当严肃慎重,不得违反国家的法律法规和军队的纪律,不违背社会公德。"

3. 现役军人的配偶提出离婚,现役军人不同意的处理

如果婚姻基础和婚后感情都比较好,人民法院应配合现役军人所在单位对军人的配偶进行说服教育,劝其珍惜与军人的婚姻关系,正确对待婚姻问题,尽量调解和好或判决不予离婚。但是,如果感情确已破裂,确实无法继续维持夫妻关系,经调解无效,人民法院应当通过军人所在单位的政治机关,向军人做好工作,经其同意后,始得准予离婚。

4. 需征得军人同意的例外情况

"但是军人一方有重大过错的除外",是针对"应当征得军人同意"而说。"应当征得军人同意"不是绝对的,如果夫妻感情破

裂是由于军人一方的重大过错造成的,非军人配偶一方也可以提出离婚,但过错限定在“重大过错”而非一般的过错。

(四)本条规定与离婚法定理由的关系

本法第1079条第2款中规定,如果感情确已破裂,调解无效的,应当准予离婚。这一规定的法律意义在于:夫妻感情是否确已破裂,是判决准予或不准予离婚的原则界限。法定离婚理由属于普通条款的范畴,这一原则界限,广泛适用于一般的离婚案件,人民法院应准确地区分和认定夫妻感情是否确已破裂,从而在调解无效的情况下,通过判决的形式决定是否准予离婚。而本条是只适用于“现役军人的配偶要求离婚”案件的特别条款,是从维护军队稳定的大局出发,作出的对军人婚姻的特殊保护的规定,在处理非军人要求与军人离婚的诉讼案件中,应首先适用本条的规定。

(五)对于破坏军人婚姻的违法犯罪行为应给予坚决打击

现役军人的配偶提出离婚应当征得军人同意的规定,只是保护军人婚姻的民事法律措施。如果此类纠纷是由于第三者破坏军婚造成并且构成犯罪的,应依法追究第三者的刑事责任。刑法第259条规定:“明知是现役军人的配偶而与之同居或者结婚的,处三年以下有期徒刑或者拘役。利用职权、从属关系,以胁迫手段奸淫现役军人的妻子的,依照本法第二百三十六条的规定定罪处罚。”

第一千零八十二条　女方在怀孕期间、分娩后一年内或者终止妊娠后六个月内,男方不得提出离婚;但是,女方提出离婚或者人民法院认为确有必要受理男方离婚请求的除外。

【释义】 本条是关于男方离婚请求权的限制性的规定。

本条规定是对保护妇女、儿童身心健康的特别规定,它在一定条件下限制了男方提出离婚的请求权。在研究起草婚姻家庭编草案时,有的意见提出,现在女方怀孕后终止妊娠的比较多,情况也较为复杂,原因也不一,对终止妊娠的女方的男方是否也要限制其提出离婚的请求权,建议予以考虑。多数意见认为,女方自然流产或人工流产,即终止妊娠(俗称“小产”),对妇女的身心健康会有很大的影响,妇女在此期间应当受到法律的特别保护。况且,妇女权益保障法第45条对此问题已作了规定:“女方在怀孕期间、分娩后一年内或者终止妊娠后六个月内,男方不得提出离婚。女方提出离婚的,或者人民法院认为确有必要受理男方离婚请求的,不在此限。”为此,立法机关明确了关于女方在“终止妊娠后六个月内,男方不得提出离婚”的规定。

女方怀孕期间和分娩后1年内或终止妊娠后6个月内身体、心理都处在康复、调理、休养期,为特殊时期,属于特殊情况。一方面,胎儿或婴儿正处在发育阶段,正需要父母的合力抚育;另一方面,妇女也需要身心的康复,如果此时男方提出离婚请求,对妇女的精神刺激过重,既影响妇女的身体健康,也不利于胎儿或婴儿的保育。在上述期间内禁止男方提出离婚,不仅出于事实上的需要,也是社会主义道德的要求。法律不仅要保护胎儿和婴儿,同时也要保护妇女的权益。为了保护胎儿、婴儿和妇女的身心健康、维护妇女和子女的正当利益,法律禁止男方在女方怀孕期间、分娩后1年内或终止妊娠后6个月内提出离婚请求是完全必要的。故本条规定女方在怀孕期间、分娩后1年内或者终止妊娠后6个月内,男方不得提出离婚;但是,女方提出离婚或者人民法院认为确有必要受理男方离婚请求的除外。

本条规定限制的主体是男方,而不是女方;限制的是男方在一定期限内的起诉权,而不是否定和剥夺男方的起诉权,只是推迟了男方提出离婚的时间,并不涉及准予离婚与不准予离婚的实体性问题。也就是说,只是对男方离婚请求权暂时性的限制,超过法律规定的期限,不再适用此规定。但是,男方在此期间并不是绝对地没有离婚请求权,法律还有例外规定,即人民法院认为“确有必要”的,也可以根据具体情况受理男方的离婚请求。所谓“确有必要”,一般是指比本条特别保护利益更为重要的利益需要关注的情形。“确有必要”受理男方离婚请求的案例是非常少的，哪些情形“确有必要”受理，由人民法院认定。

在本条规定中，法律还规定了另一种例外情形，即在此期间，女方提出离婚的，不受此规定的限制。女方自愿放弃法律对其的特殊保护，说明其本人对离婚已有思想准备，对此，法院应当根据当事人婚姻的实际情况判定是否准予离婚。

第一千零八十三条　离婚后，男女双方自愿恢复婚姻关系的，应当到婚姻登记机关重新进行结婚登记。

【释义】　本条是关于复婚登记的规定。

复婚，是指离了婚的男女重新和好，再次登记结婚，恢复婚姻关系。男女双方离婚后又自愿复婚，可以通过办理恢复结婚登记，重新恢复夫妻关系。《婚姻登记条例》第14条规定，离婚的男女双方自愿恢复夫妻关系的，应当到婚姻登记机关办理复婚登记。复婚登记适用本条例结婚登记的规定。即复婚登记手续与结婚登记手续一致，男女双方应当亲自到一方户籍所在地的婚姻登记机关申请复婚登记。在办理复婚登记时，应提交原离婚证，以备婚姻登记机关审查。婚姻登记机关按照结婚登记程序办理复婚登记。在办理复婚登记时，应当在收回双方当事人的离婚证后，重新发给结婚证。收回离婚证的目的，是防止当事人重婚。对于复婚的当事人一般不再要求进行婚前健康检查。

在编纂民法典婚姻家庭编时，有的意见提出，离了婚的男女重新和好，再次登记结婚，恢复的是婚姻关系，不是夫妻关系。夫妻是一种身份，恢复夫妻关系的表述不准，建议将婚姻法原表述的“离婚后，男女双方自愿恢复夫妻关系的”修改为“离婚后，男女双方自愿恢复婚姻关系的”，立法部门采纳了这一建议。还有的意见提出，离了婚的男女和好，再次到婚姻登记机关登记结婚，也是结婚登记，区别是男女重新又一次进行了结婚登记，建议立法部门对婚姻法原有的“复婚登记”的法律条文进行修改，使法律的规定更准确，表述更清晰。立法部门采纳了这一建议，将本条修改为“离婚后，男女双方自愿恢复婚姻关系的，应当到婚姻登记机关重新进行结婚登记”。

第一千零八十四条　父母与子女间的关系，不因父母离婚而消除。离婚后，子女无论由父或者母直接抚养，仍是父母双方的子女。

离婚后，父母对于子女仍有抚养、教育、保护的权利和义务。

离婚后，不满两周岁的子女，以由母亲直接抚养为原则。已满两周岁的子女，父母双方对抚养问题协议不成的，由人民法院根据双方的具体情况，按照最有利于未成年子女的原则判决。子女已满八周岁的，应当尊重其真实意愿。

【释义】　本条是关于离婚对父母子女关系的影响及离婚后的子女抚养的规定。

（一）离婚后父母与子女的关系

婚姻关系的解除，只是夫妻双方的基于婚姻而存在的人身关系和财产关系归于消灭，但父母与子女之间存有的血亲关系不因父母离婚而消除。为了子女的合法利益，不致因父母离婚而受到损害，本条第1款规定，“父母与子女间的关系，不因父母离婚而消除。离婚后，子女无论由父或者母直接抚养，仍是父母双方的子女”。这是离婚后父母子女身份关系在法律上的基本界定。

夫妻关系和父母子女关系是两种不同性质的关系。夫妻关系是男女两性基于自愿而结成的婚姻关系，可依法律程序而成立，亦可依法律行为而消除；而父母子女关系是基于出生事实而形成的自然血亲关系，不能人为解除。离婚后，子女无论随父母哪一方生活，仍是父母双方的子女，本法关于父母子女权利义务的规定仍然适用，不能因父母离婚而受到影响。

但拟制血亲所形成的父母子女关系，能否因父母离婚而解除呢？

1. 继父或继母与继子女的抚养关系

由于继父或继母与继子女没有血缘关系，因此，当继父(母)与生母(父)离婚时，继子女与继父母的关系应本着以下原则处理：(1)生父与继母、生母与继父离婚时，继父或继母对曾受其抚养教育的继子女，不同意继续抚养的，不能勉强，继子女与继父或继母的关系可自然解除。继父或继母愿意继续抚养继子女的，人民法院应予准许。(2)受继父或继母长期抚养、教育的继子女已成年的，继父或继母与继子女已经形成的身份关系和权利义务关系不能因离婚而自然解除；只有在继父或继母或继子女一方或双方提出解除继父母子女关系并符合法律规定的条件下，才可以解除。但由继父或继母养大成人的并独立生活的继子女，对于生活困难、无劳动能力的继父或继母晚年的生活费用应该继续承担。

2. 养父母与养子女的抚养关系

养父母与养子女之间的身份关系及其权利义务关系，不因养父母离婚必然解除。养父母离婚后，养子女无论由养父或养母抚养，仍是养父母双方的养子女。在特殊情况下，如养父母离婚时经生父母及有识别能力的养子女同意，双方自愿达成协议，未成年的养子女一方面可依法解除收养关系，由生父母抚养；另一方面可以变更收养关系，由养父或养母一方收养。但变更或解除必须符合民法典关于收养的规定，不得侵犯未成年养子女的合法权益。

(二)离婚后父母对女子的权利义务

父母离婚后，父母与子女间的关系，不因父母离婚而消除，子女仍是父母双方的子女。那么，离婚后父母对子女有哪些权利与义务？对此本条第2款作了规定："离婚后，父母对于子女仍有抚养、教育、保护的权利和义务。"依据本款规定，离婚后父母对未成年子女有抚养、教育和保护的权利与义务，主要包括进行生活上的照料，保障未成年人接受义务教育，以适当的方式、方法管理和教育未成年人，保护未成年人的人身、财产不受到侵害，促进未成年人的身心健康发展等。实际生活中，父母还可以按照本法婚姻家庭编的有关规定、未成年人保护法等法律的有关规定行使对子女的抚养、教育、保护的权利，履行对子女的抚养、教育、保护的义务。例如，本法第26条第1款规定，父母对未成年子女负有抚养、教育和保护的义务。第1067条第1款规定，父母不履行抚养义务的，未成年子女或者不能独立生活的成年子女，有要求父母给付抚养费的权利。第1068条规定，父母有教育、保护未成年子女的权利和义务。未成年子女造成他人损害的，父母应当依法承担民事责任。

（三）离婚后父母对子女的直接抚养

离婚虽然不能消除父母与子女之间的关系，但父母对子女的抚养方式却会因离婚而发生变化，即由父母双方共同抚养子女变成由父或母一方直接抚养子女。现实中，离婚时“争养”或“推养”子女抚养的纠纷比较多。有的夫或妻把子女作为“命根子”，非要直接抚养子女不可，并以此作为离婚的前提条件；有的则把直接抚养子女作为包袱或再婚的障碍，都不愿抚养，由此而闹得你死我活，甚至出现有的当事人把子女丢在法院或留在双方的单位、有关组织由其暂时代养等情况。为便于确定夫妻离婚后子女由哪方直接抚养，本条第3款规定，“离婚后，不满两周岁的子女，以由母亲直接抚养为原则。已满两周岁的子女，父母双方对抚养问题协议不成的，由人民法院根据双方的具体情况，按照最有利于未成年子女的原则判决。子女已满八周岁的，应当尊重其真实意愿”。这一规定是从有利于保护未成年人权益、保障子女合法权益的原则出发，有利于子女身心健康，结合父母双方的抚养能力和抚养条件，结合审判实践等具体情况，对离婚后的子女直接抚养问题作出的具体规定。

1. 确定子女直接抚养主体的基本考量

有利于子女身心健康、保障子女的合法权益、儿童利益最大化的原则，是贯穿于本法的基本原则，也是处理离婚后子女直接抚养归属问题的出发点，在此前提下，再结合父母双方的抚养能力和抚养条件等具体情况妥善解决。

2. 确定子女抚养的具体办法

第一,对不满 2 周岁子女的抚养。本条第 3 款中规定:"离婚后,不满两周岁的子女,以由母亲直接抚养为原则"。这是因为不满 2 周岁的子女多数还在母乳喂养期。用母乳哺养,对婴儿的生长发育最为有利。从婴儿生长发育的利益考虑,夫妻离婚后,凡是正处于用母乳喂养的子女,应由母亲直接抚养。现实生活中,也有一些孩子出生后,是不用母乳喂养的;还有一些孩子由于各种原因很早就断了母乳喂养。对于这样的情况,当夫妻离婚时,如何判定孩子的抚养归属?司法实践中审判人员通常掌握的标准是以 2 周岁为界限。2 周岁以下的子女,一般裁决随母亲生活,由母亲直接抚养。因为,2 周岁以下的子女年纪太小,事多,带起来较为复杂、麻烦,宜由有细心、耐心的人直接抚养比较好;2 周岁以下的子女表达能力很差,而孩子是从母亲体内生出,母亲与孩子有一种天然的联系与感觉。此时期孩子由母亲直接抚养为宜。但是这一原则也不是一成不变的,实际生活中如果母亲有下列情形之一的,也可以由父亲直接抚养:一是母亲患有久治不愈的传染性疾病或其他严重疾病,子女不宜与其共同生活的;二是母亲有抚养条件不尽抚养义务,而父亲要求子女随其生活,并对子女健康成长没有不利影响的;三是因其他原因,子女确无法随母方生活的,如母亲的经济能力及生活环境对抚养子女明显不利的,或母亲的品行不端不利于子女成长的,或因违法犯罪被判服刑不可能抚养子女的。

第二,2 周岁以上未成年子女的抚养。本条第 3 款中规定,"已满两周岁的子女,父母双方对抚养问题协议不成的,由人民法院根据双方的具体情况,按照最有利于未成年子女的原则判决"。夫妻离婚后,对 2 周岁以上的未成年子女,由父亲还是母亲直接抚养,首先应由父母双方协议决定。当父母双方对由谁直接抚养未成年子女发生争议时,法院应当进行调解,尽可能争取当事人以协议方式解决。在当事人双方自愿、合法的前提下,协商决定:未成年子女由父亲直接抚养,或者由母方直接抚养,或者在有利于保护子女利益的前提下，由父母双方轮流抚养，对上述几种抚养方式的解决，法院都是准许的。

如果当事人双方因子女抚养问题达不成协议，法院应结合父母双方的抚养能力和抚养条件等具体情况，按照最有利于未成年子女的原则及最有利于子女健康成长的原则妥善地作出裁决。

第三，已满 8 周岁子女的抚养。本条第 3 款中规定，“子女已满八周岁的，应当尊重其真实意愿”。联合国《儿童权利公约》规定了对儿童自主意识的尊重，其第 12 条第 1 款规定：缔约国应确保有主见能力的儿童有权对影响到其本人的一切事项自由发表自己的意见，对儿童的意见应按照其年龄和成熟程度给予适当的看待。未成年人保护法落实了《儿童权利公约》的这一原则。未成年人保护法第 14 条规定，父母或者其他监护人应当根据未成年人的年龄和智力发展状况，在作出与未成年人权益有关的决定时告知其本人，并听取他们的意见。本法第 35 条第 2 款吸收了《儿童权利公约》和未成年人保护法规定的精神，将尊重未成年人的真实意愿作为监护人履行监护职责的基本原则之一。未成年人抚养权的确定，与其自身权益密切相关，在实践中确定由谁来抚养子女，更应当尊重子女的真实意愿，以更有利于未成年人的健康成长。已满 8 周岁的子女属于限制民事行为能力人，已有一定的自主意识和认知能力，因此本条明确规定子女已满 8 周岁的，应当尊重其真实意愿。在离婚时，不管是父母协商确定由谁抚养，还是人民法院判决决定，都要事先听取 8 周岁以上子女的意见，在子女提出自己的意见后，再根据其年龄、社会经验、认知能力和判断能力等，探求、尊重其真实的意愿。

第四，子女直接抚养归属的变更。父母离婚后，在一定条件下，可以根据父母双方或子女的实际情况的变化，依法对直接抚养子女的归属予以变更。直接抚养子女归属的变更，有两种形式：一是双方协议变更。父母双方协议变更子女直接抚养关系，只要有利于子女身心健康和保障子女合法权益，则应予准予。二是一方要求变更。

应当注意的是:离婚后,一方要求变更子女直接抚养关系,双方对此不能达成协议时,应另行起诉。这是因为:这一在新情况下提出的诉讼请求,不涉及原离婚案件的离婚问题和夫妻财产的处理问题,而是出现了处理原离婚案件之时不存在(或已解决)的子女抚养方面的新情况。因此,它不是原离婚案件诉讼程序的继续,也不是对原离婚案件子女抚养问题的判决、调解协议错误的纠正,所以,应当作为新的案件另行起诉。

第一千零八十五条　离婚后,子女由一方直接抚养的,另一方应当负担部分或者全部抚养费。负担费用的多少和期限的长短,由双方协议;协议不成的,由人民法院判决。

前款规定的协议或者判决,不妨碍子女在必要时向父母任何一方提出超过协议或者判决原定数额的合理要求。

【释义】 本条是关于离婚后子女抚养费负担的规定。

夫妻离婚后,父母与子女间的关系,不因父母离婚而消除,父母对于子女仍有抚养和教育的权利和义务。因此,离婚后的夫妻双方都有平等地负担子女生活费和教育费的经济责任。这是法律规定父母对未成年子女的抚养和抚育费负担的强制性的、无条件的、双方平等的义务,当事人都应当自觉遵照执行。至于其经济负担数额和期限等问题,应从子女的实际需要和父母双方所能负担的能力量力而定,合理解决。

(一)抚养费的范围

抚养费应当包括:生活费、教育费和医疗费等。子女无论由母亲还是由父亲抚养,另一方都应负担必要的抚养费。《最高人民法院关于适用〈中华人民共和国婚姻法〉若干问题的解释(一)》第21条规定,抚养费包括子女生活费、教育费、医疗费等费用。

(二)抚养费给付的一般原则

抚养费如何给付应当首先由父母双方协议,或者经人民法院调解,当事人达成协议的,按照协议确定。但人民法院对于父母双方协议约定子女随一方生活并由抚养方负担子女全部抚养费的,应当进行审查。如经查实,抚养方的抚养能力明显不能保障子女所需费用,可能影响子女健康成长的应不予准许此项协议。现实中有的夫妻为了达成离婚的目的,有的为了争取子女由自己抚养,往往不惜在子女抚养费方面向对方作出让步。但是,父母承担子女的抚养费,这是父母的义务,是子女的权利。父母一方在子女抚养费问题上向另一方作出不适当让步,损害的是子女的合法权益。人民法院为保护子女的合法权益,对于此种损害子女合法权益的协议,自然不能准许。

离婚的夫妻对子女的抚养费数额达不成协议的,由法院判决,无论是协议还是判决,既要考虑子女的实际需要,也要考虑父或母给付的实际能力。至于实际需要的数额,一般应参照当地群众的生活水平,居住在城市的子女的抚养费,一般应比居住在农村的高一些。具体问题的解决,实践中应当掌握以下几个问题:

1. 抚养费的数额

子女抚养费的数额,可根据子女的实际需要、父母双方的负担能力和当地的实际生活水平确定。分两种情况:一是对于有固定收入的,抚养费一般可按其月总收入的一定比例给付。负担两个以上子女抚养费的,比例可适当提高。工资总额的计算,应当包括工资、较固定的奖金、岗位补贴等。二是对于无固定收入的,抚养费的数额可依据其当年总收入或其所处同行业的平均收入确定。如农民给付的抚养费的标准一般不低于当地平均水平。个体工商户、专业承包户、私营企业主的子女抚养费,应根据其经营状况和实际利润给付。对一方无经济收入或者下落不明的,可用其财物折抵子女抚养费。

2. 抚养费的给付方法

可依父母的职业情况而定,原则上应定期给付。通常,有工资收入的,应按月或定期给付现金,农民可按收益季度或年度给付现金、实物。有条件的也可以一次性给付,但对于一方要求一次性给付的要慎重处理，确有必要采取一次性给付的，要注意掌握条件。以下情况可以一次性给付：一是出国、出境人员；二是有能力一次性支付的个体工商户、专业承包户、私营企业业主等人员；三是下落不明的一方以财产折抵的；四是双方自愿、协商一致的。

3. 抚养费的给付期限

父母抚养费的给付截止到什么时间？是到孩子18岁成人为止，还是到子女独立生活为止？独立生活的界限如何掌握？本法规定，18周岁以上的自然人是成年人。成年人为完全民事行为能力人，可以独立实施民事法律行为。不满18周岁的自然人为未成年人。16周岁以上的未成年人，以自己的劳动收入为主要生活来源的，视为完全民事行为能力人。本法第26条第1款规定："父母对未成年子女有抚养、教育和保护的义务。"第1067条第1款规定："父母不履行抚养义务的，未成年子女或者不能独立生活的成年子女，有要求父母给付抚养费的权利。"义务教育法规定，国家、社会、家长必须为未成年人完成九年义务教育负有责任，至于九年义务教育以后的教育，父母就没有必然的义务支付学费。《最高人民法院关于适用〈中华人民共和国婚姻法〉若干问题的解释(一)》第20条规定，不能独立生活的子女，是指尚在校接受高中及其以下学历教育，或者丧失或未完全丧失劳动能力等非主观原因而无法维护正常生活的成年子女。《最高人民法院关于人民法院审理离婚案件处理子女抚养问题的若干具体意见》还曾规定：(1)16周岁以上不满18周岁，以其劳动收入为主要生活来源，并能维持当地一般生活水平的，父母可停止给付抚育费。(2)尚未独立生活的成年子女有下列情形之一，父母又有给付能力的，仍应负担必要的抚育费：一是丧失劳动能力或虽未完全丧失劳动能力，但其收入不足以维持生活的；二是尚在校就读的；三是确无独立生活能力和条件的。

法律没有对抚养费的给付期限作硬性规定，实践中应根据具体情况个案处理。法院可依据上述法律和司法解释的规定酌情确定。

4. 抚养费的变更

无论是登记离婚还是判决离婚,其给付子女抚养费的数额,一般是根据父母离婚的当时,子女所需的必要费用和给付者的经济能力而确定的。但随着社会经济的发展以及人的具体情况的不断变化,不仅每个人的经济状况有时会随着社会的变化而变化,而且,随着人们对物质生活要求的提高,以及消费水平的增长,子女在各方面的需求,使原抚养费的数额也要随之有所变化。因此,法律赋予子女可根据实际情况向父母任何一方提出超过原定数额的要求,也就是抚养费数额在一定条件下是可以变更的。子女生活费和教育费无论是在协议离婚时达成的还是由法院判决的,都不妨碍子女在必要时向父母任何一方提出增加数额的合理要求。至于费用是否增加,增加多少,不能仅凭子女单方面的要求而确定,应经相应的程序予以解决。其程序可由子女与父母协议解决,协议不成的,可由法院依诉讼程序处理。对此本条第2款作了明确规定:关于子女抚养费的协议或者判决,不妨碍子女在必要时向父母任何一方提出超过协议或者判决原定数额的合理要求。

司法实践中,子女要求增加抚养费有下列情形之一,父或母有给付能力的,应予支持:(1)由于物价调整,原定抚养费数额不足以维持当地实际生活水平的;(2)因子女患病、上学,实际需要已超过原定数额的;(3)有其他正当理由应当增加的。

此外,还有减免父或母一方抚养费的情况,一般有两种:(1)抚养子女的父或母既有经济负担能力,又愿意独自承担全部抚养费;(2)给付义务的父或母因出现某种困难,确实无法或没有能力给付抚养费的,可以通过协议或判决,酌情减免给付数额。但减免是有条件的,一旦被减免方情况好转,有能力给予抚养费时,应依照原定数额给付。

需要说明的是,免除抚养费,只是就抚养费而言,其教育子女的其他义务是不能被免除的,另一方不得以减免抚养费为由,限制或剥夺另一方探望子女等权利。变更抚养费,原则上限于子女提出或根据子女利益,由直接抚养子女的一方以子女的名义提出,但权利主体只能是子女。

第一千零八十六条　离婚后,不直接抚养子女的父或者母,有探望子女的权利,另一方有协助的义务。

行使探望权利的方式、时间由当事人协议;协议不成的,由人民法院判决。

父或者母探望子女,不利于子女身心健康的,由人民法院依法中止探望;中止的事由消失后,应当恢复探望。

【释义】 本条是关于离婚后不直接抚养子女的父母一方探望子女权利的规定。

(一)父母对子女的探望权

探望子女的权利是亲权的一项内容,最早可溯至罗马法中的家长权。婚姻家庭中的亲权是以主体间特定的亲属身份为发生依据的,父母婚姻关系的终结并不改变父母与子女的血缘身份关系。对此本法第1084条规定:“父母与子女间的关系,不因父母离婚而消除。离婚后,子女无论由父或者母直接抚养,仍是父母双方的子女。离婚后,父母对于子女仍有抚养、教育、保护的权利和义务。离婚后,不满两周岁的子女,以由母亲直接抚养为原则。已满两周岁的子女,父母双方对抚养问题协议不成的,由人民法院根据双方的具体情况,按照最有利于未成年子女的原则判决。子女已满八周岁的,应当尊重其真实意愿。”这一规定明确了父母与子女间的关系,不因父母离婚而消除。离婚后,子女无论由父或母直接抚养,仍是父母双方的子女。离婚后父母对于子女仍有抚养、教育和保护的权利和义务。

为了便于离婚后不直接抚养子女的父或者母行使对子女抚养、教育的权利,履行对子女抚养、教育和保护的义务,本条第1款对父或者母赋予了对子女探望的权利,即离婚后,不直接抚养子女的父或者母,有探望子女的权利。通常情况下,探望权在夫妻协议离婚或者诉讼离婚时一并解决确定。如果夫妻在离婚时对探望权未作明确约定，或者法院没有明确作出判决，那么，当事人可以就探望权问题单独提起诉讼，对此，《最高人民法院关于适用〈中华人民共和国婚姻法〉若干问题的解释（一）》第 24 条规定，人民法院作出的生效的离婚判决中未涉及探望权，当事人就探望权问题单独提起诉讼的，人民法院应予受理。为了保证不直接抚养子女的父或者母行使好探望子女的权利，本条第 1 款同时还规定另一方有协助的义务。例如，法院判决不直接抚养子女的一方每周六下午陪伴子女。那么，直接抚养子女的一方则有义务在规定的时间内，将子女安全地送到双方指定或者法院判决确定的地点，交由不直接抚养子女的一方照看半天，由此实现不直接抚养子女的一方对女子的探望。

行使探望权利的方式、时间、地点等通常宜由当事人协议确定。双方不应囿于夫妻离异后的冲突纷争，应从有利子女健康成长的角度出发，对探望的时间、方式、地点及探望期间双方对子女的安排等作出协商。当双方无法就诸上事宜达成一致时，尤其在直接抚养子女的一方无故拒绝不直接抚养子女的一方探望子女时，享有探望权的一方可依民事诉讼法的有关规定提起诉讼，请求人民法院作出判决。对此本条第 2 款规定行使探望权利的方式、时间由当事人协议；协议不成的，由人民法院判决。在草案征求意见中，有意见认为由人民法院对探望纠纷作出判决，在司法实践中难以执行；提出的建议是，如果直接抚养子女的一方不允许非直接抚养子女的一方探望子女，非直接抚养子女的一方可以申请法院变更抚养关系。反对意见认为，直接抚养子女的一方不允许非直接抚养子女的一方探望子女并不能当然导致直接抚养关系的变更。探望权的设立是兼顾了父母和子女双方的权利，直接抚养权的判决则主要考虑的是子女身心健康的发展和未成年人合法权益的保障，它强调的是父母的义务而非权利。如果不存在直接抚养子女的一方无力抚养子女，或判其直接抚养子女会不利于子女身心健康发展的情形，即使直接抚养子女的一方拒不履行协助义务令对方不能探望子女，法院也不能当然判决直接抚养关系的变更，因为直接抚养关系变更的出发点不是父母权利的满足而是子女合法权益的保障。对拒不执行探望子女等判决或裁定的如何处理，婚姻法第48条曾作出明确规定：对拒不执行有关扶养费、抚养费、赡养费、财产分割、遗产继承、探望子女等判决或裁定的，由人民法院依法强制执行。有关单位和个人应负协助执行的责任。编纂民法典时考虑这一内容主要涉及的是执行问题，是对民事判决的执行，不是婚姻家庭编调整的对象，属于程序法调整的内容，故在民法典中没有规定。

人民法院在处理涉及探望权判决或裁定的执行时，可以根据民事诉讼法第224条第1款“发生法律效力的民事判决、裁定，以及刑事判决、裁定中的财产部分，由第一审人民法院或者与第一审人民法院同级的被执行的财产所在地人民法院执行”的规定，以及第252条“对判决、裁定和其他法律文书指定的行为，被执行人未按执行通知履行的，人民法院可以强制执行或者委托有关单位或者其他人完成，费用由被执行人承担”的规定进行具体操作。但是需要注意的是，强制执行的标的不能是子女的人身。

本条第3款规定了对探望权的限制。父或者母探望子女，不利于子女身心健康的，由人民法院依法中止探望。不直接抚养子女的父母一方的探望权，只有在特殊的情况下才能被加以限制。这种特殊情况主要是指探望有可能不利于子女的身心健康。如父母一方患精神疾病、传染性疾病，有吸毒等行为或对子女有暴力行为、骚扰子女的行为等。并且根据预防未成年人犯罪法第14条的规定，未成年人的父母或者其他监护人和学校应当教育未成年人不得有下列不良行为：（1）旷课、夜不归宿；（2）携带管制刀具；（3）打架斗殴、辱骂他人；（4）强行向他人索要财物；（5）偷窃、故意毁坏财物；（6）参与赌博或者变相赌博；（7）观看、收听色情、淫秽的音像制品、读物等；（8）进入法律、法规规定未成年人不适宜进入的营业性歌舞厅等场所；（9）其他严重违背社会公德的不良行为。当一方以探望子女为由，教唆、胁迫、引诱未成年子女实施以上不良行为则足以构成不利于子女身心健康的要件,可由人民法院依法中止其探望的权利。当以上不利于子女身心健康的情形消除后,非直接抚养子女的一方原享有的探望权利应可恢复。对此本条第3款中规定,中止的事由消失后,应当恢复探望的权利。无论是探望权利的中止或者恢复,都应有权利人的主张,具体程序由人民法院根据民事诉讼法的相关规定处理。《最高人民法院关于适用〈中华人民共和国婚姻法〉若干问题的解释(一)》第25条规定,当事人在履行生效判决、裁定或者调解书的过程中,请求中止行使探望权的,人民法院在征询双方当事人意见后,认为需要中止行使探望权的,依法作出裁定。中止探望的情形消失后,人民法院应当根据当事人的申请通知其恢复探望权的行使。第26条规定,未成年子女、直接抚养子女的父或母及其他对未成年子女负担抚养、教育义务的法定监护人,有权向人民法院提出中止探望权的请求。

(二)祖父母、外祖父母对孙子女、外孙子女的探望权

在民法典编纂征求意见中,有的意见反映,祖父母、外祖父母往往与子女的父母一起抚养、照顾子女,相互之间交往产生情感利益,应当承认祖父母、外祖父母的探望权,这也是贯彻儿童利益最大化原则的需要。为此,草案曾对隔代探望权作出规定,"祖父母、外祖父母探望孙子女、外孙子女的,参照适用前条规定"(民法典各分编草案第864条)。初次审议及广泛征求意见后,有的地方、法学教学研究机构和社会公众提出,为保障未成年人和直接抚养子女一方生活的稳定,隔代探望权的范围不宜规定过大。通常情况下,祖父母、外祖父母可以随同孙子女、外孙子女的父母一方探望孙子女、外孙子女,只有在特殊情况下,如其对孙子女、外孙子女尽了抚养义务或者孙子女、外孙子女的父母一方死亡的,才有必要赋予其单独的探望权。宪法和法律委员会经研究,建议采纳这一意见,将这一条规定修改为:"祖父母、外祖父母探望孙子女、外孙子女,如果其尽了抚养义务或者孙子女、外孙子女的父母一方死亡的,可以参照适用前条规定。"(民法典草案二审稿第

864条）。在对民法典草案二审稿进行研究、论证中，有的意见提出，第864条规定，对祖父母、外祖父母探望孙子女、外孙子女的权利加以限制的规定不太符合中华民族的传统和家庭关系的现有模式，建议删除这一规定；也有的意见提出，法律不宜赋予祖父母、外祖父母单独的探望权，建议删除这一规定；还有的意见提出，隔代探望权范围不宜过大，否则不利于保障未成年人和直接抚养子女一方生活的稳定，建议延续这一规定。宪法和法律委员会经研究认为，隔代探望权是指夫妻离婚后，不直接抚养未成年子女一方的父母，即未成年子女的祖父母或者外祖父母探望孙子女、外孙子女的权利。现行婚姻法没有规定隔代探望权，民法典各分编草案根据司法实践增加了有关隔代探望权的规定，民法典草案二审稿又作了修改完善。鉴于目前各方面对此尚未形成共识，可以考虑暂不在民法典中规定，祖父母、外祖父母行使隔代探望权，如与直接抚养子女的一方不能协商一致，可以通过诉讼方式来解决。据此，建议删除这一条规定。最终民法典对祖父母、外祖父母探望孙子女的权利没有作出明确的规定。但是，这不妨碍祖父母、外祖父母对孙子女、外孙子女的探望。

第一千零八十七条　离婚时，夫妻的共同财产由双方协议处理；协议不成的，由人民法院根据财产的具体情况，按照照顾子女、女方和无过错方权益的原则判决。

对夫或者妻在家庭土地承包经营中享有的权益等，应当依法予以保护。

【释义】　本条是有关离婚时对夫妻共同财产分割的规定。

离婚时对夫妻的共同财产进行分割是离婚所产生的法律后果之一。法律允许夫妻双方在离婚时就财产问题自行协商处理。对于不能协商或者未达成协议的，本条规定由法院根据财产的具体情况，按照照顾子女、女方和无过错方权益的原则判决。法院按这一原则判决夫妻财产的前提是财产是夫妻共同所有的财产。

如果财产分别是夫妻的个人财产,则不能用本条的规定进行分割,作出判决。不同财产制下共同财产的范围不同,在分割、判决前首先应对财产的性质作出界定。

(一)共同财产的界定

本法第 1065 条第 1 款中规定,夫妻可以对婚姻关系存续期间所得的财产以及婚前财产的归属作出约定——或为共同所有,或为分别所有,或部分共同所有,或部分各自所有。如果夫妻双方约定实行分别财产制,则财产归属较为明晰,发生纠纷时关键在于举证,当对财产属于个人财产还是夫妻共同财产难以确定时,主张权利的一方负有举证责任,当事人举不出有力证据,法院又无法查实的,一般按夫妻共同财产处理。如果夫妻双方未对婚姻关系存续期间所得的财产以及婚前财产作出约定,则除本法第 1063 条规定的夫妻一方的个人财产以外,均为夫妻共同财产,按本条的规定进行分割。如果夫妻双方约定婚姻关系存续期间以及婚前财产均为夫妻共同财产,则离婚时可以分割的财产不仅包括婚后所得财产,还包括夫妻双方的个人婚前财产。如果夫妻双方对婚姻关系存续期间所得的财产以及婚前财产约定部分归各自所有部分归共同所有,在离婚分割财产时,首先要根据夫妻双方的约定界定个人财产和共同财产的范围,然后再对共同财产进行分割。

(二)分割共同财产应遵循的原则

在分清个人财产、夫妻共同财产的前提下,法院应根据财产的具体情况,按照照顾子女、女方和无过错方权益的原则,公平公正地分割夫妻共同财产。

在大多数情况下,夫妻离婚,家庭成员中未成年子女是不幸婚姻的最大受害者。因此,本条在规定分割夫妻共同财产时,特别强调了对子女权益的保障,将其作为分割夫妻共同财产时优先考虑的因素,将按照照顾子女权益的原则进行判决放在了首位。

在分割夫妻共同财产时,是否要考虑照顾无过错方的利益?《最高人民法院关于人民法院审理离婚案件处理财产分割问题的若干具体意见》中规定,人民法院审理离婚案件对夫妻共同财产的处理,应坚持照顾无过错方的原则。2001 年修改婚姻法时,没有对分割夫妻共同财产按照照顾无过错方的原则进行判决作出规定。这主要是由于在 2001 年修改婚姻法时,为了保护婚姻关系中的无过错方,新增加了离婚损害赔偿制度,即婚姻法第 46 条的规定:有下列情形之一,导致离婚的,无过错方有权请求损害赔偿:(1)重婚的;(2)有配偶者与他人同居的;(3)实施家庭暴力的;(4)虐待、遗弃家庭成员的。离婚过错赔偿方式通常分为两类:一是在夫妻共同财产分割中,向无过错方多分财产;二是在夫妻财产归各自所有或共有财产不足以补偿的情况下,过错方以自己的财产向无过错方作出补偿。2001 年修改婚姻法时,考虑到已经新增加了后一种离婚过错赔偿方式,加重了对婚姻中无过错方的保护,在分割夫妻共同财产时,可以暂先不考虑增加照顾无过错方利益的原则。

在民法典编纂征求意见中,有的意见提出,现实生活中因过错方导致的离婚情况较为突出。婚姻解体给家庭、子女、社会都带来不利的影响,建议加大对婚姻中过错方的惩罚力度,除规定离婚过错方的赔偿外,在判决分割夫妻共同财产时还应加大对无过错方的保护,这也是当前审判实践的做法。立法部门采纳了这一建议,将婚姻法规定的"离婚时,夫妻的共同财产由双方协议处理;协议不成时,由人民法院根据财产的具体情况,照顾子女和女方权益的原则判决"修改为"离婚时,夫妻的共同财产由双方协议处理;协议不成的,由人民法院根据财产的具体情况,按照照顾子女、女方和无过错方权益的原则判决",增加了按照照顾无过错方权益的原则分割判决夫妻共同财产。

根据本条的规定,人民法院在分割夫妻共同财产时,既要考虑照顾子女权益和女方权益,也要兼顾照顾无过错方的权益,三者缺一不可。司法实践中,多数女方权益与无过错方权益是一致的,但是也有不一致的情况,法官要具体问题具体分析判决。

对夫妻共同财产的分割,还需要说明的是,本法第 1092 条规定，夫妻一方隐藏、转移、变卖、毁损、挥霍夫妻共同财产，或者伪造夫妻共同债务企图侵占另一方财产的，在离婚分割夫妻共同财产时，对该方可以少分或者不分。离婚后，另一方发现有上述行为的，可以向人民法院提起诉讼，请求再次分割夫妻共同财产。此项请求权的行使要受到民法典诉讼时效的限制，即权利人自知道或应当知道权利被侵害时起计算，3 年后再向人民法院提起诉讼则丧失胜诉权。

（三）关于农村土地承包经营权

在农村，夫妻共同财产的分割主要涉及房屋、承包的土地、果园等。妇女权益保障法第 32 条中规定，妇女在农村土地承包经营、集体经济组织收益分配、土地征收或者征用补偿费使用以及宅基地使用等方面，享有与男子平等的权利。妇女结婚、离婚后，在农村土地承包经营及宅基地使用等方面，应当受到保障。农村地区，土地、果园大部分实行家庭联产承包责任制，每个家庭承包的面积是根据家庭人口按本村人均面积分配的，因此，女方在土地承包上同样享有承包经营权。但是，中国的婚姻习俗多数是女方落户到男方，承包土地多数以男方为户主名义承包，双方一旦离婚，女方的承包经营权难以保障。因此本条第 2 款规定，对夫或妻在家庭土地承包经营中享有的权益等，应当依法予以保护。

第一千零八十八条　夫妻一方因抚育子女、照料老年人、协助另一方工作等负担较多义务的，离婚时有权向另一方请求补偿，另一方应当给予补偿。具体办法由双方协议；协议不成的，由人民法院判决。

【释义】　本条是对承担较多家务劳动的一方在离婚时享有经济补偿权利的规定。

本条的规定实质上是对家务劳动价值的认可，使经济地位较弱而承担较多家务劳动的一方（大多为女性）在离婚时享有经济上的补偿。

婚姻法第40条规定的离婚经济补偿,适用的前提条件是夫妻双方采取的分别财产制。在约定分别财产制的情形下,夫妻双方婚前和婚后所得财产归各自所有,并单独行使管理权、收益权及处分权;还有可能一方以契约形式将其财产的管理权交与另一方,或双方拥有一部分共同财产。夫妻双方如果在真实意思支配下作出的夫妻财产归属的约定,符合民事法律行为的一般要件——具有合法夫妻身份;双方为完全民事行为能力人;双方完全自愿,不存在欺诈、胁迫或乘人之危的情形;约定内容未规避法律,未违背社会公共利益,未违反有关法定义务;约定形式合法,则此种约定,法律不应干涉,当事人的意思自治应得到尊重。同时根据本法第1065条规定,约定财产制排除法定财产制优先适用。分别财产制保证了双方独立的财产权,但是由于妇女的就业机会和经济收入大多低于男性,并且在大多数情况下,为了家庭利益而牺牲自己发展机会的往往是女性,家务劳动又不计报酬,在离婚时如果不将这部分家务劳动给予补偿,会使经济弱势方的合法权益得不到保障,特别是对广大妇女的利益是不利的。因此婚姻法第40条规定,在实施分别财产制情况下,一方因抚育子女、照料老人、协助另一方工作等付出较多义务的,离婚时有权向另一方请求补偿,另一方应当予以补偿。

在民法典编纂征求意见中,许多意见指出,婚姻对于感情维系、人口繁衍、文明发展以及道德维护诸方面所产生的重要作用,使婚姻和家庭关系成为法律调节和法律控制的一个重要对象,每个配偶对家庭都作了不同但同样重要的贡献。家务劳动在商品交换社会中,对社会而言无经济价值,但对家庭而言是有经济价值的。做家务劳动的一方对维持婚姻所作的无形贡献是积累家庭财富的间接方式,对家庭财富积累的贡献与另一方是对等的,对家庭财产享有平等的所有权。家庭中的家务劳动者通过家务劳动、子女抚养而对婚姻的贡献,与另一方外出工作获取收入维持家计扶养家庭成员有同等的价值。一方因抚养子女、照料老人、协助另一方工作等付出较多义务,并且因前述原因牺牲了自己的发展机会,导致自己在婚姻关系存续期间无经济收入,或者经济收入远低于另一方,当婚姻关系终结之时,不论夫妻财产是分别财产制,还是共同财产制,离婚分割财产时,如果他们的利益得不到有效的保障,将对子女的成长极为不利,对社会的稳定产生重大影响。对此本条对婚姻法第 40 条的规定作出修改:夫妻一方因抚育子女、照料老年人、协助另一方工作等负担较多义务的,离婚时有权向另一方请求补偿,另一方应当给予补偿。具体办法由双方协议;协议不成的,由人民法院判决。这一修改扩大离婚经济补偿的适用范围,进一步彰显正义、维护道德、发展文明。

本条规定是遵循权利和义务对等的原则作出的。只有在一方为婚姻共同体尽了较多义务,如抚养子女、照料老人、协助另一方工作的情况下才可向对方请求补偿。夫妻离婚时,一方对承担较多家务劳动的另一方给予经济补偿,首先应当由要求离婚的夫妻自行协商确定,这种协商可以在协议离婚时确定,也可以在诉讼离婚中确定。如果在协议离婚时双方达成了一致的协议,则可以向婚姻登记部门提交。婚姻登记部门查明确属自愿,且不违反法律规定的,给予离婚登记,双方应自觉履行协议。在诉讼离婚中,双方对离婚补偿达成一致意见,交由法院以调解书或者判决书的形式予以确认。如果双方达不成协议,人民法院则依据本条的规定进行判决确定。

第一千零八十九条　离婚时,夫妻共同债务应当共同偿还。共同财产不足清偿或者财产归各自所有的,由双方协议清偿;协议不成的,由人民法院判决。

【释义】 本条是有关离婚时夫妻共同债务清偿的规定。

本法第 1064 条对夫妻共同债务的认定作出了明确规定。夫妻共同债务属于连带债务,对外夫妻双方应当依法对债权人承担连带清偿责任,但在内部夫妻双方应当如何确定清偿责任,本条对此作了明确规定。

根据本条规定,首先婚姻关系终结时,夫妻共同债务清偿应当遵循的原则是共同债务共同清偿。依法属于夫妻共同债务的,夫妻应当以共同财产共同偿还,这是一个基本原则。但是,夫妻共同财产不足清偿的,或者双方约定财产归各自所有而没有共同财产清偿的,夫妻双方对共同债务如何偿还以及清偿比例等,可以由双方当事人协商确定,双方协商不能达成一致意见的,由人民法院考虑双方当事人的具体情况依法判决确定。要注意的是,不论是双方当事人协商确定,还是人民法院判决确定的清偿方式、清偿比例等内容,仅在离婚的双方当事人之间有效,对债权人是没有法律效力的,债权人可以依照本法第178条"二人以上依法承担连带责任的,权利人有权请求部分或者全部连带责任人承担责任"的规定来要求双方履行其债务。

第一千零九十条　离婚时,如果一方生活困难,有负担能力的另一方应当给予适当帮助。具体办法由双方协议;协议不成的,由人民法院判决。

【释义】 本条是有关离婚后,一方对生活困难的另一方给予适当经济帮助的规定。

婚姻关系存续期间,夫妻双方有互相扶养的义务,一方不履行扶养义务时,需要扶养的一方有要求对方付给扶养费的权利。婚姻关系终结后,法律明确要求一方对生活困难的另一方从其个人财产中给予适当的帮助,实质是夫妻间扶养义务的延续。在传统的普通法制度中,结婚后,妻子在法律上的权利能力被剥夺而转移至丈夫身上,作为交换,丈夫有扶养和保护妻子的义务,妻子具有从事家务劳动以及为丈夫提供服务的义务。婚姻关系终结时,丈夫仍要对妻子尽扶养义务,这源于早期的普通法在离婚问题上采用过错原则,即离婚是由于一方犯了法律列举的异乎寻常的婚姻错误,要对无过错方进行法律救济,因此,妻子要求丈夫继续给付扶养费的条件是离婚是由丈夫的过错所致,且妻子为无过错一方。现代普通法国家多采用无过错离婚原则,扶养费的过错弥补作用已经降低,是否给付扶养费考虑最多的不再是给付方的过错,而是接受方的需要和给付方的支付能力。在婚姻关系终结时,除去财产分割外,给予生活困难的一方以金钱或财物的帮助,是对前配偶一方的扶助或资助。现代的配偶扶养是双向的,丈夫在妻子生活困难时有帮助的义务,妻子在丈夫需要时同样也有给付的义务,但实际上由于妇女的经济能力大多低于男性,尤其在农村,这种差距更为明显,因此离婚时要求对方给予帮助的女性比例要远远大于男性。

当一个婚姻关系终结时(无论是协议离婚还是法院判决离婚),婚姻关系一经解除,丈夫和妻子在法律上相互扶助的权利义务已经消灭,双方没有互相扶养的义务,也没有共享婚姻财产的权利,除去可能因子女抚养而涉及子女生活费、教育费的给付以及探望权利的行使外,双方在法律上已无任何特殊的联系。但是,法律却规定在一方生活困难的情况下,有负担能力的另一方应当对另一方给予适当帮助,要求原本不承担义务的一方负担义务,原因何在?当一对男女结为合法夫妻,法律推定双方建立了一种相互信赖、相互扶助的特殊社会关系,夫妻关系存续期间,双方都为维持这个婚姻共同体作了努力,这其中包括个人的自我损失和自我牺牲;当婚姻关系终结时,若一方生活困难,法律则要求另一方尽到扶助的责任,将道德上的义务上升为法律,因为我们不能排除一方的生活困难可能其在婚姻关系存续期间是为了家庭利益而放弃个人发展机会所造成的。当然在这种情况下,离婚时,为家庭付出较多义务的一方可以依据本法第1088条的规定,请求另一方给予补偿。但是离婚时的补偿与本条规定的困难帮助的内容有很大区别。离婚经济补偿只有当一方对婚姻承担了较多义务时,才有权提请。而本条关于困难帮助适用条件则是,无论夫妻哪一方是否对婚姻共同体尽了较多义务,作了多大贡献,只要在离婚时本人存在生活困难的情况,就可以向对方请求经济帮助。

对离婚后困难的一方给予帮助,是我国婚姻法一直坚持和贯彻的基本原则,例如,1950年婚姻法第25条规定,离婚后,一方如未再行结婚而生活困难,他方应帮助维持其生活;帮助的办法及期限,由双方协议;协议不成时,由人民法院判决。1980 年婚姻法第 33 条规定,离婚时,如一方生活困难,另一方应给予适当的经济帮助。具体办法由双方协议;协议不成时,由人民法院判决。2001 年婚姻法第 42 条规定,离婚时,如一方生活困难,另一方应从其住房等个人财产中给予适当帮助。具体办法由双方协议;协议不成时,由人民法院判决。这次编纂民法典基本延续了这一规定。

当然,本条只是原则性规定,法院在判决时,还应考虑到以下几个问题:(1)生活困难的界定:一般认为若一方离婚后分得的财产不足以维持其合理的生活需要,或者不能通过从事适当的工作维持其生活需要等,均可认为是生活困难的体现;(2)给予帮助的方式,法院应考虑双方的收入和财产、就业能力、子女抚养情况、婚姻期间的生活水平等因素,合理确定扶助的数额和方式;(3)需要说明一点,婚姻关系中的过错不应在考虑之列,意味着有过错的一方若存在生活困难的情形,也可要求无过错方给予适当经济帮助。《最高人民法院关于适用〈中华人民共和国婚姻法〉若干问题的解释(一)》第 27 条规定,婚姻法第 42 条所称"一方生活困难",是指依靠个人财产和离婚时分得的财产无法维持当地基本生活水平。一方离婚后没有住处的,属于生活困难。离婚时,一方以个人财产中的住房对生活困难者进行帮助的形式,可以是房屋的居住权或者房屋的所有权。

第一千零九十一条　有下列情形之一,导致离婚的,无过错方有权请求损害赔偿:

(一)重婚;

(二)与他人同居;

(三)实施家庭暴力;

(四)虐待、遗弃家庭成员;

(五)有其他重大过错。

【释义】 本条是关于离婚时过错赔偿制度的规定。

近年来,我国由于一方配偶的过错如重婚、与他人同居、实施家庭暴力、虐待或遗弃家庭成员等导致家庭破裂的离婚案件占有相当的比例。确立离婚时过错方赔偿制度有利于制裁实施重婚、姘居、家庭暴力等行为的有过错当事人,保护无过错方的权益。由于一方的过错导致家庭矛盾激化,引发家庭暴力、伤害、凶杀等恶性案件的发生,影响着社会的安定、团结与稳定。离婚损害赔偿制度,是依法治国,完善社会主义法治的要求。离婚损害赔偿制度,可以填补无过错方的损害。通过补偿损害,使无过错方得到救济和慰藉,保护无过错的合法权益。损害赔偿作为侵权者应当承担的一种民事责任,还具有制裁实施重婚、有配偶者与他人同居、家庭暴力、虐待或遗弃家庭成员的当事人和预防违法行为的功能。关于离婚损害赔偿,境外也有类似的规定,如法国、日本、瑞士、墨西哥等。法国、瑞士和我国台湾地区规定,因夫妻一方的重大过错致使婚姻关系破裂的,无过错方有权要求过错方赔偿损害。赔偿范围包括财产损害和精神损害。《法国民法典》规定:如果离婚的过错全在夫或妻的一方,则该方得被判赔偿损害,以补偿他方因解除婚姻而遭受的物质或精神损失。法国还规定,赔偿额,依据无过错方的需要和过错方的经济状况以及将来可能发生的变化确定。离婚损害赔偿制度通过填补损害,慰抚受害方、惩罚过错方的方式发挥伸张正义、明辨是非的警示和预防作用。

(一)可以提起离婚损害赔偿的情形

根据本条的规定,因夫妻一方的过错致使婚姻关系破裂的,无过错方可以提起离婚损害赔偿的情形,婚姻法规定了四种情形:一是重婚;二是有配偶者与他人同居;三是实施家庭暴力;四是虐待、遗弃家庭成员。

在民法典婚姻家庭编征求意见时,有的意见提出,鉴于目前我国因过错方导致家庭破裂的离婚案件的增多,婚姻关系中的过错行为远不止上面所列举的几种情形,法律应当扩大离婚损害赔偿的情形,更好地发挥离婚损害赔偿制度的制裁、预防作用,促进婚姻关系的稳定;建议采取列举性规定与概括性规定相结合的立法方式规定离婚损害赔偿制度。对此立法部门采纳了这一建议,在本条中增加了离婚损害赔偿的兜底条款,即第5项有其他重大过错的情形,将其他一些确实给对无过错造成严重损害的情形纳入损害赔偿范围,完善了离婚赔偿制度。

按照《最高人民法院关于适用〈中华人民共和国婚姻法〉若干问题的解释(一)》第29条的规定,承担婚姻法第46条规定的损害赔偿责任的主体,为离婚诉讼当事人中无过错方的配偶。人民法院判决不准离婚的案件,对于当事人基于婚姻法第46条提出的损害赔偿请求,不予支持。婚姻关系存续期间,当事人不起诉离婚而单独依据该条规定提起损害赔偿请求的,人民法院不予受理。《最高人民法院关于适用〈中华人民共和国婚姻法〉若干问题的解释(一)》规定,人民法院受理离婚案件时,应当将婚姻法关于离婚时过错方损害赔偿制度规定中当事人的有关权利义务,书面告知当事人。区分不同情况予以适用:(1)符合婚姻法关于离婚时过错方损害赔偿制度规定的无过错方作为原告基于该规定向人民法院提起损害赔偿请求的,必须在离婚诉讼的同时提出损害赔偿的请求。(2)符合婚姻法关于离婚时过错方损害赔偿制度规定的无过错方作为被告的离婚诉讼案件,如果被告不同意离婚也不基于该规定提起损害赔偿请求的,可以在离婚后一年内就此单独提起诉讼。(3)无过错方作为被告的离婚诉讼案件,一审时被告未基于婚姻法关于离婚时过错方损害赔偿制度的规定提出损害赔偿请求,二审期间提出的,人民法院应当进行调解,调解不成的,告知当事人在离婚后一年内另行起诉。《最高人民法院关于适用〈中华人民共和国婚姻法〉若干问题的解释(三)》第17条规定,夫妻双方均有婚姻法第46条规定的过错情形,一方或者双方向对方提出离婚损害赔偿请求的,人民法院不予支持。

(二)法院不能依职权判决离婚损害赔偿

本条虽然规定了离婚损害赔偿制度,但并不是说法院在审理离婚案件时必须判决过错方对无过错方予以赔偿。在离婚案件中无过错方对确实有过错的另一方是否行使赔偿请求权，由受损害的无过错方自行决定，法院不能主动判决离婚损害赔偿。

（三）离婚损害赔偿的范围

离婚损害赔偿既应当包括过错方给无过错方造成的财产损害的赔偿，也应当包括过错方给无过错方造成的人身损害、精神损害的赔偿。人民法院应当根据过错方对无过错方造成的损害程度以及婚姻当事人的经济状况等判定赔偿数额。《最高人民法院关于适用〈中华人民共和国婚姻法〉若干问题的解释（一）》第28条规定，婚姻法第46条规定的“损害赔偿”，包括物质损害赔偿和精神损害赔偿。涉及精神损害赔偿的，适用《最高人民法院关于确定民事侵权精神损害赔偿责任若干问题的解释》的有关规定。

第一千零九十二条　夫妻一方隐藏、转移、变卖、毁损、挥霍夫妻共同财产，或者伪造夫妻共同债务企图侵占另一方财产的，在离婚分割夫妻共同财产时，对该方可以少分或者不分。离婚后，另一方发现有上述行为的，可以向人民法院提起诉讼，请求再次分割夫妻共同财产。

【释义】　本条是对夫妻一方擅自处分共同财产或伪造债务侵占另一方财产的法律责任的规定。

实践中夫妻一方有的实施了侵害夫妻共同财产或者侵占另一方财产的违法行为，对于这些违法行为，法律严格加以禁止。为保护另一方的合法权益，本条规定对其法律后果作了明确规定。

根据本条规定，夫妻一方实施的违法行为主要是两类：

（一）侵害夫妻共同财产

夫妻共同财产主要指夫妻双方在婚姻关系存续期间归双方共同所有的财产。本法第1062条第1款规定，夫妻在婚姻关系存续期间所得的下列财产，为夫妻的共同财产，归夫妻共同所有：（1）工资、奖金、劳务报酬；（2）生产、经营、投资的收益；（3）知识产权的收益;(4)继承或者受赠的财产,但是本法第1063条第3项规定的除外;(5)其他应当归共同所有的财产。第1065条第1款中还规定了夫妻可以约定婚姻关系存续期间所得的财产以及婚前财产归夫妻共同所有或者部分共同所有。

夫妻共同财产从性质上说,属于共同共有。夫妻在婚姻关系存续期间,无论属于双方或一方的收入,无论各自收入的数量多少,也无论其中一方有无收入,夫妻作为共同生活的伴侣,对共同财产享有平等的所有权。对共同财产,夫妻双方均有依法占有、使用、收益和处分的权利。例如妇女权益保障法就规定,妇女对依照法律规定的夫妻共同财产享有与其配偶平等的占有、使用、收益和处分的权利,不受双方收入状况的影响。在共有关系消灭之前,财产权利是一个整体,只有在婚姻关系消灭(离婚或一方死亡)或双方有特别约定时,才能对共同财产进行分割。

处分权是所有权的最高表现,如果没有平等的处分权,平等的所有权就是一句空话。所以,本法第1062条第2款规定,夫妻对共同所有的财产,有平等的处理权。所谓平等的处理权,依照民法关于共同共有的原理,是指夫妻在处分共同财产时,应当平等协商,取得一致意见,任何一方不得违背他方的意志,擅自处理。特别是对共有财产作较大的变动时,如出卖、赠与等,更应征得另一方的同意,否则就侵犯了另一方对共有财产的所有权。根据有关司法解释的规定,在共同共有关系存续期间,部分共有人擅自处分共有财产的,一般认定无效。如果对其他共有人造成损失,由擅自处分共有财产的人赔偿。因此,隐藏、转移、变卖、毁损、挥霍夫妻共同财产的行为,是一种侵犯共同财产所有权的民事侵权行为。

隐藏、转移、变卖、毁损、挥霍夫妻共同财产是违法行为的客观表现。隐藏是指将财产藏匿起来,不让他人发现,使另一方无法获知财产的所在从而无法控制。转移是指私自将财产移往他处,或将资金取出移往其他账户,脱离另一方的掌握。变卖是指将财产折价卖给他人。《最高人民法院关于适用〈中华人民共和国婚姻法〉若干问题的解释(三)》第11条第2款规定,夫妻一方擅自处分共同共有的房屋造成另一方损失,离婚时另一方请求赔偿损失的,人民法院应予支持。毁损是指采用打碎、拆卸、涂抹等破坏性手段使物品失去原貌,失去或者部分失去原来具有的使用价值和价值。挥霍是指对夫妻共有的财产没有目的的,不符合常理的耗费致使其不存在或者价值减损。上述违法行为,在主观上只能是故意的,不包括过失行为,如因不慎将某些共同财产毁坏,只要没有故意,就不属于本条规定之列。夫妻一方如果实施了上述行为,就属于对夫妻共同财产的侵害。

(二)侵占另一方财产

另一方财产,主要是指在婚姻关系存续期间,归夫妻一方个人所有的财产。本法第1063条规定,下列财产为夫妻一方的个人财产:(1)一方的婚前财产;(2)一方因受到人身损害获得的赔偿或者补偿;(3)遗嘱或者赠与合同中确定只归一方的财产;(4)一方专用的生活用品;(5)其他应当归一方的财产。第1065条第1款中规定,夫妻可以约定婚姻关系存续期间所得的财产以及婚前财产归各自所有或者部分各自所有。夫妻一方对属于自己个人的财产享有占有、使用、支配的权利。在不违背法律规定的情况下,可以依据自己个人的意愿处分自己的财产。但是本法第1089条规定,离婚时,夫妻共同债务应当共同偿还。共同财产不足清偿或者财产归各自所有的,由双方协议清偿;协议不成的,由人民法院判决。这一规定,意味着夫妻在离婚时,如果共同财产不足以清偿共同债务时,有可能以夫妻一方的个人财产来承担夫妻共同债务,具体数额由人民法院判决确定。对此,有的夫妻一方就有可能利用这一法律规定,伪造夫妻共同债务,企图侵占另一方财产。伪造债务是指制造内容虚假的债务凭证,包括合同、欠条等。伪造债务是违法行为的客观表现。其在主观上是故意,不是过失,是以侵占夫妻另一方财产为目的。只要夫妻一方实施伪造夫妻共同债务的行为,就属于对另一方财产的侵害。

对通过实施隐藏、转移、变卖、毁损、挥霍手段侵害夫妻共同财产的违法行为，对伪造夫妻共同债务企图侵占另一方财产的违法行为，本条规定，在离婚分割夫妻共同财产时，对该方可以少分或者不分。本条所讲的在离婚分割夫妻共同财产时，是指在离婚诉讼期间。

夫妻共同财产属于夫妻共同共有，依照民法共同共有的理论，原则上，在共同体解体时，对共同共有的财产应当均等分割。但是，由于夫妻中的一方存在以隐藏、转移、变卖、毁损、挥霍手段侵害夫妻共同财产的违法行为，存在伪造夫妻共同债务企图侵占另一方财产的违法行为，所以本条规定对实施上述违法行为的一方，在分割夫妻共同财产时，可以少分或不分。对他们少分或不分夫妻共同财产，是违法行为实施者理应承担的法律责任。需要说明的是，本条对少分的具体份额或比例以及在何种情况下可以不分、少分，没有作出明确规定，只是规定了“可以”少分或者不分。法院在审判实践中，应当根据违法行为的情节和案件的具体情况作出处理。该规定同本法规定的在分割夫妻共同财产时按照照顾子女、女方和无过错方权益的原则判决是否矛盾？照顾子女和女方权益原则的确定，是由我国目前广大女性的经济能力和男性仍有一定差距的国情决定的，同时也是宪法关于保护妇女、儿童合法权益原则和我国社会主义制度优越性在婚姻法上的具体体现。在婚姻家庭生活中，无过错一方遵守法律规定，对另一方配偶尊重、关爱、忠实，对家庭成员关心帮助，尊老爱幼，为维护平等、和睦、文明的婚姻家庭作出了自己的努力和贡献。对这种合法的民事法律行为的主体法律必须要给予保护。当然，在现实生活中，也不排除有女方、无过错方实施本条所列举的违法行为的可能；如果出现，也应当依照本法、本条的规定处理。两者没有矛盾，并行不悖。

本条还对离婚后，即离婚案件已审理终结，人民法院对离婚双方有关财产分割的调解书、判决书已发生法律效力后，又发现一方有隐藏、转移、变卖、毁损、挥霍夫妻共同财产或者伪造夫妻共同债务侵占另一方财产行为的处理作了规定。即离婚后，另一方发现夫妻一方有上述违法行为的,可以向人民法院提起诉讼,请求再次分割夫妻共同财产。在离婚案件审理过程中,这部分共同财产由于被一方隐藏、转移、变卖、毁损、挥霍,或伪造债务所侵占而未能发现,因而法院也未能将其作为夫妻共同财产予以分割。夫妻共同财产是共同共有财产,任何一方未经另一方同意而擅自予以隐藏、转移、变卖、毁损、挥霍,或通过伪造债务等非法手段据为己有的,都是对另一方财产所有权的侵害,是一种民事侵权行为。另一方可以依据本条规定,向人民法院起诉,请求对这一部分财产进行再次分割。在分割时,关于对隐藏、转移、变卖、毁损、挥霍夫妻共同财产或伪造夫妻共同债务侵占另一方财产的可以少分或者不分的原则仍应适用。

婚姻法第 47 条关于本条还有第 2 款的规定,即人民法院对前款规定的妨害民事诉讼的行为,依照民事诉讼法的规定予以制裁。这次编纂民法典婚姻家庭编征求意见时,多数意见认为,婚姻法第 47 条第 2 款的规定,对妨害民事诉讼的行为采取强制措施,不是实体法调整规范的内容,应当归程序法予以规范,司法实践中可以依据民事诉讼法的规定对夫妻一方隐藏、转移、变卖、毁损、挥霍夫妻共同财产,或者伪造夫妻共同债务企图侵占另一方财产的妨害民事诉讼的行为予以制裁。

第五章　收　　养

本章是关于收养的规定。收养是自然人依法领养他人子女为自己子女的民事法律行为。通过收养行为,原本没有父母子女关系的收养人与被收养人形成了法律上拟制的父母子女关系,被收养人与生父母及其亲属之间的关系则相应终止。收养作为形成父母子女关系的一种民事法律行为,本质上属于婚姻家庭制度的重要组成部分。但在本次民法典编纂之前,收养法一直以与婚姻法独立的单行法的形式存在。收养法于 1991 年 12 月 29 日由七届全国人大常委会第二十三次会议审议通过,并自1992年4月1日起施行。1998年11月4日,九届全国人大常委会第五次会议对收养法作了修改。收养法施行近30年来,对于保护合法收养关系、维护收养关系当事人权利、保障被收养人的合法权益等发挥了重要作用。同时,随着收养实践的不断发展,收养法中的一些规定已经不能完全适应形势发展的要求,需要根据新情况、新问题对收养制度作出相应的修改完善。民法典编纂工作启动以来,根据法典编纂的统一要求,在婚姻法、收养法的基础上形成了民法典婚姻家庭编,作为调整婚姻家庭关系的基本准则。编纂不是制定全新的法律,也不是简单的法律汇编,需要在现行法的基础上进行系统梳理,删除不合时宜的规定,根据实践发展的需要增加针对性的规定。因此,"收养"一章的主要内容仍以收养法为基础,但同时结合收养实践的发展需要,修改了部分规定,增加了一些新规定。主要的修改包括:进一步扩大了被收养人的范围;适当放宽了收养人条件及收养人数的要求;完善了无配偶者收养异性子女的年龄差限制等。这些修改体现了对收养发展趋势的回应,进一步彰显了遵循被收养人利益最大化的原则。与收养法6章、34条的体例、内容相比,婚姻家庭编"收养"一章保留了收养关系的成立、收养的效力及收养关系的解除3节,删除了总则、法律责任和附则3部分内容,条文数也调整为26条。尽管在条文数量上相比收养法有所减少,但在总条文数为79条的婚姻家庭编中,收养法的体量已颇为可观,其重要性不因条文的减少而下降。

第一节　收养关系的成立

第一千零九十三条　下列未成年人,可以被收养:

(一)丧失父母的孤儿;

(二)查找不到生父母的未成年人;

(三)生父母有特殊困难无力抚养的子女。

【释义】 本条是关于被收养人条件的规定。

收养是自然人领养他人子女为自己子女的一种民事法律行为,能够起到依法变更亲子关系、转移亲子间权利义务关系的法律效力。作为家庭制度的必要补充,养父母子女关系也属于亲子关系的重要类型之一。基于收养这一要式法律行为的独特特点及其能够产生的独特法律效力,各国或地区立法均对收养关系的成立有程序及实体上的明确要求。这其中,被收养人与收养人应当具备哪些条件,无疑是最为重要的收养成立要件之一。不符合条件的被收养人与收养人,会导致收养行为无效。

从各国或地区的情况来看,立法上对于被收养人条件的要求首先体现为对年龄的限制。这种限制又主要通过两种方式实现:一是一般在立法上规定被收养人的年龄上限,即被收养人不得超过一定的年龄。比如,《法国民法典》规定了简单收养和完全收养两种收养类型。在简单收养中,被收养人的年龄不受限制,但在完全收养中,被收养人的年龄应在 15 周岁以下。《法国民法典》第 345 条第 1 款规定,仅有年龄在 15 岁以下,在收养人或诸收养人家庭中接纳至少已有 6 个月的儿童,始允许收养之。我国澳门特别行政区民法典也规定了被收养人须为未成年人。二是要求收养人与被收养人要达到一定年龄差。如《瑞士民法典》第 265 条第 1 款规定,养子女最少得比养父母年少 16 岁。对被收养人的年龄施加限制是合理的,这主要是从收养制度本身的目的以及被收养人利益保护的角度所作的考虑。一方面,收养作为在收养人与被收养人之间形成拟制亲子关系的一种民事法律行为,需要确保形成后的亲子关系的稳定。如果被收养人的年龄过高,其独立意识日益强烈,难以形成对新家庭的归属感,可能影响收养人与被收养人双方家庭关系的稳定。另一方面,收养制度尽管要求保护收养人和被收养人双方的合法权益,但本质上还应当遵循最有利于被收养人利益的原则。而从被收养人的角度考虑,恰恰是在其年龄尚未达到一定标准、心智发育尚未完全成熟的阶段,才需要通过收养制度对其生活进行照顾,对其心理发展加以引导。

在其年龄到达一定阶段后，这种照顾和引导则显得不那么必要了。此外，其他立法例对于收养人与被收养人须有一定年龄差的要求，出发点则主要基于对收养人抚养能力的考察，本章对此也有相应规定，容后详述。当然，这里应当指出的是，从比较法上看，也有一些国家在立法中采取放宽对被收养人年龄限制的做法，甚至允许成年人可以作为被收养人，比如《德国民法典》分别对未成年人收养和成年人收养作了规定，二者在收养条件、收养目的以及收养程序上都存在较大差别；《法国民法典》在简单收养部分，对被收养人的年龄也未作限制；《日本民法典》同样未限制被收养人的年龄，仅在第793条规定，不得将尊亲属和年长者收养为养子女。这意味着，收养人只要收养的不是自己的尊亲属或者比自己年长的人，法律都是允许的，即无论是未成年人还是成年人，都可以成为被收养人。这些境外的立法放宽对被收养人年龄限制的做法，主要是基于更大程度发挥收养制度功能的考虑，有一定合理性。

除对被收养人的年龄进行一定限制外，我国收养法对于被收养人条件还作了其他限制。具体包括三种情况：一是被收养人应当是丧失父母的孤儿，即父母已经死亡或者已经被宣告死亡的儿童，这里的“父母”既包括生父母，也包括养父母以及与被收养人有扶养关系的继父母。二是被收养人应当是查找不到生父母的弃婴和儿童，即经过有关部门的查找，无法在一定期间内找到生父母的弃婴、儿童。三是生父母有特殊困难无力抚养的子女。这里的特殊困难既包括经济上的困难，也包括精神或者身体上的困难，比如生父母双双患有重病，难以抚养其子女。应当说，收养法对于被收养人条件的这些要求，也与收养制度的功能，即促进被收养人健康成长，维护其利益最大化等直接相关。在收养法所列举的三种情形之下，如果不通过收养制度在收养人与被收养人之间建立拟制的亲子关系，被收养人就无法在稳定的家庭环境中健康成长。

本次民法典编纂，将收养制度整体纳入婚姻家庭编之中作专章规定,基本保留了收养法的框架结构及主要内容。在被收养人条件方面,与收养法相比,最大的变化来自对其年龄的限制,即由原来的被收养人应当不满14周岁,修改为未满18周岁的未成年人,符合相应条件均可被收养。事实上,对于是否应当对被收养人的年龄施加限制,无论是比较法上,还是理论界和实务界,自收养法颁布以来就一直存在争议。反对的理由主要有:第一,从我国的实际情况来看,绝大多数14周岁到18周岁的未成年人客观上依然不具备独立生活的能力,也需要一定程度的抚养。如果将被收养人的年龄严格限制在14周岁以下,对于一些孤儿、弃儿,一旦其年满14周岁,则无法按照收养法律的规定被收养,就不能获得来自稳定家庭环境之中的父母亲情的慰藉,而只能通过代养或者寄养的方式加以替代,这显然不利于收养目的的实现及被收养人利益的保护。第二,对被收养人年龄施加限制,也不利于实现特定人群的养老需求。随着老龄化社会的到来,养老作为一大社会问题日益凸显。一些人群因为不同原因没有子女,渴望通过收养子女甚至成年子女来保障其养老需求。如果被收养人的年龄只能在14周岁以下,则这些人群通过收养实现养老的目的就难以实现。

综合考量各方面意见,经慎重研究,“收养”一章将被收养人的年龄限制由14周岁放宽到18周岁,即符合相关条件的未成年人都可以作为被收养人。主要理由是:第一,收养法施行近30年来,对于规范收养关系,保护收养人与被收养人合法权益发挥了重要作用。但收养实践中也不断出现因对被收养人年龄限制过严而导致部分有被收养需求的被收养人无法被收养的情况,这大大限制了收养制度功能的发挥。适当放宽被收养人的年龄限制,能够更好实现收养目的,使更多符合相关条件的人可以被收养。第二,放宽被收养人的年龄限制,并不必然会影响家庭关系的稳定。收养法将被收养人年龄限制在14周岁以下,其中一个理由是,14周岁以上的人心智相对成熟,独立意识较强,不容易融入新家庭。但事实上这一理由值得商榷。换一个角度想,被收养人如果年龄在14周岁以上,可能更懂得珍惜来之不易的和谐家庭及亲情关怀,收养人与被收养人的关系也许会更加和谐。第三,把握和遵循收养的本质目的,被收养人仍限于未成年人,不扩及成年人收养。如前所述,收养的本质特征是为需要抚养的被收养人提供稳定的家庭成长环境,以促进被收养人的健康成长。本次民法典编纂,更是在婚姻家庭编的一般规定部分增加规定了最有利于被收养人的原则。因此,收养制度必须把被收养人的利益放在首位。从这个角度讲,那些因满足养老需求而需要规定成年人收养的理由就不太成立了。

除年龄限制的变化之外,"收养"一章对于被收养人条件的规定基本延续了收养法的规定,未作大的修改,即包括了丧失父母的孤儿、查找不到生父母的未成年人以及生父母有特殊困难无力抚养的子女。

第一,丧失父母的孤儿。此处的"丧失"应指被收养人的父母已经死亡或者被宣告死亡。"父母"不仅包括生父母,还包括养父母以及有扶养关系的继父母,从而尽可能扩大本项的适用范围。这里需要指出的是,该项不包括父母被宣告失踪的情形。如果父母因查找不到而被宣告失踪,可以考虑适用本条第2项,从而作为"查找不到生父母的未成年人"适用收养。

第二,查找不到生父母的未成年人。关于本项需要注意:(1)本项与收养法的规定相比,将收养法规定的"弃婴和儿童"修改为"未成年人"。国家一直高度重视被拐儿童解救安置工作,但在实践工作中,对于被拐儿童能否被收养各方面有不同意见。我们认为,收养法对于被收养主体范围的规定,没有将被拐儿童排除在外。收养法第4条第2项"查找不到生父母的弃婴和儿童"中的"儿童"应理解为既包括弃儿,也包括被拐儿童、走失儿童。这次编纂民法典,为避免实践中的误解,专门将"弃婴和儿童"修改为"未成年人",明确拐卖被解救后无法找到生父母的未成年人也属于被收养人范围,以使他们能通过收养途径更好地得到安置。(2)本项规定的"查找不到"是指通过各种方式均无法找到。

虽然本条未对“查找不到”附加时间上的限制，但从维护收养关系稳定的角度，在操作方面应当有一个合理期间的限制，个人或者有关机关经过一定期间仍查找不到的未成年人，可以作为被收养人。此外，需要强调的是，对于暂时脱离生父母，但嗣后又被找回的未成年人，不属于此处的“查找不到”，不应当成为被收养的对象。

第三，生父母有特殊困难无力抚养的子女。与前两项相比，该项当中可作为被收养人的主体并非丧失父母或者父母查找不到，而是由于生父母自身不具备抚养子女的能力，从而产生被收养的需要。本项的“有特殊困难”属于一个包容性较强的表述，既包括生父母因经济困难无力抚养，也包括生父母因身体或者精神原因自身不具备抚养能力等。从实践的情况来看，因生父母无力抚养而需要被收养的情况复杂多样，采用“特殊困难”的表述可以不必列举具体情形，而由有关部门在确定是否可被收养时根据情况进行判断。

第一千零九十四条　下列个人、组织可以作送养人：
（一）孤儿的监护人；
（二）儿童福利机构；
（三）有特殊困难无力抚养子女的生父母。

【释义】　本条是关于送养人条件的规定。

在收养法律关系中，何种主体可以作为送养人，是一个非常重要的问题。一般认为，送养人适格是收养法律关系成立的实质要件，即只有送养人符合相关条件，收养才能有效成立。总的来看，本条对于送养人条件的确定意义重大。首先，收养涉及送养人、收养人、被收养人等多方主体，收养关系的最终成立也导致不同主体间发生法律关系的根本变化。只有明确了送养人条件，收养关系的合法有效成立才成为可能。其次，有利于进一步规范收养法律关系。本条采用集中规定的方式明确了哪些主体可以作为送养人,只要送养人符合本条规定,在符合收养法律关系成立的其他条件下,相应的收养关系即受到法律保护。最后,送养人的条件确定后,围绕不同类型的送养主体制定具体规则便具备了可能。事实上,收养涉及多方主体,法律关系较为复杂。在宏观方面确定好送养人条件后,才可以在微观层面针对不同的送养主体制定具体规则。

从境外的情况看,大多通过立法对可以送养的主体作了规定。比如,《法国民法典》第 348 条规定,在子女对父与母双方均已确立亲子关系的情况下,由他人收养该子女,应得到父母双方同意。如父母中一人已去世或者不能表示自己的意思,或者如其已丧失亲权,父母之另一方同意收养,即可。除父母外,在特定情况下,亲属会议及法院也可作为送养人。《法国民法典》第 348-2 条规定,如儿童的父母均已死亡或者处于不能表示自己意思的状态,或者如父母双方均已丧失亲权,由亲属会议听取实际负担照管该儿童的人的意见后,对收养表示同意。在儿童未确立亲子关系时,亦同。第 348-6 条规定,在儿童的合法婚姻的生身父母或非婚的生身父母已完全放弃照管该子女,从而使儿童面临身体与精神伤害之危险的情况下,父母双方或其中一方拒绝将该儿童交他人收养时,如法院认为这种拒绝行为完全是一种过分行为,得宣告对该儿童予以收养。亲属会议滥行拒绝将儿童交予收养时,亦同。《德国民法典》对于未成年人收养,从优先保护未成年人的利益出发,要求送养行为原则上必须得到被送养人父母的同意,只有当出现被送养人父母难以作出意思表示、难以有效照料被送养人或者为保护被送养人人身安全等情形时,家庭法院才能代父母一方作出同意送养的意思表示。《奥地利普通民法典》则区分成年人收养与未成年人收养作了不同规定。在被收养人为完全民事行为能力人时,其可以独立与收养人订立书面的收养合同,并因此成立收养关系;在被收养人不具备完全民事行为能力时,则由其法定代理人代其订立收养合同,此时,送养人为被收养人的法定代理人。在特殊情况下,法院也可作为送养人。如根据

《奥地利普通民法典》第 179a 条第 2 款的规定，不具有完全民事行为能力的被收养人由其法定代理人代理订立收养合同，该合同不需要得到法院的同意。如果其法定代理人拒绝表示同意，而且，不存在拒绝表示同意的正当理由，则基于收养人或被收养人的申请，法院应当作出决定，以代替法定代理人的同意。

上述境外民法典对于送养人的规定有以下几个特点：一是从立法技术上看，大多采用分散规定的方式，没有在同一法条中集中规定送养人条件，而是通过不同条文对送养人的条件或范围作了规定。二是对未成年人收养的送养人条件规定，倾向于照顾被收养人父母的利益和需要。被收养人的父母在送养人的顺序中一般比较靠前，或者原则上应当先由被收养人的生父母进行送养，只有在生父母因死亡、无意思能力或者可能危及被收养人利益时，才由其他主体实施送养行为。这充分体现了对生父母亲权的尊重，有利于防止他人违背生父母意愿送养未成年人。三是体现出最大限度保护未成年被收养人利益的原则。尽管各国和地区立法在送养人条件方面倾向于照顾被收养人父母的利益，但是无一例外最终还是要最大限度地将未成年人的利益放在首位。比如，在被收养人的父母不能有效表达送养意思、欠缺抚养能力或者可能危及被收养人人身安全时，法律会规定由其他个人或者组织实施送养行为，以体现对未成年人利益的保护。

与境外的立法相比，我们在编纂民法典之前，收养法是通过集中规定送养人条件的方式，对哪些主体可以作为送养人作了规定。收养法第 5 条规定："下列公民、组织可以作送养人：（一）孤儿的监护人；（二）社会福利机构；（三）有特殊困难无力抚养子女的生父母。"这种集中规定送养人的方式，与立法上对被收养人条件的规定相对应，能够清晰明确地界定可以作送养人的主体。民法典婚姻家庭编"收养"一章延续了这一做法，仍然采用在同一法条中集中规定的方式对送养人加以界定。本条与收养法的规定相比，实质内容没有变化，包括三项：（1）孤儿的监护人；（2）儿童福利机构；（3）有特殊困难无力抚养子女的生父母。

关于“孤儿的监护人”。所谓孤儿，根据民政部1992年发布的《民政部关于在办理收养登记中严格区分孤儿与查找不到生父母的弃婴的通知》的规定，孤儿是指其父母死亡或人民法院宣告其父母死亡的不满14周岁的未成年人。但是，由于前条关于被收养人的规定已经将被收养人的年龄限制扩展到18周岁，与此相应，此处的“孤儿”是指其父母死亡或人民法院宣告其父母死亡的未成年人。关于未成年人的监护人，本法第27条规定，“父母是未成年子女的监护人。未成年人的父母已经死亡或者没有监护能力的，由下列有监护能力的人按顺序担任监护人：（一）祖父母、外祖父母；（二）兄、姐；（三）其他愿意担任监护人的个人或者组织，但是须经未成年人住所地的居民委员会、村民委员会或者民政部门同意”。监护制度是对被监护人行为能力的一种补足，是民法上对于无行为能力人和限制行为能力人的人身、财产及其他合法权益进行监督、保护的一种制度。对于未成年人来说，正常情况下由其父母担任监护人。在父母死亡或者被宣告死亡后，成为“孤儿”的未成年人就需要由其他主体担任监护人，以实现其合法权益的保护。理解本条第1项需要注意两个问题：一是按照本法总则编的规定，担任孤儿监护人的主体是有顺序限制的，即首先是祖父母、外祖父母，其次是兄、姐，最后是其他愿意担任监护人的个人或者组织，但须经未成年人住所地的居民委员会、村民委员会或者民政部门同意。当然，以上主体担任监护人的前提是必须具备监护能力。二是孤儿的监护人实施送养行为时，按照本法第1096条的规定，应当受到一定限制。即监护人送养孤儿的，应当征得有抚养义务的人同意。有抚养义务的人不同意送养、监护人不愿意继续履行监护职责的，应当依照本法总则编的规定另行确定监护人。

关于“儿童福利机构”。收养法第5条第2项规定的可以做送养人的主体是“社会福利机构”。所谓社会福利机构，是指国家设立的对于孤儿、弃儿等进行监管看护的机构。从实践情况看，我国的社会福利机构主要是指各地民政部门主管的收容、养育孤儿和查找不到生父母的未成年人的社会福利院。民法典总则编制定时,在监护部分大大强化了民政部门的职责。如本法第32条规定,没有依法具有监护资格的人的,监护人由民政部门担任,也可以由具备履行监护职责条件的被监护人住所地的居民委员会、村民委员会担任。根据这一规定,民政部门对于需要监护但又没有具备相应监护资格的人的,需要承担兜底的监护责任。而在工作层面具体实施这种监护职责的,实际是其主管下的社会福利机构。本项与收养法的规定相比,将"社会福利机构"修改为"儿童福利机构",一方面表述更为准确,即体现出送养人是国家设立的从事有关儿童(未成年人)的福利机构,另一方面也与修改后的未成年人保护法、残疾人保障法中"儿童福利机构"的表述保持协调一致。

关于"有特殊困难无力抚养子女的生父母"。本项是将特定情形下的生父母作为送养人的规定。生父母作为子女的法定监护人,在一般情况下都要履行作为父母的监护人职责,不得随意将应由自己承担的责任转由他人承担。但在特殊情况下,生父母因存在特殊困难无力承担这一责任时,从有利于未成年人健康成长的角度,可以由生父母将未成年人送养,从而为其创造更有利于成长的家庭环境,这也符合本次收养领域确立的最有利于被收养人的原则要求。适用本项需要注意以下几点:一是能够以存在特殊困难无力抚养为由送养子女的只能是生父母,不包括养父母、继父母。民法典编纂过程中,有的意见提出,从保护被收养人利益的角度出发,应该将本项送养人的范围扩至养父母、继父母。比如,因收养形成父母子女关系后,如养父母因自身存在特殊困难无力抚养养子女的,其可以再将自己的养子女送养他人。这种意见的主要理由是,此举可以更有利于被收养人的利益。经研究,我们认为,以有特殊困难无力抚养为由送养子女的,仍应限制在生父母比较合适。如果收养关系成立后,养父母确因特殊困难无力继续抚养养子女,其可以通过与生父母协商解除收养关系的方式,由生父母重新考虑是否自己抚养或者送养给其他主体。这充分尊重了生父母作为子女最初法定监护人的意愿,也能够最大限度保护被收养人的利益。如果允许养父母再次进行送养,则相当于将重新送养的选择权由生父母转至养父母,对于前者而言是不够公平的。二是生父母必须存在特殊困难才能送养子女。这里的"特殊困难"是一个包容性较强的概念,既包括经济方面的困难,如生父母均不再具备抚养子女的经济能力,也包括身体、精神方面的原因,如因患重大疾病无法继续抚养子女。无论是何种特殊困难,必须在客观上能够导致生父母丧失对被抚养人的抚养能力。三是生父母在因特殊困难无力抚养子女而决定送养时,必须生父与生母双方共同决定。除非生父母一方不明或者查找不到,才可以单方送养。对于这一点,本法第1097条已有明确规定。四是在生父母送养子女的情形,如果生父母一方死亡,另一方送养时,死亡一方的父母有优先抚养的权利,这一点在本法第1108条作出了明确规定。因此,在未成年人父母一方死亡的情形下,其父母一方将其送养时,其祖父母或者外祖父母可以优先抚养。

第一千零九十五条　未成年人的父母均不具备完全民事行为能力且可能严重危害该未成年人的,该未成年人的监护人可以将其送养。

【释义】 本条是关于未成年人的监护人可以送养的规定。

根据本法总则编的规定,通常情况下,未成年人的父母是其法定监护人。但是,在父母已经死亡或者没有监护能力的情况下,为保护未成年子女的利益,需要由其他主体担任监护人,实现对未成年子女的监护,保护其人身和财产权益。这些主体包括祖父母、外祖父母、兄、姐以及其他愿意担任监护人的个人或者组织。那么,在这些主体担任监护人的情形下,是否一概有权决定送养未成年人?从本法第1094条关于送养人条件的规定来看,没有涉及对于父母尚存、但由他人担任监护人时的未成年人的送养问题。收养法第12条对此问题作了规定,该条规定:"未成年人的父母均不具备完全民事行为能力的,该未成年人的监护人不得将其送养,但父母对该未成年人有严重危害可能的除外。”从这一规定看,未成年人在其父母均不具备完全民事行为能力时,即父母双方均为限制行为能力人或者无行为能力人时,原则上其监护人也不得将未成年人送养,除非是父母对该未成年人存在严重危害可能。收养法之所以这样规定,主要是考虑到,子女对于无行为能力或者限制行为能力的父母往往具有更为重要的意义,一方面,子女可以在精神上陪伴父母,在有的情况下这种陪伴和慰藉是其他方式所不可替代的;另一方面,子女如果不被送养,其与生父母的亲子关系仍然存在,在其成年后需要对生父母履行赡养义务,这有助于对无行为能力或者限制行为能力的父母的权益保护。当然,从收养法的规定看,也并没有完全禁止在此种情形下一概不得送养未成年人。如果父母对未成年子女存在严重危害可能,从保护未成年人的角度考虑,是允许监护人送养未成年人的。这样规定,可以在保护生父母与未成年子女的利益之间达到平衡。

与收养法的规定相比,本条关于监护人送养未成年人的表述发生了变化,即“未成年人的父母均不具备完全民事行为能力且可能严重危害该未成年人的,该未成年人的监护人可以将其送养”。理解本条需要把握以下几点:第一,本条的规范重点放在了可以送养,即重点强调未成年人的监护人在何种情况下可以送养该未成年人。婚姻家庭编在一般规定中新增了“收养应当遵循最有利于被收养人”的原则,这实际上是收养法律关系中最为重要、最能体现收养制度价值与功能的原则。任何有关收养的规则设计,都应当体现这一原则。将本条的规范重点由“原则上不得送养”调整为“何种情况下可以送养”,尽管在最终的规范效果上没有实质变化,但传递出的理念变化是明确的,即首先要保障未成年人的利益:当未成年人的父母均不具备完全民事行为能力且可能严重危害该未成年人的,监护人就可以送养未成年人。第二,在父母尚存的情况下,对于监护人送养未成年人的条件要求是非常严格的。首先，要求未成年人的父母双方均不具备完全民事行为能力。根据本法总则编对民事行为能力的分类，自然人可以分为完全民事行为能力人、限制行为能力人以及无行为能力人。如果未成年人的父母任何一方属于完全民事行为能力人，一般情况下意味着其具有抚养、教育未成年人的能力，在这种情况下，监护人不得将未成年人送养；只有未成年人的父母双方均不具备完全民事行为能力，即其双方均为限制行为能力或者无行为能力人时，监护人才有可能被允许送养。其次，未成年人的父母必须存在可能严重危害该未成年人的情形时，监护人才可将未成年人送养。所谓可能严重危害该未成年人，主要是指其父母存在危害该未成年人的现实危险且达到严重程度的情形，比如，父母双方均患有严重的精神分裂症，存在暴力威胁甚至殴打未成年人的情形。在这种情况下，即使危害行为尚未实际发生，从保护未成年人利益的角度出发，也允许监护人将其送养。第三，此种情况下的送养主体，只能是该未成年人的监护人。根据本法第1094条的规定，可以担任送养人的主体原则上只包括三类，即孤儿的监护人、儿童福利机构以及有特殊困难无力抚养子女的生父母。而在未成年人的父母均不具备完全民事行为能力且可能严重危害该未成年人时，上述三类主体均无法成为适格的送养主体。此时，根据本条规定，能够成为送养主体的，是该未成年人的监护人。监护人作为实际承担监护职责的人，对该未成年人的情况最为熟悉，由其担任送养人与收养人成立收养法律关系，较为合适。

第一千零九十六条　监护人送养孤儿的，应当征得有抚养义务的人同意。有抚养义务的人不同意送养、监护人不愿意继续履行监护职责的，应当依照本法第一编的规定另行确定监护人。

【释义】　本条是关于监护人送养孤儿的限制以及变更监护人的规定。

根据本法第 1094 条的规定,监护人可以作为送养人对孤儿进行送养。孤儿因其父母死亡或者被宣告死亡,需要由其他法定主体担任监护人对其人身和财产权益进行保护。根据本法第 27 条第 2 款的规定,未成年人的父母已经死亡或者没有监护能力的,由下列有监护能力的人按顺序担任监护人:(1)祖父母、外祖父母;(2)兄、姐;(3)其他愿意担任监护人的个人或者组织,但是须经未成年人住所地的居民委员会、村民委员会或者民政部门同意。父母之外的其他主体担任监护人时,由于主客观方面的不同原因,可能会产生不想再履行监护职责并将被监护人送养的想法。比如,监护人承担监护职责一段时间后,生活发生变故,不想继续担任孤儿的监护人。此时,如果监护人送养未成年人,有何限制?

根据本条规定,监护人送养孤儿的,应当征得有抚养义务的人同意。这里的"有抚养义务的人",是指孤儿的有负担能力的祖父母、外祖父母、兄、姐。本法第 1074 条第 1 款规定,有负担能力的祖父母、外祖父母,对于父母已经死亡或者父母无力抚养的未成年孙子女、外孙子女,有抚养的义务。本法第 1075 条第 1 款规定有负担能力的兄、姐,对于父母已经死亡或者父母无力抚养的未成年弟、妹,有扶养的义务。如果上述主体不同意监护人对孤儿进行送养,而监护人又不愿意继续履行监护职责的,为使被监护人不致处于无人监护的状态,应当依照本法总则编的规定另行确定监护人。例如,父母都死亡后,成年的兄、姐是未成年弟妹的法定监护人,作为监护人的哥哥不能违背姐姐的意愿而自己决定将被监护的弟妹送养。又如,有负担能力的祖父母、外祖父母对于父母均已死亡的未成年孙子女、外孙子女有抚养义务。当祖父母担任监护人时,其送养孙子女的行为应当征得外祖父母的同意,外祖父母不同意收养而祖父母又不愿意继续履行监护职责的,应当按照有关规定变更监护人,由外祖父母担任监护人。

理解本条需要注意以下几点:一是孤儿的父母死亡后,有资格担任孤儿监护人的主体并不单一,有监护能力的祖父母、外祖父母、兄、姐都可以作为监护主体。但一般情况下,监护人不可能由多人担任,因此,在监护人确定后,为尊重其他有抚养义务的人意愿,实质上也是为了最大限度地遵循保护未成年人利益的原则,法律要求送养应当征得有抚养义务的人的同意。二是如果有抚养义务的人不同意送养,监护人又不愿意继续履行监护职责,则要通过变更监护人的方式确保未成年人的利益不受损害。有抚养义务的人不同意送养,原因可能是多方面的,有可能是因为想通过变更监护人的方式获得被监护人的监护权,也有可能仅仅是因为情感上无法接受被监护人被他人收养。无论何种原因,有抚养义务的人的不同意送养的意思表示应当明确作出。在这种情况下,如果监护人又表示不愿意继续履行监护职责,为了使未成年人不致处于无人监护的状态,就需要按照有关规定变更监护人。三是变更监护人应当依照本法总则编的有关规定进行。本法第 27 条第 2 款规定了未成年人的父母已经死亡或者没有监护能力的,可以担任监护人的主体,具体包括:(1)祖父母、外祖父母;(2)兄、姐;(3)其他愿意担任监护人的个人或者组织,但是须经未成年人住所地的居民委员会、村民委员会或者民政部门同意。如果这些主体因监护人的确定产生争议,根据本法第 31 条第 1、2 款的规定,由被监护人住所地的居民委员会、村民委员会或者民政部门指定监护人,有关当事人对指定不服的,可以向人民法院申请指定监护人;有关当事人也可以直接向人民法院申请指定监护人。当然,在指定监护人的过程中,居民委员会、村民委员会、民政部门或者人民法院应当尊重被监护人的真实意愿,按照最有利于被监护人的原则在依法具有监护资格的人中指定监护人。需要特别指出的是,根据本法第 32 条的规定,如果没有依法具有监护资格的人的,监护人由民政部门担任,也可以由具备履行监护职责条件的被监护人住所地的居民委员会、村民委员会担任。

第一千零九十七条　生父母送养子女,应当双方共同送养。生父母一方不明或者查找不到的,可以单方送养。

【释义】 本条是关于生父母送养子女的原则要求与例外规定。

根据本法第1094条的规定,有特殊困难无力抚养子女的生父母可以作为送养人,送养其子女。一般而言,生父母作为未成年子女的法定监护人,不应轻易转嫁本应由其承担的监护职责。但在其确因特殊困难无力抚养子女时,允许其送养未成年子女,更有利于未成年子女在良好的家庭环境中健康成长,体现出对未成年子女利益的保护。本条即是对生父母送养子女的规定。根据本条规定,生父母送养子女,原则上要求双方共同送养,只有在生父母一方不明或者查找不到的情形下,才可以由生父或者生母单方送养。

不少国家和地区的立法都对生父母送养子女的要求作了规定。《德国民法典》第1747条第1项规定,收养子女,需要得到父母的允许。第1748条第1项规定,父母一方长期严重违背其对子女的义务,或其行为表示其对子女漠不关心的,并且不收养会对子女过于不利的,监护法院应依子女的申请代替其允许。违背义务虽非为长期,但却是特别严重的,并且可以预料不再能够长期将子女交由该方保护照顾的,也可以代替允许。《法国民法典》第348-1条规定,在子女对父与母双方均已确立亲子(女)关系的情况下,由他人收养该子女,应得到父母双方同意。如父母中一人已去世或者不能表示自己的意思,或者如其已丧失亲权,父母之另一方同意收养,即可。根据《法国民法典》的这一规定,在由被送养人生父母送养的情形下,该送养行为原则上应当由父母双方共同实施,但在生父母一方无法表达自己的意思,或者一方已经丧失亲权的情况下,则可以由父母一方单独送养。《日本民法典》第817条之六规定,成立特别收养,应得为养子女者的父母的同意。但是,父母不能表示其意思时,受父母虐待、恶意遗弃或有显著害及为养子女利益之事由时,不在此限。我国台湾地区"民法"第1076-1条规定,子女被收养时,应得其父母之同意。但有下列各款情形之一者,不在此限:(1)父母之一方或双方对子女未尽保护教养义务或有其他显然不利子女之情事而拒绝同意。(2)父母之一方或双方事实上不能为意思表示。前项同意应作成书面并经公证。但已向法院声请收养认可者,得以言词向法院表示并记明笔录代之。第一项之同意,不得附条件或期限。加拿大《魁北克民法典》第551条规定,在收养经父母同意实施的情形,如子女与父母双方已确立亲子关系,双亲的同意为必要。如子女仅与双亲中的一方确立了亲子关系,该方父母的同意为充分。

无论是境外多数国家或地区立法例,还是我国收养法的规定,都将生父母送养子女时应双方共同送养作为原则。这主要是考虑到,收养关系一旦成立,虽然在客观上不能改变生父母与其子女的血亲关系,但是生父母却不能继续抚养子女。尤其是在我国只承认完全收养的制度背景下,收养关系成立后,生父母与其子女的亲子关系将因收养而消除。如果生父或者生母一方未经其配偶同意即送养子女,无异于剥夺了其配偶对于子女的亲权,显然对不知情的配偶一方是不公平的。当然,在生父母一方不明或者查找不到时,则允许另一方单方送养,这主要是为了更好地保护未成年子女的利益。

本条与收养法第10条相比,内容基本没有变化。理解本条,需要明确以下几点:第一,生父母送养子女应当双方共同送养,这是原则要求。基于父母双方对于抚养子女的平等地位,送养应当双方共同进行。在实践操作层面,可以双方共同表示送养的意思,也可以由一方表达出送养意愿,另一方表示同意。在后一种情况下,这种同意的表示应是明确的、具体的。第二,生父母送养子女可以单方送养,这是例外规定,应当严格限于法律规定的两种情形,即生父母一方不明或者查找不到。所谓生父母一方不明,是指不能确认被收养人的生父或者生母为谁的情况。比如,生母曾因自身的特殊经历,不知其所生子女的生父是谁。在这种情况下,如果生母无力抚养所生子女,应当允许其送养该子女,给子女提供一个更好的成长环境。所谓查找不到,是指经过一定期间,无法查找到生父或者生母的情况。比如,未成年子女的生母无故离家出走,经过有关机关在一定期间查找仍查找不到,此时,为尽快使未成年子女获得稳定、良好的成长环境,应当允许无力独自抚养子女的生父送养。

第一千零九十八条　收养人应当同时具备下列条件:
(一)无子女或者只有一名子女;
(二)有抚养、教育和保护被收养人的能力;
(三)未患有在医学上认为不应当收养子女的疾病;
(四)无不利于被收养人健康成长的违法犯罪记录;
(五)年满三十周岁。

【释义】　本条是关于收养人条件的规定。

收养是在收养人与被收养人之间建立拟制亲子关系的一种法律制度,其核心是为了更好地促使被收养人健康成长,同时也满足收养人的收养需求。由于收养制度的这一定位,使保障被收养人利益成为收养制度需要遵循的首要原则。本法第 1044 条规定,收养应当遵循最有利于被收养人的原则,保障被收养人和收养人的合法权益。在这一原则的要求下,需要对收养人设定必要的条件要求,以确保收养制度功能的实现,保障被收养人的合法权益。本条即对一般情况下收养人应当具备的条件的规定。

从世界各国或地区有关收养的立法来看,在收养条件的设定中,首要的一点是对收养人年龄施加限制,有的是确立一个可以为收养行为的最低年龄,有的则会对收养人与被收养人之间的年龄差距进行限定,而且有的针对收养配偶子女等情形还会规定不同的年龄差。尽管各国或地区的规定差别较大,但其规范目的却基本相同,即保证收养人具备相应的收养能力,从而保护未成年养子女的利益免受不利影响。《德国民法典》第 1743 条规定,收养人必须已满 25 岁,在第 1741 条第 2 款第 3 句的情形下,必须已满 21 岁。《法国民法典》第 343 条规定,未分居的夫妻,结婚超过 2 年,或者双方年龄超过 28 岁,得请求收养子女。第 344 条规定,收养人的年龄应当比其拟收养的子女的年龄大15岁以上,如拟予收养的子女是被收养人配偶的子女,收养人与被收养人的年龄仅要求相差10岁以上。但是,法院如有正确理由,在收养人与被收养人年龄相差不到前款规定时,得宣告收养。我国台湾地区"民法"第1073条规定,收养者之年龄,应长于被收养者20岁以上。但夫妻共同收养时,夫妻之一方长于被收养者20岁以上,而他方仅长于被收养者16岁以上,亦得收养。夫妻之一方收养他方之子女时,应长于被收养者16岁以上。我国澳门特别行政区民法典对于收养人年龄的规定,则更为细致。其第1828条规定:(1)夫妻两人均年逾25岁,结婚逾3年,且无事实分居者,或在事实婚状况下生活之两人均年逾25岁,且维持该关系逾5年者,方可共同收养。(2)符合下列任一条件之个人亦可收养:一是年逾28岁;二是待被收养人为收养人配偶之子女,且收养人年逾25岁;三是待被收养人为与收养人在事实婚状况下生活逾3年之人之子女,且收养人年逾25岁。(3)在获交托待被收养人当时仍未逾60岁之人,方可收养。(4)收养人与被收养人之年龄差距应在18年以上50年以下,但存在应予考虑之理由者除外。(5)为计算夫妻两人作出共同收养所需之时间,如两人在结婚前一直在事实婚状况下共同生活,则该段生活期间亦计算在所需之时间内。

本条关于收养人年龄的规定与收养法第6条第4项规定保持一致,仍然要求收养人须年满30周岁。收养人只有达到一定年龄,才可能在经济能力、心智完善程度方面满足一定标准,从而具备承担抚养被收养人的义务,更好保障被收养人的利益。当然,此处关于收养人年龄的规定仅是收养人条件中的1项,其即使满足了这一要求,也并不意味着必然具备抚养、教育被收养人的能力,还需要同时满足本条关于收养人条件的其他要求,才可担任收养人。同时,本条仅是对于一般收养条件下收养人最低年龄的规定,对于特殊情形下的收养,则要视情况予以放宽这一限制或者增加其他年龄方面的限制等。比如,根据本法第1103条的规定,继父或者继母经继子女的生父母同意,可以收养继子女,其可以不受收养人须年满30周岁的限制。而根据本法第1102条的规定,无配偶者收养异性子女的,收养人与被收养人的年龄还应当相差40周岁以上。

除须年满30周岁外,按照本条规定,收养人还须同时具备其他四项条件:无子女或者只有1名子女;有抚养、教育和保护被收养人的能力;未患有在医学上认为不应当收养子女的疾病;无不利于被收养人健康成长的违法犯罪记录。

关于收养人无子女或者只有1名子女。本项与收养法的规定相比,将原来的“无子女”修改为“无子女或者只有一名子女”。收养法制定之时,根据我国宪法和婚姻法有关计划生育政策的规定,为防止一些收养人借收养之机达到多子女的目的,法律要求收养人必须无子女才可以收养。这与修改前的人口与计划生育法中“提倡一对夫妻生育一个子女”的规定精神是一致的。此处的“无子女”包括多种情况,主要是指夫妻双方或者一方因不愿生育或不能生育而无子女,或者因所生子女死亡而失去子女,或者指收养人因无配偶而没有子女的情况,即主要是指收养人没有亲生子女,同时也没有养子女及形成抚养教育关系的继子女。需要强调的是,这里的“无子女”不能简单地理解为没有生育能力,如果此前生育过子女,但子女因故死亡,也属于“无子女”。2015年10月,党的十八届五中全会召开,会议对我国人口和计划生育政策作出了重大调整。同年12月27日,十二届全国人大常委会第十八次会议对人口与计划生育法作了修改,明确规定了“国家提倡一对夫妻生育两个子女”。与此相对应,本项关于收养人无子女的要求也相应作了调整,收养人不再受到“无子女”的严格限制,收养人在只有1名子女的情形下,依然可以作为收养人再收养其他子女。相应地,在收养人数的规定方面,本法第1100条也作了修改:无子女的收养人可以收养2名子女;有1名子女的收养人只能收养1名子女。

关于有抚养、教育和保护被收养人的能力。收养人具备抚养、教育和保护被收养人的能力,这是收养人必须要有的基本条件。根据本法第26条第1款的规定,父母对未成年子女负有抚养、教育和保护的义务。此处的“抚养、教育和保护被收养人的能力”,主要是指收养人应当具有完全民事行为能力,在身体、智力、经济、道德品行以及教育子女等各个方面均有能力实现对未成年子女的抚养、教育和保护,能够履行父母对子女应尽的义务。如果收养人自身经济困难或者患有重病等,就无力承担这一义务,从而损害未成年子女的利益,不利于其健康成长。实践中,有关机关在办理收养登记时,都需要对收养人是否具备这一能力进行审查,以确保未成年人进入收养家庭后,能够得到良好的生活照顾、身心抚育等,最大限度地保护其合法权益。当然,收养人是否具备抚养、教育和保护被收养人能力,并不是单纯的主观判断问题,需要结合收养人家庭的具体状况、收入水平、心理健康程度等进行严格审查,有的地方通过试点开展收养评估制度实现对收养人抚养、教育和保护能力的审查,取得了不错的实践效果。

关于未患有在医学上认为不应当收养子女的疾病。收养人不应患有相关疾病,这是对收养人在身体方面的特别要求。如果收养人患有这些疾病,将对被收养人的健康成长产生重大影响,因此本条延续了收养法的规定,依然将本项作为收养人应当具备的条件加以规定。在适用“未患有在医学上认为不应当收养子女的疾病”这一规定处理具体问题时,要特别注意须有充分科学的依据,必要时通过专门的医学鉴定加以确定,切不可随意适用该项条件拒绝特定主体的收养要求。从收养法实施多年的实践情况看,“医学上认为不应当收养子女的疾病”是一个概括性、包容性的概念,并不是特定的哪几种疾病。一般而言,一些精神类疾病和传染性疾病可以被认为是不应当收养子女的疾病,如精神分裂症、躁狂抑郁型精神病、艾滋病、淋病、梅毒等。在判定某种疾病是否属于不应当收养子女的疾病时,除考虑疾病本身的严重性之外,重点还要考虑此种疾病对于收养关系的影响、对于被收养人可能存在的影响等,综合以上因素,谨慎认定。

关于无不利于被收养人健康成长的违法犯罪记录。这是民法典编纂新增加的内容,收养法没有类似规定。近年来,一些侵害未成年人的违法犯罪案件屡屡见诸报端,令人痛心又愤怒。这其中,也有相当数量的案件属于收养人借收养之名侵害被收养人人身、财产利益的情况。这些情况的出现,本质上是对收养目的的根本违背,严重损害了未成年人的利益。从调研的情况看,不少意见提出,需要进一步强化对于收养人品行的高标准、严要求,以更加突出对被收养人利益的保护。也有的意见提出,对于那些曾有过侵害未成年人违法犯罪情况的主体来说,立法上应当防患于未然,剥夺其作为收养人的主体资格,以体现对被收养人的严格保护。从国外的情况看,不少国家通过事先的试收养、收养评估制度来对收养人包括品行在内的各方面条件进行把控,以保护被收养人的合法权益。需要指出的是,并非有过任何违法犯罪记录的人都不能担任收养人,本项还是强调"无不利于被收养人健康成长的违法犯罪记录",即收养人从事过与未成年人健康成长有关的违法犯罪的,才会因该违法犯罪记录而被限制收养。比如,收养人曾有过对未成年人的强奸、猥亵犯罪的。假如收养人的违法犯罪与未成年人无关,则不受该项条件的限制。

第一千零九十九条　收养三代以内旁系同辈血亲的子女,可以不受本法第一千零九十三条第三项、第一千零九十四条第三项和第一千一百零二条规定的限制。

华侨收养三代以内旁系同辈血亲的子女,还可以不受本法第一千零九十八条第一项规定的限制。

【释义】　本条是对收养三代以内旁系同辈血亲的子女以及华侨收养三代以内旁系同辈血亲的子女的条件的放宽规定。

本章一开始即对收养关系成立的基本条件作了规定,具体来说,第1093条是对被收养人条件的规定,第1094条是对送养人条件的规定,第1098条是对收养人条件的规定。这些有关收养关系成立基本条件的规定,均是对收养关系当事人所作的一般性规定。也就是说,如果收养关系要有效成立,各方当事人原则上需要具备这些基本条件。然而,收养关系涉及收养人、送养人、被收养人等多方当事人,法律关系较为复杂,而且收养涉及各方主体之间的情感联系及未成年人的利益保护,如果在任何情形下均严格适用收养的一般性条件来判定收养行为的效力,可能并不利于收养制度功能的发挥。因此,有必要在收养的基本条件之外,针对特殊情形作出特别规定。基于此,本条针对收养三代以内旁系同辈血亲的子女以及华侨收养三代以内旁系同辈血亲的子女的条件作了特别规定,主要是在收养一般条件的基础上,作了放宽规定。

本条第1款是对收养三代以内旁系同辈血亲的子女的条件规定。所谓旁系血亲,与直系血亲相对,是亲系的一种基本分类。直系血亲是指相互间具有直接血缘联系的血亲,己身所从出和从己身所出的血亲,均为直系血亲,如父母和子女、祖父母和孙子女、外祖父母和外孙子女等。旁系血亲是指相互间具有间接血缘联系的血亲。在血缘上具有同源关系的,除直系血亲外均为旁系血亲。如兄弟姐妹因同源于父母而具有间接血缘联系,己身与伯、叔、姑因同源于祖父母而具有间接血缘联系等。而"三代以内"的"代",又称"世辈",是新中国成立后,我国所采用的表明亲属关系亲疏远近的计算单位,一辈为一代,相差一世即为两代。在计算旁系血亲的代数时,须以同源关系为依据。例如,同源于父母的兄弟姐妹,是二代以内旁系血亲;同源于祖父母、外祖父母的,是三代以内旁系血亲。以此为计算标准,"三代以内旁系同辈血亲的子女",是指兄弟姐妹的子女、堂兄弟姐妹的子女、表兄弟姐妹的子女。根据本款规定,如果收养三代以内旁系同辈血亲的子女,可以在收养基本条件的基础上,不受以下几项条件的限制:一是被收养人生父母有特殊困难无力抚养子女。根据本法第1093条的规定,除丧失父母的孤儿以及查找不到生父母的未成年人外,只有生父母有特殊困难无力抚养未成年子女时,该子女才能被纳入被收养人的范围。而根据本条规定,收养人如果收养的是三代以内同辈旁系血亲的子女，可以不受这一限制，即便被收养人的父母并未因特殊困难丧失抚养能力，其仍可以成为被收养的对象。二是有特殊困难无力抚养子女的生父母。根据本法第1094条规定，除孤儿的监护人、儿童福利机构外，未成年人的生父母只有在有特殊困难无力抚养子女时，才能成为送养人。而根据本条规定，收养三代以内旁系同辈血亲的子女，即使该子女的生父母并未因特殊困难而丧失抚养能力，其仍可以成为适格的送养人，因此成立的收养关系仍然有效。三是无配偶者收养异性子女的，收养人与被收养人的年龄应当相差40周岁以上。根据本法第1102条的规定，无配偶者收养异性子女的，需要受到收养人与被收养人40周岁年龄差的限制。而根据本条规定，收养三代以内旁系同辈血亲的子女，即使收养人与被收养人的年龄相差不到40周岁，依然可以成立有效的收养关系。此外，还有一点需要指出的是，收养法第7条第2款还规定了收养三代以内旁系同辈血亲的子女可以不受被收养人须不满14周岁的限制。由于本章对于被收养人的年龄限制已经放宽到18周岁，因此，本款不再保留“被收养人不满14周岁”的限制。当然，被收养人依然要受到收养关系一般条件的限制，即须为未满18周岁的未成年人。

本条第2款是对华侨收养三代以内旁系同辈血亲子女的条件规定，即在一般主体收养三代以内旁系同辈血亲子女放宽条件的基础上，对于华侨收养，进一步放宽了关于收养人子女数量的限制。本条第2款规定，华侨收养三代以内旁系同辈血亲的子女，还可以不受本法第1098条第1项规定的限制。理解本款要注意以下两点：一是华侨收养三代以内旁系同辈血亲的子女，首先与一般主体收养三代以内旁系同辈血亲的子女的要求一致，即被收养人可以不受生父母有特殊困难无力抚养的子女限制、送养人可以不受有特殊困难无力抚养子女的生父母的限制以及无配偶者收养异性子女须与被收养人存在40周岁年龄差的限制。二是在上述基础上，对于华侨收养，本法进一步放宽限制，还可以不受收养人须无子女或者只有1名子女的限制。也就是说，对于已拥有 2 名及以上子女的华侨而言,其还可以通过收养这一方式形成与三代以内旁系同辈血亲的子女之间的亲子关系。

需要说明的是,本条对于一般主体收养三代以内旁系同辈血亲的子女收养条件的放宽,比较生动地体现了收养法制定之时对于收养实践的积极回应。收养法制定于 20 世纪 90 年代初,其时民间还是存在数量不少的收养三代以内旁系同辈血亲子女的习惯。对于这种已经形成多时、又有相当数量的收养实践,不少意见提出应当尊重现实,适当放宽收养条件,以维持既已形成的家庭亲子关系的稳定,收养法因此对这种情形的收养放宽了条件限制。而对于华侨收养,考虑到这一群体的特殊性,尤其是其可以为被收养人创造相对优越的成长环境,以及放宽收养要求对于维系华侨民族感情等方面的积极意义等,收养法对于华侨收养三代以内旁系同辈血亲的子女,进一步放宽了条件方面的限制。本次民法典编纂过程中,尽管有意见提出应当不再保留对于华侨收养条件的从宽规定,但综合考虑收养法制定之时的立法背景等,本条仍延续了收养法的规定,未作修改。

第一千一百条　无子女的收养人可以收养两名子女;有子女的收养人只能收养一名子女。

收养孤儿、残疾未成年人或者儿童福利机构抚养的查找不到生父母的未成年人,可以不受前款和本法第一千零九十八条第一项规定的限制。

【释义】　本条是关于收养人收养子女数量的规定。

收养法第 8 条第 1 款规定,收养人只能收养 1 名子女。该规定对于收养人收养子女的数量作了限制性规定,即收养人原则上只能收养 1 名子女。收养法对于收养子女数量的限制,主要基于两方面考虑:一是从保障被收养人的利益出发,收养人收养的子女数量越多,其所能够提供的抚养条件就相对越差。因此,原则上允许收养人收养 1 名子女,可以更加确保被收养人的生活条件,有利于其成长。二是收养法制定之时,从计划生育的角度出发,规定收养人原则上只能收养 1 名子女也与计划生育的政策要求相一致。收养法第 3 条规定,收养不得违背计划生育的法律、法规。

本条规定与收养法的规定相比,在收养子女数量方面,作了重大修改。根据本条第 1 款规定,无子女的收养人可以收养 2 名子女;有子女的收养人只能收养 1 名子女。换言之,如果收养人无子女,其可以收养子女的数量已经不再限于 1 名,最多可以收养 2 名;仅是对于已有子女的收养人而言,只能再收养 1 名子女。本条作出修改的主要理由,同收养人条件放宽对收养人子女数量的限制一样,也是基于我国人口生育政策的重大变化,即从“提倡一对夫妻生育一个子女”到“提倡一对夫妻生育两个子女”。这里的“无子女”包括自己没有生育子女、已生育但子女死亡等不同情况。这样一来,无论是无子女的收养人,还是已经有子女的收养人,都可以基于自身情况进行收养,当然,收养子女的数量最多不超过 2 人。需要指出的是,有的观点认为,收养所形成的亲子关系不同于一般的父母子女关系,后者因属自然生育,因而需要遵守国家的计划生育政策;而前者是一种法律拟制的父母子女关系,似可以不受收养数量的限制。同时,收养人往往具备较好的抚养、教育能力,允许其多收养子女,对于被收养人而言也是有利的。对此,我们认为,收养同其他方式产生的父母子女关系一样,都应受到国家有关政策和法律的同等调整。如果对收养人数不加限制,则因此种方式形成的父母子女关系相较于其他父母子女关系不平等,不利于法制统一。同时,收养人数的增加势必在客观上加重抚养人的经济负担,收养人能否保证每一名被收养人的健康成长,也存在疑问。实践中,被收养人群体中的健康未成年人数量是远远不能满足现实的收养需求的,如果放宽收养人数的限制,会大大加剧这种收养需求与健康被收养人数量之间的不平衡,也会使那些更需要被收养的未成年人群体无人问津,最终影响其权益保护。因此,根据国家人口和计划生育政策的变化,对一般情况下收养人数规定的相应调整是必要的,但不宜完全放开。

在上述原则规定的基础上,对于属于那些特殊群体的被收养人,是否可以不受收养人数的特定限制?本条第2款对此作了规定。根据本条第2款规定,收养孤儿、残疾未成年人或者儿童福利机构抚养的查找不到生父母的未成年人,可以不受前款和本法第1098条第1项规定的限制。根据本款规定,对于孤儿、残疾未成年人以及儿童福利机构抚养的查找不到生父母的未成年人这三类之一的被收养人,首先,可以不受第1款的限制,即"无子女的收养人可以收养两名子女;有子女的收养人只能收养一名子女"。也就是说,如果收养人收养的是孤儿、残疾未成年人或者儿童福利机构抚养的查找不到生父母的未成年人的,无子女的收养人可以收养2名以上,有子女的收养人可以收养1名以上。其次,收养这三类群体中的任何一类,还可以不受本法第1098条第1项规定的限制,即可以不受收养人无子女或者只有1名子女的限制。也就是说,如果收养人意图收养的对象是孤儿、残疾未成年人或者儿童福利机构抚养的查找不到生父母的未成年人,即使收养人自己有子女或者子女数量超过1名,依然可以进行有效的收养行为。由此可见,对于收养人收养三类特定群体的被收养人,本条从收养人子女数量、可以收养的被收养人数量两方面均作了放宽规定。之所以这样规定,主要是体现对于这三类群体的特别保护。首先是孤儿,所谓孤儿,是指父母均死亡或者被宣告死亡的未成年人。比如,在灾难事故中失去双亲的儿童。这类群体由于突然变故导致失去双亲,瞬间由正常家庭的孩子成为孤儿,通过放宽收养人子女数量条件及收养人数的限制,可以使其尽快回归正常家庭,重新得到家庭关爱。其次是残疾未成年人,这里的残疾,既包括身体的残疾,如患有某些先天性身体疾病的孩子,也包括精神方面的残疾,如患有精神分裂症的孩子等。无论是身体残疾还是精神残疾,为鼓励对此类群体的收养,体现对残疾人群体的关爱,放宽相关收养条件的限制,也是很有必要的。

最后是儿童福利机构抚养的查找不到生父母的未成年人。这类由儿童福利机构抚养的查找不到生父母的未成年人,来源不一,有的是因自身存在某些疾病而被生父母遗弃,后被儿童福利机构抚养,有的可能是因打拐被解救后查找不到生父母而由儿童福利机构抚养,无论何种情况,通过放宽收养条件使此类未成年人群体尽快被收养,都是极为必要的,也符合未成年人利益最大化的要求。从近些年的收养实践看,那些身心健康的未成年人,从来都不需要担心无人收养,甚至其数量远远满足不了收养人的收养需求,而许多孤儿、残疾儿童等,则因为自身的特殊情况,很难通过收养手段重新回归家庭。本条对于一般收养关系中收养子女数量的规定以及特殊群体收养数量的放宽,是在收养方面的倾斜保护,有助于此类群体权益的保护,更好发挥收养制度的功能。

需要说明的是,本条第 1 款与收养法的规定相比,明确的是“无子女的收养人可以收养两名子女;有子女的收养人只能收养一名子女”。这是区分情况对收养人可以收养子女数量的规定,并不意味着对收养人条件中收养人子女数量的放宽,即收养人仍须无子女或者只有 1 名子女才可收养,只是对于华侨收养三代以内旁系同辈血亲的子女,因其可以不受“无子女或者只有一名子女”的限制,所以本款的后半句采用的是“有子女的收养人只能收养一名子女”的表述,也就是说,华侨收养三代以内旁系同辈血亲的子女时,尽管可以不受已有子女数量的限制,但也必须受到只能收养 1 名的限制,在这一点上,其与一般的收养人相比,没有例外规定。

第一千一百零一条　有配偶者收养子女,应当夫妻共同收养。

【释义】　本条是关于有配偶者收养子女应当共同收养的规定。

收养在收养人与被收养人之间建立了法律拟制的父母子女

关系。收养关系有效成立后,收养人与被收养人之间的亲子关系成立,被收养人与其生父母的亲子关系消除。由于收养所带来的这种亲子关系的根本变化,在收养人有配偶的情况下,收养是否需要取得配偶的同意而共同为收养行为,就成为立法必须回应的问题。

不少国家和地区对此问题作了明确规定。《瑞士民法典》第264条a第1款规定,仅配偶双方可共同收养子女,非配偶人不得共同收养子女。第264条b第2款规定,年满35岁的已婚者,如因其配偶持续无判断能力,或2年以上下落不明,或因判决配偶双方已分居3年以上,而不可能共同收养时,亦得单独收养子女。《法国民法典》第343条之一第2款规定,如收养人已婚且未分居,收养子女应征得配偶同意,但如该一方配偶处于不能表达自己意思的状态,不在此限。《俄罗斯联邦家庭法典》第133条规定,如果子女非由夫妻双方收养,夫妻一方收养子女时须征得另一方对收养的同意。如果夫妻已终止家庭关系,未共同生活1年以上并且另一方配偶住所不明,则无需征得配偶一方对收养子女的同意。《韩国民法典》第874条第1款规定,有配偶者收养子女的,须夫妻共同收养。《菲律宾共和国家庭法》第185条规定,丈夫和妻子必须共同收养。但下列情形除外:(1)配偶一方收养本人非婚生子女的;(2)配偶一方收养另一方婚生子女的。我国台湾地区“民法”第1074条规定,夫妻收养子女时,应共同为之。但有下列各款情形之一者,得单独收养:一是夫妻之一方收养他方之子女。二是夫妻之一方不能为意思表示或生死不明已逾3年。从上述国家和地区的规定可以看出,对于有配偶者收养子女的,原则上是要求夫妻共同收养的。这主要是因为,收养所产生的亲子关系,在收养人有配偶的情况下,对于配偶一方也将产生亲子关系的效力,因此,应当尊重配偶一方对于收养行为的意思表示,共同收养。

收养法第10条第2款规定,有配偶者收养子女,须夫妻共同收养。本条与收养法的规定相比,基本未作修改,即有配偶者收养子女,应当夫妻共同收养。从本条规定来看,我国对于有配偶者收养所采取的原则,同世界上多数国家和地区的立法相似,即要求夫妻共同收养。这里的"共同收养",既可以是夫妻双方共同为收养的意思表示,也可以是一方有收养子女的意思表示,另一方对此表示明确同意。这样规定,体现了双方对于收养行为共同的合意,在形成有效的收养关系后,也有助于共同履行抚养子女的义务,创造和睦、温暖的家庭环境,从而促进被收养人的健康成长。立法过程中,有的意见认为,本条在收养法规定的基础上,应当增加夫妻共同收养的除外情形,即在特定情形下,有配偶者也可以单方收养。比如,在配偶一方为无民事行为能力人或者查找不到时,应当允许另一方单独收养。我们经反复研究、慎重考虑后,没有在本条增加上述除外规定。理由是:第一,收养应当体现配偶双方合意,这是夫妻进行收养的基本原则。在配偶一方为无行为能力人的情况下,如果允许另一方单独为收养行为,亲子关系成立后,被收养人有可能在成年后承担较重的赡养义务,尤其是对于无行为能力的父或母的赡养义务,这显然对其不利。第二,在配偶一方查找不到的情况下,由于这种事实状态并不确定,如果允许另一方单独收养,配偶在重新出现后可能对收养行为并不同意,这显然不利于被收养人的成长。因此,本条延续了收养法的规定,对于有配偶者收养子女的,仍然要求夫妻双方共同收养。

第一千一百零二条　无配偶者收养异性子女的,收养人与被收养人的年龄应当相差四十周岁以上。

【释义】　本条是关于无配偶者收养异性子女应当具备一定年龄差的规定。

收养在收养人与被收养人之间成立了拟制的亲子关系。对于有配偶者,本法第 1101 条规定了应当夫妻共同收养。那么,对于无配偶者,是否允许其收养?如果允许,需要受到何种约束和限制？本条即是对无配偶者收养异性子女时,须与被收养人具备一定年龄差的规定。

收养法第9条规定,无配偶的男性收养女性的,收养人与被收养人的年龄应当相差40周岁以上。收养法作出这一规定,主要是考虑到,收养作为成立拟制血亲关系的一种方式,无配偶男性收养女性时,有可能出现在两性关系方面收养人侵害被收养人的情况。也就是说,收养人实施收养的目的并非单纯出于抚育被收养人,而是借收养之名行侵害之实。在这种情况下,收养不仅不能发挥其原有的有利于未成年人健康成长的制度功能,反而可能沦为不法分子侵害未成年人权益的工具。因此,有必要对于无配偶男性收养女性规定一定的年龄差,以尽可能在客观上消除这种侵害情况的发生。据此,收养法规定了无配偶的男性收养女性的,收养人与被收养人的年龄应当相差40周岁以上。这里的“无配偶男性”,既包括该男性一直未婚单身的情况,也包括离异、丧偶等导致没有配偶的情况。关于这一规定,在收养法实施多年以来,经常被提出的问题是:无配偶的女性收养男性时,二者的年龄差是否需要相差40周岁以上？有的意见认为,无配偶的女性收养男性的,二者的年龄差也应当在40周岁以上,否则有违男女平等原则,也不符合我国的实际情况,因为从实践来看,并没有证据表明被收养人在两性方面遭受无配偶的收养人侵犯只限于被收养人为女性、收养人为男性这一情形,因此,基于男女平等原则,应当对收养法的这一规定作出修改,将40周岁以上年龄差的限制扩展规定到一切无配偶者收养异性子女的情况。

本条采纳了上述意见,在收养法第9条的基础上修改为“无配偶者收养异性子女的,收养人与被收养人的年龄应当相差四十周岁以上”。从本条规定看,首先,在无配偶者收养子女的情况下,收养人与被收养人须有40周岁以上年龄差的限制已经不仅限于收养人为男性、被收养人为女性的情况。在收养人为无配偶女性、被收养人为未成年男性的情况下,同样应当受到收养人与被收养人须年龄相差40周岁以上的限制。这一规定体现了男女平等的原则,也使实践中可能出现的无配偶女性侵害被收养男性的情况得到遏制。其次,在年龄差方面,虽然有的意见认为,无配偶女性收养男性,是否需与无配偶男性收养女性时的年龄差保持一致还值得研究,但本条从男女平等的角度出发,依然保持了40周岁的年龄差。最后,无论是无配偶男性收养女性,还是无配偶女性收养男性,40周岁以上的年龄差是否合适?从本条的规范意旨看,主要是通过划定一定的年龄差,避免无配偶者收养异性子女时对子女的性侵害。从这个规范目的来看,40周岁的年龄差是合适的。然而,在符合这一标准的前提下,收养人往往年龄也相对较大,能否很好地承担起对未成年子女的抚养、教育和保护义务,也值得考虑。假设被收养的子女13周岁,在符合40周岁年龄差的前提下,无配偶的收养人至少已经53周岁了,此时其能否独自一人负担起监护职责?尽管我们在收养人条件中规定了收养人必须具有抚养、教育和保护被收养人的能力,但不容否认的是,收养人年龄较大势必会在一定程度上影响其监护职责的承担。对于是否应当适当降低年龄差,在保护未成年人的合法权益与保证收养人的抚养教育能力之间,还应取得平衡与兼顾。本条尽管在年龄差上延续了收养法原来的规定,但其最终的效果如何,还要经受实践的检验。

第一千一百零三条　继父或者继母经继子女的生父母同意,可以收养继子女,并可以不受本法第一千零九十三条第三项、第一千零九十四条第三项、第一千零九十八条和第一千一百条第一款规定的限制。

【释义】 本条是关于继父或者继母与继子女收养条件的规定。

在收养关系中,存在一类特殊主体之间的收养,即继父母对继子女的收养。子女跟随生父或生母再婚时,即使没有经过收养程序,子女与生父或生母的再婚配偶之间,也会因为再婚事实的存在而可能形成抚养教育关系。在这种情况下,就既存在子女与共同生活一方的生父或生母之间的父母子女关系,又存在子女与共同生活一方的生父或生母的再婚配偶之间的继父母子女关系。当然,根据本法第 1084 条第 1 款的规定,父母与子女间的关系,不因父母离婚而消除。离婚后,子女无论由父或者母直接抚养,仍是父母双方的子女。因此,子女与未共同生活的生母或者生父之间的父母子女关系,也并未因生父母离婚的事实而消除。同时,根据本法第 1072 条第 2 款的规定,继父或者继母和受其抚养教育的继子女间的权利义务关系,适用本法关于父母子女关系的规定。因此,如果继父或者继母与继子女间形成了抚养教育关系,也要适用本法关于父母子女关系的规定。在这种情况下,子女与继父或者继母以及与其自己的生父母间就会形成双重的父母子女关系,很容易在实践中因为这种双重权利义务的界限不明确而发生纠纷。在此前提下,继父或者继母通过收养继子女,则可以在双方之间形成养父母子女关系,同时因收养关系的成立,子女与生父母之间的亲子关系得以消除。这样一来,收养便使继父或者继母与继子女之间的双重关系简单化,权利义务更为清晰。正是基于这方面考虑,立法对于继父母收养继子女,规定了较为宽松的收养条件。

根据本条规定,继父或者继母收养继子女的,应当满足以下条件:一是必须经过子女的生父母同意。继父或者继母收养继子女的,一般而言,与继子女共同生活的生母或者生父会表示同意。因为无论最终收养是否成立,继子女与其共同生活的生母或者生父之间的父母子女关系是始终存在的。在这种情况下,与子女共同生活的生母或者生父如果同意其再婚配偶收养自己的子女,有利于在法律上尽快确定子女与其配偶之间的养父母子女关系,从而进一步稳定再婚后的家庭关系,使子女得到家庭关爱。相对而言,未与继子女共同生活的生父或者生母对于收养的意见更为重要,因为一旦继父或者继母与继子女之间的收养关系成立,就同时意味着子女与未共同生活的生父或者生母之间的父母子女关系消除,双方尽管在血缘上仍是亲子,但在法律上的父母子女关系将不复存在。因此,收养关系若要成立,必须首先得到生父母的同意。二是鉴于继父母收养继子女能够使亲子关系更为清晰,因此立法对于这种情况下的收养,同其他类型的特殊收养一样,在许多方面放宽了收养条件的限制。包括:(1)可以不受本法第1093条第3项的限制。即继父或者继母收养继子女的,继子女不必属于生父母有特殊困难无力抚养的子女。根据被收养人范围的一般要求,只有丧失父母的孤儿、查找不到生父母的未成年人以及生父母有特殊困难无力抚养的子女可以被收养,但在继父母收养继子女的情况下,继子女不必属于生父母有特殊困难无力抚养的子女。这相当于放宽了对于生父母经济或身体条件方面的要求,无论是否存在特殊困难,只要其主观上同意送养,都可以成立有效的收养关系。(2)可以不受本法第1094条第3项的限制。即生父母作为送养人时不必属于有特殊困难无力抚养子女的情形。同第1项的放宽条件相似,本项限制的放宽是从送养人角度作出的规定。一般而言,担任送养人的主体包括三类,即孤儿的监护人、儿童福利机构以及有特殊困难无力抚养子女的生父母。在继父母收养继子女的情况下,生父母作为送养人,即使不属于有特殊困难无力抚养的情形,根据本项规定,依然可以送养子女,成立其与继父或者继母之间的收养关系。(3)可以不受第1098条规定的限制。本法第1098条是对收养人应当具备条件的规定,包括子女数量、抚养能力、疾病情况、违法犯罪记录以及年龄等多个方面。在继父母收养继子女的情况下,可以不受这些条件的限制。客观而言,这一项条件的放宽是非常重大的,但考虑到继父母收养继子女后,毕竟尚有生父或者生母一方与其共同生活,同时亦有未共同生活一方生母或者生父的同意,因此这种条件的放宽,我们认为是可以接受的,也有助于鼓励更多的继父母与继子女间形成收养关系,尽快稳定家庭关系。(4)可以不受第1100条第1款规定的限制。本法第1100条第1款是对收养人收养子女数量的规定,即无子女的收养人可以收养2名子女,有子女的收养人只能收养1名子女。在继父母收养继子女的情况下，可以不受这种数量的限制。放宽收养子女数量的限制，有助于所有与生父或生母共同生活的子女同时被继母或者继父收养，使这些子女同在一个家庭成长，更有助于其身心健康。

需要指出的是，尽管本条对于继父母收养继子女作出了多方面的放宽规定，但这并不意味着在收养关系形成后，继父或者继母对于继子女所应承担的义务和责任可以有所减轻。根据本法第1111条的规定，自收养关系成立之日起，养父母与养子女间的权利义务关系，适用本法关于父母与子女关系的规定。同时，养子女与生父母以及其他近亲属间的权利义务关系，因收养关系的成立而消除。因此，一切父母子女间的权利义务，继父母自身份转变为养父母后，都应依法承担，不得推诿。

第一千一百零四条　收养人收养与送养人送养，应当双方自愿。收养八周岁以上未成年人的，应当征得被收养人的同意。

【释义】　本条是关于收养、送养自愿以及须征得一定年龄被收养人同意的规定。

收养是在收养人与被收养人之间成立拟制父母子女关系的法律制度，其牵涉送养人、收养人、被收养人等多方主体的权益。从本质上看，收养属于民事法律行为，需要体现当事人的意思自治，最大限度遵从当事人的自愿。根据本法有关收养制度的规定，这种意思自治须体现在送养人、收养人以及被收养人等各方主体是否同意收养的主观意志方面。本法第1093条、第1094条、第1098条分别对被收养人、送养人及收养人的范围或条件作了规定。这些主体在成立有效的收养关系时，必须真实、明确地表达收养意愿，如果这种意愿的表达非出于内心真意，则会影响收养关系的效力。

从境外立法来看，大多对于收养关系当事人，尤其是被收养人的收养意愿作了规定,这对于收养关系的有效成立至关重要。《德国民法典》第 1746 条第 1 款规定,子女的允许对于收养是必要的。就无行为能力或未满 14 岁的子女而言,只能由其法定代理人给予允许。除此之外,只能由子女自行给予允许;为此,子女必须得到其法定代理人的同意……第 2 款规定,子女已满 14 岁,并且不是无行为能力人的,到收养宣告生效时为止,子女可以向监护法院撤回允许。该项撤回必须作成公证证书。法定代理人的同意是不必要的。《意大利民法典》第 296 条规定,收养应取得收养和拟被收养人的同意。《瑞士民法典》第 265 条第 2 款规定,子女有判断能力者,非经其同意,不得收养之。第 265a 条第 1 款规定,收养,须取得被收养人的生父母的同意。我国澳门特别行政区民法典第 1833 条第 1 款规定,收养必须经下列之人同意:以上之待被收养人;与收养人未事实上分居之配偶;待被收养人之父母,即使其为未成年人或不行使亲权亦然,但如法院就待被收养人已作出司法交托之裁判,又或属第 1831 条第 2 款所指之情况,则无需取得待被收养人父母之同意;属第 1831 条第 2 款所指之情况时,须经该款所指之亲属或监护人同意,但法院就待被收养人已作出司法交托之裁判者除外。我国台湾地区"民法"第 1076-2 条规定,被收养者未满 7 岁时,应由其法定代理人代为并代受意思表示。满 7 岁以上之未成年人被收养时,应得其法定代理人之同意。被收养者之父母已依前 2 项规定以法定代理人之身份代为并代受意思表示或为同意时,得免依前条规定为同意。

本条与收养法的规定相比,仅在被收养人自己为同意的年龄标准方面作了修改,其他未作实质修改。根据本条规定,收养人收养与送养人送养,应当双方自愿。收养 8 周岁以上未成年人的,应当征得被收养人的同意。理解本条,需要注意以下几点:一是成立有效的收养关系,首先需要收养人有真实、自愿的收养意思表示。关于这一点,应该是不言自明的道理。作为收养人而言,如果其没有作出收养的意思表示,就不会有后续行为的形成及生效。从本章关于收养程序的规定看,如果没有收养人最初的收养意愿,就不可能有这些程序的启动。这里需要强调的是,收养人收养意愿的作出必须是真实、自愿的,如果这种收养意思表示是受胁迫、欺诈等作出的,就不会产生有效的收养关系,也必将有损被收养人的合法权益。当然,如果有关主体借收养之名行牟利之实,是被严格禁止的,要依法承担相应的法律责任。二是成立有效的收养关系,还需要送养人同意送养的真实意愿。根据本法第1094条的规定,可以担任送养人的个人和组织包括孤儿的监护人、儿童福利机构以及有特殊困难无力抚养子女的生父母。这些主体在依法送养未成年人时,必须要有同意送养的真实意思表示。以孤儿的监护人为例,即使孤儿的监护人丧失了监护能力,也不得强制其送养未成年人,此时可以通过变更监护人的方式实现对未成年人合法权益的保护。对于送养人同意送养意愿的强调,也再次彰显了对法律行为本质的尊重。三是如果被收养人属于8周岁以上的未成年人,还必须征得被收养人的同意才可收养。首先,本法第19条规定,8周岁以上的未成年人为限制民事行为能力人,实施民事法律行为由其法定代理人代理或者经其法定代理人同意、追认;但是,可以独立实施纯获利益的民事法律行为或者与其年龄、智力相适应的民事法律行为。本条根据本法总则编的这一规定,修改了收养法"收养年满十周岁以上未成年人的,应当征得被收养人的同意"这一规定,将"同意"的年龄标准由10周岁修改为8周岁。其次,收养的未成年人如果在8周岁以上,则其同意是收养能够有效成立的前提条件。换言之,即使送养人与收养人达成了收养合意,如果被收养人不同意被收养,则不得进行收养。之所以对限制行为能力的未成年人收养附加"同意"要件,主要是考虑到这一年龄段的未成年人相较于无行为能力的未成年人而言,已经有了比较成熟的自我意识,尤其是在涉及人身关系的变动方面,能够表达自己的真实意愿,作出符合自己内心真实意思的判断,这也是收养应当最有利于被收养人利益原则的体现。

第一千一百零五条　收养应当向县级以上人民政府民政部门登记。收养关系自登记之日起成立。

收养查找不到生父母的未成年人的，办理登记的民政部门应当在登记前予以公告。

收养关系当事人愿意签订收养协议的，可以签订收养协议。

收养关系当事人各方或者一方要求办理收养公证的，应当办理收养公证。

县级以上人民政府民政部门应当依法进行收养评估。

【释义】　本条是关于收养登记、收养公告、收养协议、收养公证以及收养评估的规定。

所谓收养登记，根据《民政部婚姻司谈收养登记的意义、范围和程序》（1992 年 4 月 1 日发布）的解释，是国家通过主管部门对申请建立收养关系的当事人，依照收养法规定的收养条件进行审查，对符合法定收养条件的，准予登记，发给收养证，收养关系随之成立的一项制度。它是中国公民收养查找不到生父母的弃婴、儿童以及社会福利机构抚养的孤儿和外国人收养中国儿童取得合法收养关系的必经程序。从这一规定来看，收养登记属于一种行政确认行为，行政机关只负责对当事人遵循平等自愿原则所建立收养关系的合法性及其结果进行审查确认。国家建立收养登记制度意义重大，通过这一制度，国家能够对收养关系的建立进行监督，及时发现和纠正违反收养制度的行为，依法保护收养关系当事人，尤其是被收养人的合法权益，促进家庭和睦和社会稳定。另外，国家要求对收养关系进行登记，还体现了国家对公民收养子女的关心，通过收养登记，亦可对公民进行有关收养的法制宣传，防止违反收养法律规定的行为发生。

本条第 1 款首先对收养登记作出规定。根据本款规定，收养应当向县级以上人民政府民政部门登记。收养关系自登记之日起成立。首先，负责代表国家进行收养登记的职能部门是民政部门,且在部门层级上必须是县级以上人民政府的民政部门。因此,办理收养登记的法定机关是县级以上人民政府的民政机关。由于被收养人的情况不一,针对不同类型的被收养人,承担具体登记职责的民政部门也有所不同。为进一步规范收养登记工作,我国先后颁布了《中国公民收养子女登记办法》《华侨以及居住在香港、澳门、台湾地区的中国公民办理收养登记的管辖以及所需要出具的证件和证明材料的规定》《收养登记工作规范》等规定。根据这些规定的要求,收养登记机关具体可分为:(1)收养社会福利机构抚养的查找不到生父母的弃婴、儿童和孤儿的,在社会福利机构所在地的收养登记机关办理登记;(2)收养非社会福利机构抚养的查找不到生父母的弃婴和儿童的,在弃婴和儿童发现地的收养登记机关办理登记;(3)收养生父母有特殊困难无力抚养的子女或者由监护人监护的孤儿的,在被收养人生父母或者监护人常住户口所在地的收养登记机关办理登记;(4)收养三代以内同辈旁系血亲的子女,以及继父或者继母收养继子女的,在被收养人生父或者生母常住户口所在地的收养登记机关办理登记;(5)华侨以及居住在我国香港、澳门特别行政区及我国台湾地区的中国公民在内地收养子女的,应当到被收养人常住户口所在地的直辖市、设区的市、自治州人民政府民政部门或者地区(盟)行政公署民政部门申请办理收养登记。

除具体收养登记机关的规定外,规范还针对不同类型的收养人规定了需要提交的不同登记申请材料:第一,收养人是内地居民的,应当向收养登记机关提交申请书以及下列证件、证明材料:(1)收养人的居民户口簿和居民身份证;(2)由收养人所在单位或者村民委员会、居民委员会出具的本人婚姻状况、有无子女和抚养教育被收养人的能力等情况的证明;(3)县级以上医疗机构出具的未患有在医学上认为不应当收养子女的疾病的身体健康检查证明;(4)收养查找不到生父母的弃婴、儿童的,应当提交收养人经常居住地计划生育部门出具的收养人生育情况证明。此外,对于收养继子女的,可以只提交居民户口簿、居民身份证和收养人与被收养人生父或生母结婚证明。第二,收养人是华侨的,申请办理收养登记应当提交的材料包括:(1)护照;(2)收养人居住国有权机构出具的收养人的年龄、婚姻、有无子女、职业、财产、健康、有无受过刑事处罚等状况的证明材料,该证明材料应当经其居住国外交机关或者外交机关授权的机构认证,并经中国驻该国使领馆或者经已与中国建立外交关系的国家驻该国使领馆认证。第三,收养人是居住在我国香港、澳门特别行政区及我国台湾地区的中国公民申请办理收养登记应当提交的材料包括:(1)居民身份证;(2)港澳居民来往内地通行证或者同胞回乡证与中华人民共和国主管机关给我国台湾地区居民签发或签注的有效旅行证件;(3)有关机构出具的收养人的年龄、婚姻、有无子女、职业、财产、健康、有无受过刑事处罚等状况的证明材料。

送养人应当向收养登记机关提交的证件及证明材料包括:(1)送养人的居民户口簿和身份证明(送养人是组织机构的,提交其负责人的身份证件)。(2)送养人是社会福利机构的,应当提交弃婴、儿童进入社会福利机构的原始记录,公安机关出具的捡拾弃婴、儿童报案的证明,或者孤儿的生父母死亡或者宣告死亡的证明。(3)送养人是监护人的,应当提交实际承担监护责任的证明,孤儿的父母死亡或者宣告死亡的证明,或者被收养人生父母无完全民事行为能力或者对被收养人有严重危害的证明。(4)送养人是生父母的,应当提交与当地计划生育部门签订的不违反计划生育规定的协议;有特殊困难无力抚养子女的,还应当提交其所在单位或者村民委员会、居民委员会出具的送养人有特殊困难的证明。其中,因丧偶或者一方下落不明由单方送养的,还应当提交配偶死亡或者下落不明的证明;子女由三代以内同辈旁系血亲收养的,还应当提交公安机关出具的或者经过公证的与收养人有亲属关系的证明。(5)被收养人是残疾儿童的,应当提交县级以上医疗机构出具的该儿童的残疾证明。

其次,收养关系的成立以登记日期为准。这一规定意味着,我国的收养制度采取登记成立的法定原则,即收养必须办理登记后才能有效成立,否则收养关系无效。收养登记作为一种行政确认行为,有助于国家对收养行为合法性的监督,更好地保障收养关系当事人的合法权益。

本条第2款规定,收养查找不到生父母的未成年人的,办理登记的民政部门应当在登记前予以公告。本款源于收养法第14条,是对于收养查找不到生父母的未成年人的登记程序的特殊要求。对于查找不到生父母的未成年人而言,尽管在送养人提交申请文件及材料环节已经要求其提交相关的原始记录、报案证明等,但为了在正式办理登记前再次确认该未成年人确属查找不到生父母的状况,本款对办理登记的民政部门附加了应予公告的义务,其目的在于最大限度地查找未成年人的生父母,尽可能使未成年人回归原始家庭,以最大限度保护其合法权益。根据《中国公民收养子女登记办法》第7条第2款的规定,收养查找不到生父母的弃婴、儿童的,收养登记机关应当在登记前公告查找其生父母;自公告之日起满60日,弃婴、儿童的生父母或者其他监护人未认领的,视为查找不到生父母的弃婴、儿童。公告期间不计算在登记办理期限内。因此,对于查找不到生父母的未成年人的收养程序的办理,除遵从一般的程序性要求外,还必须按要求进行公告。

本条第3款是关于收养协议的规定,即收养关系当事人愿意签订收养协议的,可以签订收养协议。与收养登记不同,本法对于收养协议的签订并非强制性规定,而是可以由当事人根据具体情况自愿选择是否签订。鉴于收养是变更身份的民事法律行为,如果当事人选择签订,必须由收养人与送养人双方亲自进行,不得由他人代理。收养协议中,无论是收养人、送养人还是被收养人,必须符合法律规定的条件要求,其内容也必须符合相关的规定。如果被收养人已年满8周岁,收养协议中还必须包含被收养人同意收养的意思表示。从形式上讲,收养协议应当采用书面形式,双方当事人各执一份,协议自双方当事人在协议上签字盖章之日起生效。

本条第 4 款是关于收养公证的规定，即收养关系当事人各方或者一方要求办理收养公证的，应当办理收养公证。从这一规定看，收养公证并非收养的必经程序，只有收养关系的各方当事人或者一方当事人提出办理收养公证的要求时，才依法予以办理。从办理顺序上看，公证一般应当在签订收养协议并且办理收养登记后进行；如果尚未办理收养登记，仅就收养协议进行公证，只能证明协议是真实合法的，并不能证明收养关系已经成立。根据《司法部关于贯彻执行〈中华人民共和国收养法〉若干问题的意见》的规定，修改后的收养法施行后，收养关系的成立和协议解除收养关系均以登记为准。公证机构办理收养协议或者解除收养关系协议公证时，应告知当事人有关办理登记的法律规定并记录在卷，但已经登记的除外。因此，要牢牢把握收养关系成立以登记为准的原则，避免以收养公证代替收养登记来认定收养关系的成立。

本条第 5 款是关于收养评估的规定，即县级以上人民政府民政部门应当依法进行收养评估。本法第 1044 条第 1 款确立了收养应当遵循最有利于被收养人的原则，第 1098 条规定了收养人应当具备的条件。通过收养评估，能够更加准确、客观地确定收养人所具备的抚养教育被收养未成年人的能力，使更符合条件、更具备能力的主体成为收养人，能够从程序和实体两方面保障被收养人的利益，体现最有利于被收养人的收养原则。从世界上其他国家和地区的规定看，美国、加拿大、西班牙、荷兰、法国、挪威等国家都有对收养人能力的调查了解程序，我国港澳台地区也均在收养工作中建立了收养能力评估机制。我国民政部于 2012 年 6 月、2014 年 6 月分两批启动开展了收养能力评估试点工作，截至目前，国内(港澳台地区除外)除新疆维吾尔自治区外的其他 30 个省、直辖市、自治区均已覆盖了收养能力评估试点，个别省份的试点工作已经全面铺开。从实践情况看，绝大多数试点地区均引入了专业社工力量，使用了社会工作方法，收养评估的内容包括收养动机、家庭状况、品德品行等方面，评估结果更具科学性和可行性。考虑到收养评估所具有的重要意义，结合各地已经较为成熟的试点经验情况，本款对收养评估作了规定。根据这一规定，收养评估由县级以上人民政府民政部门负责实施，且应当依法进行。关于收养评估的标准、程序、条件、范围等，可由国务院有关部门根据本款的规定制定具体的实施办法。

第一千一百零六条　收养关系成立后，公安机关应当按照国家有关规定为被收养人办理户口登记。

【释义】　本条是关于为被收养人办理户口登记的规定。

收养关系成立后，收养人与被收养人之间就成立了拟制的父母子女关系，适用一切同父母子女关系有关的规定。从户籍管理的角度，既然在法律上被收养人已经成为收养人的子女，理应将被收养人纳入收养人的户籍之中。根据《中国公民收养子女登记办法》第8条的规定，收养关系成立后，需要为被收养人办理户口登记或者迁移手续的，由收养人持收养登记证到户口登记机关按照国家有关规定办理。围绕本条，需要明确以下几点：第一，为被收养人办理户口登记的前提是必须成立收养关系。根据本法第1105条第1款的规定，收养关系自登记之日起成立。只有通过合法的收养登记成立收养关系后，收养人才能申请公安机关为被收养人办理有关的户口登记。第二，办理登记的职能部门是公安机关。这一点是由我国的户籍管理体制所决定的，无需多言。第三，根据被收养人的不同情况，需要办理的户口登记类型既包括原始的户口登记，也包括户口迁移。比如，在为孤儿、生父母有特殊困难无力抚养的子女办理户口手续时，因其户籍原来可能已落在其生父母或者其他监护人处，因此需要办理的是户口的迁移手续；而如果是为儿童福利机构抚养的查找不到生父母的未成年人办理户口手续，因本就无法查知其生父母原来的户籍所在地，此时需要为被收养人办理的就是原始的户籍登记手续。第四，为被收养人办理户口登记，需要依照国家有关规定进行。我国有不少关于户口登记的管理制度，这些制度对于规范公众的户口关系、提升户籍管理水平发挥了重要作用,为被收养人办理户口登记时,应当按照这些规定的要求,依法办理。尤其是随着近些年城镇化进程的加快,大城市"落户难"的情况日益突出。如果对被收养人不加区别地一律准予在收养人所在地落户,可能会出现与收养人所在城市、省份户籍管理政策相抵牾的现象,不利于当地的人口管理。甚至在个别地方会出现借收养之名达到落户的目的等情形。在这种情况下,严格依照有关规定办理被收养人的户口登记,就显得尤为重要。

第一千一百零七条　孤儿或者生父母无力抚养的子女,可以由生父母的亲属、朋友抚养;抚养人与被抚养人的关系不适用本章规定。

【释义】　本条是关于生父母的亲属或者朋友抚养其子女不适用收养的规定。

本法第 1093 条规定了被收养人的范围,包括丧失父母的孤儿、查找不到生父母的未成年人以及生父母有特殊困难无力抚养的子女。也就是说,这三类主体可以通过收养制度来实现权益保护的目的。那么,除了适用收养制度之外,是否还可以通过别的方式保护该类主体的权益?根据本条规定,通过抚养的方式,我们也可以实现对于孤儿以及生父母无力抚养的子女的照顾养育,只是抚养人与被抚养人之间的关系不适用本章关于收养的规定。

所谓抚养,是指无民事行为能力或者限制民事行为能力的未成年人的亲属或者其他主体对未成年人所承担的供养、保护和教育的责任。一般来说,引起抚养权变更的原因大致包括以下几点:一是与未成年子女共同生活并负有抚养义务的一方患有严重疾病或因伤残等丧失继续抚养未成年子女的条件。二是与未成年子女共同生活的一方未尽到抚养义务或者在共同生活期间有虐待行为的发生,对于未成年子女的身心健康产生了不利的影响。三是共同生活的未成年子女在满 8 周岁以后,要求并愿意与另一方生活。根据本法规定,抚养包括的范围较广,首先,父母对子女有抚养的义务。本法第26条第1款规定,父母对未成年子女负有抚养、教育和保护的义务。其次,祖父母、外祖父母在一定情形下对孙子女、外孙子女也负有抚养义务。本法第1074条第1款规定,有负担能力的祖父母、外祖父母,对于父母已经死亡或者父母无力抚养的未成年孙子女、外孙子女,有抚养的义务。最后,兄、姐与弟、妹在一定条件下,也相互负有扶养的义务。本法第1075条规定,有负担能力的兄、姐,对于父母已经死亡或者父母无力抚养的未成年弟、妹,有扶养的义务。由兄、姐扶养长大的有负担能力的弟、妹,对于缺乏劳动能力又缺乏生活来源的兄、姐,有扶养的义务。与抚养的适用范围较广不同,收养只能是在收养人与被收养人之间成立父母子女关系,且收养成立后,被收养人与其生父母及其近亲属之间的权利义务关系因收养的成立而消除。本条最主要的规范目的,即在于说明抚养关系与收养关系的不同以及抚养不能适用收养的有关规定。

根据本条规定,当孤儿或者生父母有特殊困难无力抚养的子女没有通过收养重新确立父母子女关系时,生父母的亲属、朋友可以通过抚养未成年人来实现对其权益的保护,其实质是未成年人的抚养权发生了变更。这不仅涉及未成年人今后的生活环境及成长条件的改变,而且关系各方面关系人的抚养权问题。首先,抚养权的变更,受影响最为直接的是未成年人本人。基于未成年人利益最大化的原则,当原先的抚养人死亡或者丧失抚养条件时,变更抚养权能够有效维护未成年人良好的成长环境。其次,允许生父母的亲属、朋友在有抚养能力及抚养意愿时承担抚养未成年人的义务,充分考虑到了生父母与其亲属、朋友之间的情感联系,也在实现未成年人利益保护的同时,避免了有可能出现的法律冲突。最后,生父母的亲属、朋友抚养未成年人时,不受本章有关收养规定的限制。因此,本章有关收养条件、收养人数、收养登记等一系列规定,均不适用于生父母的亲属、朋友抚养未成年人的情形。当然,这里需要指出的是,如果生父母的亲属、朋友在承担了对未成年人的抚养义务之后，因为各种原因出现了无力承担抚养教育未成年人的情形，从保护未成年人利益的角度考虑，应当及时、再次变更抚养权人，以确保未成年人的利益不致受到损害。

第一千一百零八条　配偶一方死亡，另一方送养未成年子女的，死亡一方的父母有优先抚养的权利。

【释义】 本条是关于祖父母、外祖父母优先抚养权的规定。

根据本法第 1094 条的规定，生父母在因特殊困难无力抚养子女时，可以作为送养人，将子女送给他人收养。同时，本法第 1097 条对于生父母送养子女的原则性要求作了规定，即生父母送养子女的，应当双方共同送养。那么，在配偶一方死亡的情形之下，另一方也可能因存在特殊困难无力抚养子女而存在送养子女的需求，此时，这种送养行为是否应当受到一定限制？这里首先需要指出的是，对于监护人送养孤儿的，本法第 1096 条是作出了限制性规定的。根据该条，监护人送养孤儿的，应当征得有抚养义务的人同意。有抚养义务的人不同意送养、监护人不愿意继续履行监护职责的，应当依照有关规定另行确定监护人。那么，对于配偶一方死亡，另一方决定送养未成年子女的，需要受到何种限制性要求？

根据本条规定，配偶一方死亡，另一方送养未成年子女的，死亡一方的父母有优先抚养的权利。在我国的国情下，一般而言，祖父母、外祖父母对于自己的孙子女、外孙子女都疼爱有加，所谓“隔代亲”即指此义。尤其是，当自己的子女死亡后，无论是基于对孙子女、外孙子女的疼爱，还是基于对自己子女情感的延续，祖父母、外祖父母一般都愿意承担起抚养孙子女、外孙子女的责任。在这一背景下，本条赋予他们在未成年人被送养时优先抚养的权利，这对于未成年人而言，无疑是有利的，也尊重了祖父母、外祖父母对自己子女、对孙子女、外孙子女的情感需求。依据本条，如父亲死亡,母亲因特殊困难送养未成年子女的,祖父母可以不同意送养,而主张由自己抚养孙子女。同样,母亲死亡,父亲因特殊困难送养未成年子女的,外祖父母也可以不同意送养,表示由自己抚养外孙子女。本条赋予祖父母、外祖父母对于孙子女、外孙子女优先抚养的权利,能够使未成年人在充满关爱的熟悉环境中健康成长,有助于保护未成年人的利益。

关于本条,需要明确以下几个问题:第一,根据本条规定,优先抚养权产生于生存一方配偶送养未成年子女之时,即当生存一方配偶作出送养其未成年子女的意思表示之时,死亡一方配偶的父母的优先抚养权即产生。这既有助于保护优先权人的合法权利,同时也便于为未成年人创造良好的成长环境。同时,优先抚养权作为死亡一方配偶的父母享有的一项民事权利,其可以根据权利自由处分的原则对优先抚养权表示放弃。在放弃的具体方式上,可以分为“明示放弃”与“默示放弃”。前者是指优先抚养权人在送养人送养未成年子女时,明确地表示自己不抚养该子女;后者则是指优先抚养权人明知送养人要送养未成年子女,但其既不作出优先抚养的直接、明确的意思表示,也没有阻止他人收养该子女,据此可以推定优先抚养权人放弃了优先抚养权。第二,优先抚养权并不绝对,在有的情况下,从有利于未成年人利益最大化的角度出发,可以考虑限制甚至剥夺优先抚养权人的优先抚养权。比如,优先抚养权人存在严重危害未成年人身心健康的现实危险、优先抚养权人不具备实际的抚养能力等。此外,如果未成年人属于8周岁以上的限制行为能力人,在确定抚养权人时还要充分听取未成年人的意愿。第三,在有的情况下,如死亡一方配偶的父母离婚,但两人同时主张优先抚养权,需要首先审查他们是否同时具备优先抚养权。如果同时具备优先抚养权,就要综合考虑各种因素,并可以听取送养人的意见,确定由其中一人抚养未成年人。第四,优先抚养权的产生具有先决条件,即必须是在配偶一方死亡并且另一方送养子女时,死亡一方配偶的父母才可主张。换言之,如果配偶一方死亡,另一方并无送养子女的意思表示，该方作为子女的生父或者生母，仍然是未成年子女的监护人和法定代理人，由其继续承担对于子女的抚养、教育及保护义务，死亡一方配偶的父母无权主张优先抚养。

第一千一百零九条　外国人依法可以在中华人民共和国收养子女。

外国人在中华人民共和国收养子女，应当经其所在国主管机关依照该国法律审查同意。收养人应当提供由其所在国有权机构出具的有关其年龄、婚姻、职业、财产、健康、有无受过刑事处罚等状况的证明材料，并与送养人签订书面协议，亲自向省、自治区、直辖市人民政府民政部门登记。

前款规定的证明材料应当经收养人所在国外交机关或者外交机关授权的机构认证，并经中华人民共和国驻该国使领馆认证，但是国家另有规定的除外。

【释义】　本条是关于外国人在中国收养子女的规定。

关于外国人在我国收养子女，即涉外收养，在1978年改革开放以前，数量是非常少的。1978年改革开放以后，中国涉外收养的数量逐步增加，但关于涉外收养的法律仍然是一片空白。1988年，政府放宽了收养政策，我国涉外收养的规模逐步呈增长之势。其时，从国际上看，涉外收养已经得到了广泛的认可和推行。1964年召开的海牙国际私法会议制定了《收养管辖权、法律适用和判决承认公约》；1967年欧洲理事会起草了《关于儿童收养的欧洲公约》，用以解决欧洲范围内的儿童涉外收养问题。我国在1991年正式颁布了收养法，该法对于涉外收养作出了明确规定。收养法第21条前两款规定："外国人依照本法可以在中华人民共和国收养子女。外国人在中华人民共和国收养子女，应当经其所在国主管机关依照该国法律审查同意。收养人应当提供由其所在国有权机构出具的有关收养人的年龄、婚姻、职业、财产、健康、有无受过刑事处罚等状况的证明材料，该证明材料应当经其所在国外交机关或者外交机关授权的机构认证,并经中华人民共和国驻该国使领馆认证。该收养人应当与送养人订立书面协议,亲自向省级人民政府民政部门登记。”紧接着,司法部、民政部于1993年联合发布了《外国人在中华人民共和国收养子女实施办法》(已被1999年发布的《外国人在中华人民共和国收养子女登记办法》废止),对涉外收养从具体实施层面作了规定。2011年4月1日实施的涉外民事关系法律适用法对涉外收养的法律适用作了规定,其第28条规定:收养的条件和手续,适用收养人和被收养人经常居所地法律;收养的效力,适用收养时收养人经常居所地法律;收养关系的解除,适用收养时被收养人经常居所地法律或者法院地法律。相较于收养法,这一规定对于涉外收养的形式要件、法律效力、收养关系解除的法律适用的规定更明确,并且选择了经常居住地作为连接点,这与1993年的海牙公约保持了一致,符合国际的立法趋势。中国已与美国、英国、加拿大、瑞典、挪威、丹麦、荷兰、比利时、新加坡等17个国家建立了收养合作关系。截至2016年,我国涉外收养最多的年份是2005年,共有1.3万名中国儿童被外国家庭收养,占收养比例的25.49%。2005年后,收养比例虽有下降,但截至2012年,每年仍有3000余名儿童被国外收养,占比在13%以上。

本条第1款规定,外国人依法可以在中华人民共和国收养子女。这里的“依法”是指依照我国有关收养的法律法规进行收养行为。从这一表述看,外国人在我国为收养行为,在法律适用方面采取的是属地主义,即必须依照中国有关收养的法律法规进行。同时,根据该条第2款的规定,外国人在中华人民共和国收养子女,应当经其所在国主管机关依照该国法律审查同意。这说明,除了遵守我国的法律之外,外国人在中国收养子女的,还需要遵守所在国的法律规定。按照本章有关被收养人、送养人以及收养人条件的规定,外国人在我国收养子女的,必须符合这些实质性条件的要求:(1)被收养人方面,丧失父母的孤儿、查找不到生父母的未成年人以及生父母有特殊困难无力抚养的子女这三类主体,均可以作为涉外收养的被收养人由外国人收养。当然,由于我国的收养仅限于未成年人收养,因此,成年人收养并不在涉外收养的范围之列。(2)送养人方面,根据本法第 1094 条规定,孤儿的监护人、儿童福利机构以及有特殊困难无力抚养子女的生父母,均可以作为送养人送养未成年人。(3)收养人条件方面,本法第 1098 条规定了收养人应当同时具备的条件,包括无子女或者只有 1 名子女,有抚养、教育和保护被收养人的能力,未患有在医学上认为不应当收养子女的疾病,无不利于被收养人健康成长的违法犯罪记录,年满 30 周岁等。外国人原则上最多只能收养 2 名子女,但是如果收养的是孤儿、残疾未成年人或者儿童福利机构抚养的查找不到生父母的未成年人,可以不受收养人数及收养人子女数量的限制。

近 20 年来,在涉外收养实践中,大量外国人申请收养中国的未成年人。为了尽可能为被收养人提供优质、良好的生活环境,中国收养中心自 2007 年开始采取为具备较好条件的外国家庭“优先办理”涉外收养的做法,其实质进一步限缩了外国人收养中国未成年人的条件,主要内容包括:(1)具有由一男一女组成婚姻关系,且关系稳定的夫妻。夫妻双方均无前婚,则婚姻持续时间需满 2 年;夫妻任何一方有过前婚(不超过 2 次),则本次婚姻持续时间需满 5 年。(2)夫妻双方均年满 30 周岁且不满 50 周岁。收养特殊需要儿童的,夫妻双方均需年满 30 周岁且不满 55 周岁。(3)夫妻双方身心完全健康,未患有艾滋病、智力残疾、正在传染期的传染病、精神分裂症以及恶性肿瘤、癫痫、肾病等需要长期治疗、影响预期寿命的严重疾病等。(4)夫妻任何一方具有稳定的职业,包括预收养儿童在内,家庭人均年收入应满 1 万美元,且家庭净资产满 8 万美元。(5)夫妻双方均接受过高中以上文化教育,或接受过同等学力职业技术教育。(6)家中不满 18 周岁的孩子不满 5 名,且家中最小的孩子年满 1 周岁。收养特殊需要儿童不受“家中不满 18 周岁的孩子不满 5 名”的限制。(7)夫妻双方均未受过刑事处罚,道德品质良好,行为端正、遵纪守法,且均不具有下列情形:有过家庭暴力、性虐待、遗弃或者虐待儿童历史;有过使用鸦片、吗啡、大麻、可卡因、海洛因、冰毒等能够使人形成瘾癖的麻醉药品与精神药品的历史;有酗酒史且戒酒不满10年。(8)能正确认识收养,希望通过收养为未成年人提供一个温暖的家,满足被收养儿童健康成长的需要。正确理解跨国收养,对跨国收养可能存在的风险和被收养儿童潜在的疾病、发育滞后、安置后不适应等情况有心理准备。(9)在收养申请书中明确承诺能够接受安置后回访并按要求提供安置后报告。

本条第2款主要是对外国人收养程序的规定。根据规定,收养人应当提供由其所在国有权机构出具的有关其年龄、婚姻、职业、财产、健康、有无受过刑事处罚等状况等证明材料,并与送养人订立书面协议,亲自向省、自治区、直辖市人民政府民政部门登记。截至目前,与我国建立收养合作关系的国家有17个,包括美国、加拿大、英国、法国、西班牙、意大利、荷兰、比利时、丹麦、挪威、瑞典、芬兰、冰岛、爱尔兰、澳大利亚、新西兰、新加坡。这些国家的公民在中国收养子女的基本程序如下:第一,递交申请。依照《外国人在中华人民共和国收养子女登记办法》第4条规定向所在国中央机关提交收养申请和证明文件,具体包括:(1)收养申请书;(2)出生证明;(3)婚姻状况证明;(4)职业、经济收入和财产状况证明;(5)身体健康检查证明;(6)有无受过刑事处罚的证明;(7)收养人所在国主管机关同意其收养子女的证明;(8)家庭情况报告,包括收养人的身份、收养的合格性和适当性、家庭状况和病史、收养动机以及适合于照顾儿童的特点。上述八种证明文件,原则上需要由收养人所在国有权机构出具,经其所在国外交机关或者外交机关授权的机构认证,并经中华人民共和国驻该国使领馆认证。第二,受理登记。中国收养中心对申请进行登记,并通知相关外国中央机关或收养组织。第三,审核选配。根据外国收养人的条件和意愿并结合中国收养中心登记备案的儿童信息,为收养人选择合适的被收养儿童,同时通知外国中央机关或收养组织以征求收养人的意见。第四,签发通知。征得收养国中央机关和收养人同意后，中国收养中心签发来华收养子女通知书，并通知被收养人所在地的省级民政部门。第五，亲自来华。外国收养人接到来华收养子女通知书后，须持通知书原件亲自来华，到被收养人常住户口所在地的省级民政部门办理收养登记手续。第六，办理登记。省级民政部门对符合法律规定的收养关系当事人办理收养登记，为当事人办理收养登记，发给收养登记证书，收养关系自登记之日起成立。从上述具体程序看，我国的涉外收养手续还是较为复杂的，这能够有力保障被收养儿童的合法权益。

根据本条第 3 款规定，上述证明材料应当经收养人所在国外交机关或者外交机关授权的机构认证，并经中华人民共和国驻该国使领馆认证，国家另有规定的除外。与收养法的规定相比，本条增加了“国家另有规定的除外”的规定。这主要是考虑到，目前我国正在认真考虑、积极推动加入《关于取消外国公文书认证的公约》，增加除外规定能够为将来加入该公约、履行条约义务留下空间。该公约的主要目的是“愿意取消外国公文书需经外交或领事的认证”。

第一千一百一十条　收养人、送养人要求保守收养秘密的，其他人应当尊重其意愿，不得泄露。

【释义】 本条是关于保守收养秘密的规定。

收养在收养人与被收养人之间成立了拟制的父母子女关系，涉及送养人、收养人、被收养人等多方主体。收养的成立，势必会对收养家庭、原生家庭以及被收养人本身产生影响。从当事人的角度考虑，在收养成立、家庭关系重新稳定之后，可能会希望保守有关收养的秘密。这里既包括被收养人被收养的事实应予保密，也包括收养家庭、原生家庭的情况的保密。相较于原生家庭父母子女之间的亲子关系，收养所形成的拟制父母子女关系更容易受到外界的影响。实践中，有很多原本相处和谐融洽的养父母与养子女，在收养事实被披露后，心生隔阂，关系淡化，甚至最终导致收养关系的解除。因此,本条规定在收养人、送养人要求保守收养秘密时,其他人应当尊重其意愿,不得泄露。对于被收养人而言,保守收养秘密有助于稳定收养关系,避免对其心理产生影响,从而有利于被收养人的健康成长;对于收养家庭而言,保守收养秘密可以使其免受原生家庭的干扰,维护收养家庭与被收养人之间和睦稳定的家庭关系;对于原生家庭而言,也有助于维护其隐私,使生父母彻底与过去告别,开始新生活,避免被收养人对生父母现有生活的打扰。

从世界上一些国家和地区的立法看,秘密收养仍是境外法律确定为完全收养的一项基本的原则。比如,《美洲国家间关于未成年人收养的法律冲突公约》明确规定,在需要对收养进行保密的地方,应保证收养的秘密不被泄露。如果需要查阅被收养的未成年人及其亲生父母的健康状况的医院证明,也只能告知符合法定条件的适当人员,并不得公开被收养人及其亲生父母的姓名以及其他能证明其身份的资料。在美国收养法的发展过程中,秘密收养已成为一种习惯。在这种收养中,养父母和被收养人均不知晓被收养人生父母的身份。为保守这一秘密,收养记录经常被封存,至少到被收养子女长大成人。在美国有的州,这些记录甚至被永久封存。传统上,这些记录的公开途径仅包括法院的命令和正当理由。《德国民法典》规定,非经收养人和子女同意,不得公开或探听能够暴露收养及其具体情况的事实,但是如果出于公共利益上的特别理由而必须如此则例外。《新加坡儿童收养法》第12条专门对被收养人姓名、出生日期等方面的登记制度及其保密问题作了详细的规定。被收养人既可以按原出生日期与姓名进行登记,也可以经法院批准重新进行登记。被收养人的原始出生登记有关的记录文件以及与收养登记有关的记录文件应保密,一般不允许查阅和复制。在俄罗斯,所谓的"秘密收养"也受到法律保护。为了达到秘密收养的目的,不仅可以改变被收养人出生证中的出生地,而且允许在特殊情况下改变被收养儿童的出生日期,但不得超过3个月。改变被收养儿童的出生日期一般限于未满1岁的儿童。同时,俄罗斯法律特别规定了收养关系成立后作出收养判决的法官、进行收养登记的国家公务员以及其他一切知悉收养关系的人员,均应保守秘密,不得将信息向他人透露,否则将被追究法律责任。我国澳门特别行政区法律对于完全收养也采取秘密收养。我国澳门特别行政区民法典第1837条规定:不得向被收养人之生父母透露收养人之身份,但收养人透过明示意思表示不反对透露其身份者除外。被收养人之生父母得透过明示意思表示反对将其身份向收养人透露。

随着社会的不断发展,与秘密收养原则相对的未成年子女知情权的问题越来越引发关注。现代国家的立法中,也有一些通过规定收养信息披露来体现对未成年子女知情权重视的例子,最典型的莫过于英国。《英国2002年收养与儿童法》详细规定了收养信息的披露。该法第54条规定,收养机构在法定情形下可以依法将法定信息披露给准收养人。第58条规定,受保护信息以外的其他任何信息,为履行其职责,收养机构可以按法律规定依照协议向任何人披露;在法定情形下,收养机构应当将法定信息披露给法定人员。此外,该法还区分不同情形分别规定了对已成年的被收养人的信息披露、成年人的受保护信息的披露、未成年人的受保护信息的披露等。应当说,伴随着收养实践的发展以及人们价值理念的变化,保守收养秘密与确保被收养人知情权应如何协调的问题,已经变得越来越突出。与被收养人知情权可能存在冲突的另一个问题是被收养人生父母的隐私权。比如,在有的情形下,生父母送养子女之后,由于与子女的亲子关系已经消除,主观上会存在不想再被子女打扰的想法。如果强调被收养人的知情权,则势必二者会存在矛盾。对于这一矛盾,《海牙公约》的规定是:出生地国的中央当局应将有关儿童的报告及已获得了必要的同意和决定安置的理由的证明材料递送给接受国的中央机关,在出生地国,如果儿童的父母亲的身份不得揭露,则不应公开其身份。实际上,这采取的是更加注重保护收养秘密的立场。

第二节 收养的效力

第一千一百一十一条 自收养关系成立之日起,养父母与养子女间的权利义务关系,适用本法关于父母子女关系的规定;养子女与养父母的近亲属间的权利义务关系,适用本法关于子女与父母的近亲属关系的规定。

养子女与生父母以及其他近亲属间的权利义务关系,因收养关系的成立而消除。

【释义】 本条是关于收养拟制效力的规定。

收养在收养人与被收养人之间成立了拟制的父母子女关系。收养关系成立后,这种后天通过法律拟制形成的父母子女关系,是否与自然形成的父母子女关系同样适用法律?养子女与养父母的近亲属之间的权利义务关系,应当如何确定?收养关系成立后,养子女与生父母及其他近亲属之间的权利义务关系,是继续维持还是自此消除?这些属于本条的规范内容。

首先,关于养父母与养子女间的权利义务关系。根据本条规定,自收养关系成立之日起,养父母与养子女间的权利义务关系,适用本法关于父母子女关系的规定。这一点,许多国家和地区也都作了明确规定。比如,《德国民法典》第1754条规定:(1)一对夫妻收养子女,或配偶一方收养配偶另一方的子女的,该子女取得配偶双方的共同子女的法律地位。(2)在其他情形下,被收养子女取得收养人的子女的法律地位。(3)在第1款的情况下,配偶双方有权共同进行父母照顾,在第2款的情况下,收养人有权进行父母照顾。《法国民法典》第358条规定,被收养人在收养人家庭中享有与按照本卷第七编之规定确立亲子关系的子女相同的权利,负相同的义务。《瑞士民法典》第267条第1款规定,养子女,对于养父母,取得婚生子女的法律地位。我国台湾地区"民法”第 1077 条规定,养子女与养父母及其亲属间之关系,除法律另有规定外,与婚生子女同。由此可见,本条所确定的养父母子女间权利义务关系适用本法父母子女关系规定的原则,与世界上其他国家和地区的通行做法一致。本法关于父母子女关系的规定主要集中在总则编及婚姻家庭编。比如,本法第 26 条第 1 款规定,父母对未成年子女负有抚养、教育和保护的义务;本法第 1067 条第 1 款规定,父母不履行抚养义务的,未成年子女或者不能独立生活的成年子女,有要求父母给付抚养费的权利;本法第 1070 条规定,父母和子女有相互继承遗产的权利。这些规范父母子女权利义务关系的规定,都可在收养关系成立后,适用于养父母子女之间。换言之,尽管收养形成的是拟制血亲,但在法律适用方面,其与自然血亲之间并无差别。

其次,关于养子女与养父母的近亲属间的权利义务关系。由于收养关系成立后,养父母子女之间同自然形成的父母子女关系并无二致,因此,在养子女与养父母近亲属关系方面,也同样适用本法关于子女与父母的近亲属之间关系的规定。比如,根据本法第 1074 条第 1 款的规定,有负担能力的祖父母、外祖父母,对于父母已经死亡或者父母无力抚养的未成年孙子女、外孙子女,有抚养的义务。假如养父母与养子女形成收养关系后,养父母双双死亡或者丧失抚养能力,那么养父母的父母作为其近亲属,应当在有负担能力的情况下,承担起对未成年孙子女、外孙子女的抚养义务,尽管孙子女、外孙子女系其子女通过收养而来。对于这一点,我国台湾地区“民法”明确规定,养子女与养父母及其亲属间之关系,除法律另有规定外,与婚生子女同。

最后,本条第 2 款规定了收养关系成立后,养子女与生父母以及其他近亲属间的权利义务关系相应得以消除。收养关系成立后,养父母与养子女间形成了拟制的父母子女关系。此时,如果养子女与生父母的关系继续维持,则会出现双重的父母子女关系,这将使亲子关系变得较为复杂,也与人们的普遍认知不符。因此,本条作了上述规定。只要收养关系成立,养子女与生父母及其他近亲属间的权利义务关系就得以消除。许多国家和地区的立法对此作了类似规定。比如,《法国民法典》第356条第1款规定,收养,赋予儿童以亲子关系,替代其原有的亲子关系。被收养人不再属于和其有血缘关系的家庭,但是,第161条至第164条关于禁止结婚的规定保留执行。第2款规定,收养配偶的子女,对该配偶一方及其家庭仍然存在原有的亲子关系;除此之外,此种收养产生由夫妻二人进行收养所具有的诸种效果。《德国民法典》第1755条规定:(1)被收养人及其晚辈直系血亲与原血亲的血统关系和由该血统关系产生的权利和义务,随收养而消灭。收养前形成的被收养子女的请求权,特别是对定期金、孤儿补助金及其他相当的重复进行的给付的请求权,不因收养而受影响;前半句的规定,不适用于扶养请求权。(2)配偶一方收养其配偶子女的,只在子女与父母另一方及其血亲的关系中发生血统关系的消灭。《瑞士民法典》第267条第2款规定,原亲子关系消灭,但生父或生母与收养人结婚者,其与被收养人的亲子关系不消灭。关于本款,有的意见认为,应当参照有关国家和地区的规定,增加继父母收养继子女时,对于该款所规定亲子关系解消效力的部分阻却效果。经研究,我们认为,在继父母收养继子女的情形下,即使不规定亲子关系解消效力的阻却效果,与子女共同生活的生父母与子女之间的关系亦会因收养关系的成立而继续适用本法有关父母子女关系的规定。从实质的效果来看,规定阻却效果与否并不影响最终亲子关系的法律适用。因此,本条对此未作规定。

第一千一百一十二条　养子女可以随养父或者养母的姓氏,经当事人协商一致,也可以保留原姓氏。

【释义】 本条是关于养子女姓氏选取的规定。

根据本法第1106条的规定,收养关系成立后,公安机关应当按照国家有关规定为被收养人办理户口登记。在办理登记的过程中,养子女的姓氏选取应当如何确定,是一个值得思考的问题。

是沿用自己原来的姓氏,还是随养父或者养母的姓氏?是尊重当事人意愿,还是由国家作出统一规定?本条对此确定的原则是,养子女可以随养父或者养母的姓氏,经当事人协商一致,也可以保留原姓氏。从这一规定看,在收养关系成立后养子女姓氏的选取方面,立法还是充分尊重了各方当事人的意愿。

世界上一些国家和地区的民法对于养子女姓氏选取的问题也作了规定。《瑞士民法典》第267条第3款规定,收养关系成立后,得为养子女取新名。《法国民法典》第357条规定,收养,赋予子女以收养人的姓氏,如收养人是夫妇二人,赋予养子女的姓氏,按照第311-21条所表述的规则确定。(如果子女的亲子关系最迟于其出生之日或随后同时对父母双方确定,由父母双方选择转归子女的家族姓氏;或者选择夫姓,或者选择母姓,或者父母双方按照选定的顺序将两姓氏结合使用,但仅限于父母双方的家族姓氏。在父母双方没有向户籍官员共同声明指出子女所选用的姓氏时,该子女取其首先确立亲子关系的父、母一方的姓氏,而如果该子女是同时对父母双方确立亲子关系,则取其父姓。)如收养人是已婚妇女,或者是已婚男子,法院得在收养判决中决定,经配偶同意,赋予被收养人以配偶的姓氏。法院应收养人的请求并征得收养人配偶的同意,可以赋予养子女以收养夫妇两人结合的姓氏,其先后顺序由夫妇二人确定,但以夫妇二人的家庭姓氏为限制范围。我国澳门特别行政区民法典第1840条规定:(1)被收养人丧失其原来的姓氏,其新姓名须按照经作出必要配合之第1730条之规定而确定。(2)如更改被收养人之名字会保障其利益,尤其保障个人身份权有利于融入新家庭,则法院应收养人之请求,得在合理情况下更改被收养人之名字。我国台湾地区"民法"第1078条规定,养子女从收养者之姓或维持原来之姓。夫妻共同收养子女时,于收养登记前,应以书面约定养子女从养父姓、养母姓或维持原来之姓。

本条规定养子女可以随养父或者养母的姓氏,这与本法人格权编有关子女姓氏选取的规定也是一致的。本法第1015条第1

款规定,自然人应当随父姓或者母姓,但是有下列情形之一的,可以在父姓和母姓之外选取姓氏:(1)选取其他直系长辈血亲的姓氏;(2)因由法定扶养人以外的人扶养而选取扶养人姓氏;(3)有不违背公序良俗的其他正当理由。收养关系成立后,养父母与养子女间成立了法律拟制的父母子女关系,允许养子女选取养父或者养母的姓氏,既有助于增强养子女与养父或者养母之间相互的情感认同,便于其更好更快融入收养家庭,也有利于对他人保守收养秘密,维护当事人的隐私权。当然,从另一方面来说,送养人与收养人在收养关系成立时也可能早已约定好未成年子女的姓氏问题,如果双方协商一致,法律也并不禁止未成年被收养人保留原姓氏。比如,在生父母因特殊困难无力抚养而送养子女时,基于情感方面的考虑,生父母可能希望子女在被他人收养之后仍保留原姓氏。此时,如果收养人对此不持异议,当然是允许的。这充分体现了对于收养关系当事人意思自治的尊重,在实践中也不会有操作上的困难。

第一千一百一十三条　有本法第一编关于民事法律行为无效规定情形或者违反本编规定的收养行为无效。

无效的收养行为自始没有法律约束力。

【释义】　本条是关于收养行为无效的规定。

收养关系成立之后,在一般情形下,是有效的收养。那么,在哪些情形下收养行为有可能被认定无效,实际上体现了公权力对于收养行为的干预。这其中的原因在于,尽管收养是一种具有人身性质的民事法律行为,其核心是当事人的合意,但作为民事法律行为,收养还必须受到民事法律行为效力判断一般原则的约束,同时也要接受国家在收养领域的一些强制性干预,以确保行为自身的合法性、正当性。本条基于以上考虑,对于无效收养行为作了规定,即有本法总则编关于民事法律行为无效规定情形或者违反本编规定的收养行为无效。

世界上有的国家和地区的立法对于收养效力的问题作了规定。《日本民法典》第 802 条规定,收养限于下列各项情形,为无效:(1)因错认人或其他事由,当事人之间无实行收养的意思时;(2)当事人不进行收养申报时。但是,其申报仅欠缺第 739 条第 2 款所载条件时,收养不因此而妨碍其效力。日本除规定了收养行为的无效外,还同时规定了收养的撤销制度。《日本民法典》第 804 条至第 808 条分别规定了养父母系未成年人的收养的撤销、养子女系尊亲属等的收养的撤销、监护人与被监护人之间未经许可的收养的撤销、配偶不同意的收养的撤销、监护人不同意的收养的撤销以及未经许可的养子女为未成年人的收养的撤销。《韩国民法典》第 883 条规定,收养存在下列各项情形之一时无效:(1)当事人之间无收养合意;(2)违反第 869 条(不满 15 岁者的收养承诺)、第 870 条第 1 项规定(被收养人父母的同意及其免除)。我国台湾地区"民法"第 1079-4 条规定,收养子女,违反第 1073 条(收养年龄之规定)、第 1073-1 条(不得为子女之亲属之规定)、第 1075 条(同时为二人养子女之禁止)、第 1076-1 条(生父母同意之规定)、第 1076-2 条第 1 款(未满 7 周岁的被收养人,需其法定代理人代受意思表示之规定)或第 1079 条第 1 款之规定(收养方法之规定)者,无效。同时,我国台湾地区"民法"对于收养行为的撤销也作了规定:第 1079 条第 2 款的规定,收养子女,违反第 1074 条之规定者,收养者之配偶得请求法院撤销之;违反第 1076 条第 6 项或第 1079 条第 3 项之规定者,被收养者之配偶或法定代理人得请求法院撤销之。《瑞士民法典》第 269 条规定,没有法定原因而未取得同意的,有同意权的人得在法官处提出收养无效之诉,但以不严重影响养子女的利益为限。生父母可诉请联邦法院裁决的,无前项所规定的诉权。第 269 条之一规定,收养,除前款情况外,仍存在其他重要缺陷时,任何利害关系人,特别是原籍或住所所在地的乡镇可对收养提出无效之诉。但是,如收养后缺陷得到弥补或仅存在违反程序的规定的,不得据此提出收养无效之诉。第 269 条之二规定,收养无效之诉应在发现无效原因之后的6个月内提出。无论何种情形,收养后经2年时间,时效消灭。

从上面列举的情况看,各国和地区在收养效力的立法方面存在差异,大致可以分为三种模式:一是同时规定了收养的无效和撤销,最典型的如日本、我国台湾地区;二是仅就收养的无效,包括无效原因、提起收养无效之诉的诉讼时效等问题作了规定,未规定收养的撤销,最典型的如瑞士;三是对收养的撤销采"禁止主义",坚持收养的"非撤销性",仅在特殊情况下(如非婚生子女的准正),允许撤销收养,最典型的立法如英国。各国和地区在收养效力问题上的立法差异,实际反映出不同国家和地区的收养立法对于收养目的、性质等认识上的差别。

本条对于收养效力问题,采取了与收养法一致的做法,只规定了收养行为的无效。根据本条规定,在两种情形之下,收养行为将被认定为无效。第一,有本法总则编关于民事法律行为无效规定的情形。本法第6章民事法律行为专设第3节规定了民事法律行为的效力。第143条首先从正面规定了民事法律行为有效应当具备的条件,包括行为人具有相应的民事行为能力、意思表示真实以及不违反法律、行政法规的强制性规定,不违背公序良俗。在此基础上,如果不具备或者不完全具备这些条件的民事法律行为,其效力将受到影响,具体可导致无效、可撤销、效力待定等多种效力形态。其中,属于无效民事法律行为的情形包括:(1)无民事行为能力人实施的民事法律行为无效。(2)行为人与相对人以虚假的意思表示实施的民事法律行为无效。(3)违反法律、行政法规的强制性规定的民事法律行为无效,但是该强制性规定不导致该民事法律行为无效的除外。(4)违背公序良俗的民事法律行为无效。(5)行为人与相对人恶意串通,损害他人合法权益的民事法律行为无效。从总则编的规定看,这些无效情形涵盖了行为人行为能力欠缺、意思表示不真实、违法性等各个方面,是总则编对于民事法律行为效力否定性评价的主要依据。收养作为具有人身性质的民事法律行为,自然应当受到总则编有关民事法律行为效力评价规定的约束。如果送养人与收养人之间的收养行为具有上述情形的,则行为应属无效。第二,违反本编规定的收养行为无效。除具有总则编无效情形的收养行为应属无效收养之外,如果收养行为违反了婚姻家庭编的规定,也应属于无效的收养行为。例如,收养行为违反了有关被收养人、送养人、收养人的条件,以及收养人数的限制、无配偶者收养异性子女的年龄限制等。又如,未依法向县级以上民政部门办理收养登记。再如,违反有关收养应当遵循最有利于被收养人的原则,保障被收养人和收养人的合法权益的规定,违反禁止借收养名义买卖未成年人的规定等,均为无效收养。

本条第 2 款规定,无效的收养行为自始没有法律约束力。根据本法第 155 条规定,无效的民事法律行为自始没有法律约束力。收养作为具有人身性质的民事法律行为,也应遵循法律行为制度的基本原理,一旦被认定无效,也应当是从行为一开始便没有法律约束力。

第三节　收养关系的解除

第一千一百一十四条　收养人在被收养人成年以前,不得解除收养关系,但是收养人、送养人双方协议解除的除外。养子女八周岁以上的,应当征得本人同意。

收养人不履行抚养义务,有虐待、遗弃等侵害未成年养子女合法权益行为的,送养人有权要求解除养父母与养子女间的收养关系。送养人、收养人不能达成解除收养关系协议的,可以向人民法院提起诉讼。

【释义】　本条是关于收养人、送养人协议解除及诉讼解除收养关系的规定。

收养是在收养人、被收养人之间成立拟制父母子女关系的制度。收养关系自成立之日起,就需要遵循最有利于被收养人的原则,保障被收养人和收养人的合法权益。可以说,最有利于被收养人的原则,需要贯穿收养行为的始终。收养关系成立后,收养人与被收养人之间成立了父母子女关系,收养人作为养父母,应当依法承担起抚养、教育、保护未成年子女的义务,尽心竭力履行监护职责,为未成年子女的健康成长创造良好的条件。同时,这种职责的承担也使收养人能够真正分享为人父母的快乐,符合收养的初衷。因此,从有利于未成年子女成长的角度考虑,本条确立了原则上在被收养人成年之前,收养人不得单方解除收养关系的规定。这主要是出于确保被收养人能够正常获得生活来源得以健康成长的考虑。如果允许收养人在被收养人成年之前随意解除收养关系,就有可能出现被收养人无人抚养的情形,势必会影响被收养人的生活及成长。当然,这种对收养关系解除的禁止也并非绝对,如果作为收养关系双方当事人的收养人与送养人能够就解除收养关系达成一致协议,被收养人就不会陷入无人抚养的境地,此时,是可以解除收养关系的。但对于被收养人达到8周岁以上的,还需要征得被收养人本人的同意。这里要求征得8周岁以上的被收养人同意,同样也是出于未成年人利益最大化的考虑。未成年的被收养人尽管不是订立收养协议的当事人,但是对于限制行为能力的被收养人而言,其已经具备了一定的认知能力,在决定是否解除收养关系的时候,要求征得被收养人的意见,充分体现了对于未成年子女利益的重视和尊重。

在有的情形下,收养人不履行抚养义务,甚至可能存在虐待、遗弃等损害未成年养子女合法权益的现象。在这种情况下,如果不允许解除收养关系,可能更不利于未成年子女的健康成长。同时,送养人作为送养主体,尽管在收养关系成立后就与被收养人不再具有抚养与被抚养的关系,但赋予送养人必要的"监督"职责,仍是必要的。送养人在收养人具有上述情形时,可以向收养人提出解除收养关系;如果送养人与收养人无法就解除收养关系达成协议,可以通过向法院提起诉讼的方式申请解除。

世界上许多国家和地区的立法对收养关系的解除都作了规

定。《法国民法典》根据收养效力的不同将收养区分为“完全收养”和“不完全收养”，完全收养不得撤销或者解除，不完全收养则可以有条件地解除：(1)解除收养关系只能由当事人向法院申请；(2)申请人可以是收养人，也可以是被收养人；(3)当事人申请解除收养关系必须“证明有重大理由”；(4)如果申请由收养人提出，那么仅在被收养人已经超过15周岁时法院才可以受理；(5)如果申请由被收养人(包括养子女本人及其血亲近亲)提出，则可以不受被收养人必须15周岁以上的限制；被收养人如果是未成年人，则解除收养关系的请求由其生父母提出，生父母死亡的，可以由与被收养人有血缘关系的原家庭成员提出。此外，如果被收养人是未成年人，也可以由检察院向管辖法院提出解除收养关系的申请。不完全收养的解除经当事人向法院提出后，由法院对申请进行严格审查，并以判决的方式判定是否准予解除收养关系。同时，法院必须在该判决中说明准予或者不准解除收养关系的理由。《德国民法典》将收养区分为成年人收养和未成年人收养。对于前者，只要存在重要理由，收养人或者被收养人就可以向监护法院提出解除收养关系的申请，由监护法院宣告解除收养关系；对于后者，则按照有关情形区分为因缺乏当事人申请等原因解除和依职权解除两种类型。根据《德国民法典》第1760条的规定，因缺乏当事人申请等原因解除收养关系的情形包括：(1)未经收养人、送养人或者被收养人同意的收养；(2)当事人在为收养成立意思表示时，处于失去知觉或者暂时精神错乱状态或者无行为能力；(3)受胁迫、欺诈所作出同意收养的意思表示等。当然，即使存在上述情形，但如解除收养关系会使被收养人的幸福显然被危害的，收养关系不得解除。所谓依职权解除收养关系，根据《德国民法典》第1763条的规定，是指监护法院可以在“如果为了子女的幸福而有重要理由必须如此”的情况下依职权解除收养关系。此外，如果收养人违背婚姻法的规定而与被收养人及其晚辈直系血亲结婚的，则自结婚之日起，解除双方的收养关系。《俄罗斯联邦家庭法典》规定，收养关系可以解除，但只能通过诉讼方式进行。该法规定解除收养关系的情形包括两种:一是因为收养人自身原因导致收养关系解除,如收养人故意逃避履行其所应当承担的父母之义务、滥用亲权、虐待被收养人、酗酒或者吸毒等;二是法院从保护儿童利益出发并考虑儿童本人的意见而依据其他事由决定解除收养关系。除上述情形外,不得解除收养关系。在具体程序方面,《俄罗斯联邦家庭法典》第 140 条、第 142 条作了明确规定:有权提起解除收养关系之诉的主体包括被收养儿童的父母、收养人、年满 14 周岁的被收养人、监护或者监管机关及检察长;法院审理解除收养关系案件必须通知监护和监管机关及检察长参加。《日本民法典》关于收养终止的规定区分为一般收养的终止及特别收养的终止,前者的当事人又可以通过协议和裁判两种方式进行,后者只能通过裁判的方式进行。(1)一般收养中的协议终止。根据《日本民法典》第 811 条第 1 款的规定,收养当事人之间可以通过协议的方式解除收养关系。夫妻共同收养的,解除收养关系的协议必须夫妻双方共同同意方能成立;夫妻一方以他方子女为养子女时,属于单独收养,解除收养关系不用取得另一方的同意;协议各方应具备民事行为能力,养子女为 15 周岁以上的未成年人,有单独协议终止收养关系的能力,不以法定代理人同意为必要;养父母均已死亡的,养子女要协议终止收养关系时,需要经过家庭裁判所的许可。(2)一般收养中的裁判终止。有下列情形之一,收养当事人一方可以向法院提起解除收养关系之诉:被他方恶意遗弃;养子女生死不明达 3 年以上;有其他难以继续维持收养关系的重大事由。裁判解除收养关系的诉讼,既可以由养父母提起,也可以由能够与养父母订立终止收养关系协议的人提起,诉讼当事人应当具备诉讼能力或者符合法律关于诉讼当事人的规定。(3)特别收养的终止。根据《日本民法典》第 817 条的规定,有下列情形之一的,由养子女、生父母或者检察官向家庭法院提起解除收养关系的诉讼:存在养父母虐待、恶意遗弃或者其他显著损害养子女利益的具体事实;生父母已经可以实施相当的监护。我国台湾地区"民法"关于收养关系的解除,区分规定了合意解除、申请解除及判决解除三种类型。所谓合意解除，是指经过养父母与养子女双方的同意而解除收养关系，但必须采取书面形式。合意解除收养关系应当符合以下规定：如果养子女为不满7周岁的未成年人，其解除收养关系的意思表示由收养关系终止后其法定代理人代为表示；7周岁以上的未成年人解除收养关系的意思表示也应当取得收养关系终止后其法定代理人的同意；夫妻共同收养的，解除收养关系必须经过夫妻双方同意等。所谓申请解除，是指养父母死亡后，养子女不能维持生活又没有谋生能力时，有权向法院提出终止收养关系的申请，经过法院许可而解除收养关系。按照规定，在保证未成年养子女意思表示的有效作出方面，与合意解除收养关系的要求是完全相同的。所谓判决解除，是指养父母或者养子女一方有下列情形之一的，法院可以根据他方请求而判决解除收养关系：一是对他方实施虐待或者重大侮辱的；二是恶意遗弃他方的；三是养子女被判处2年以上徒刑的；四是养子女有浪费财产之情形的；五是养子女生死不明已逾3年的；六是有其他重大事由的，如养子女吸毒、养父母诱使养子女卖淫等。

从上述各国和地区的规定来看，尽管在收养关系解除方面存在具体制度上的差异，但不同国家和地区的规定均体现出了对于收养关系解除相对严格的限制，以及对于未成年子女合法权益的保护。从本条第1款规定看，协议解除收养关系存在以下特点，需要准确把握：一是原则上，在被收养人成年以前，收养人不得单方解除收养关系。这一规定主要是出于对未成年人利益的保护，防止因收养人推卸责任而致使未成年人无人抚养的状况出现。二是收养人与送养人经协商一致，可以解除收养关系。在收养人不得随意解除收养关系的原则要求之下，如果收养人与送养人能够协商一致，意味着对未成年人的抚养不会出现问题，从尊重双方当事人意思自治的角度出发，可以允许解除收养关系。三是养子女8周岁以上的，应当征得其同意。在送养人、收养人就解除收养关系达成一致的前提下，如果养子女属于8周岁以上的限制行为能力人,则还需要征得养子女的同意才可解除收养关系。这是因为,收养关系的解除不能只考虑送养人、收养人的意愿。养子女8周岁以上的,能够基于被抚养经历及情感联系选择最有利于自己的成长环境,此时就需要征得其同意方可解除收养关系。四是收养人、送养人协商解除收养关系只能通过协议解除的方式,不能通过诉讼方式解除。

本条第2款是通过诉讼解除收养关系的规定。理解本款需要注意以下几点:一是适用本款规定的前提是被收养人尚未成年。二是本款适用的对象仅为送养人,不适用于收养人或者被收养人。其立法初衷在于保护被收养人的合法权益,赋予送养人在一定条件下提起解除收养关系之诉的权利。三是本款的适用情形有严格限制,即收养人不履行抚养义务,有虐待、遗弃等侵害未成年养子女合法权益的行为。如果收养人不存在这些行为,则送养人无权提起解除收养关系的诉讼。

第一千一百一十五条　养父母与成年养子女关系恶化、无法共同生活的,可以协议解除收养关系。不能达成协议的,可以向人民法院提起诉讼。

【释义】　本条是关于养父母与成年养子女解除收养关系的规定。

本法第1114条规定了两种解除收养关系的形式,一种是收养人与送养人之间的协议解除,另一种是收养人有特定侵害被收养人利益的情形时、送养人通过诉讼解除收养关系。这两种收养关系的解除形式,均是从保障未成年养子女利益的角度出发所作的规定,对于有效保障未成年人利益、确保子女处于健康的成长环境,有重要意义。那么,除了上述两种情形之外,是否还存在其他通过协议或者诉讼解除收养关系的规定?本条即在前条规定的基础上,针对养子女成年后与养父母关系恶化、无法共同生活所作的解除收养关系的规定,可以协议解除,协议不成的,也可以通过诉讼解除。

收养在收养人与被收养人之间成立了拟制的父母子女关系。收养关系成立后，收养人作为养父母承担起抚养、教育和保护未成年养子女的职责，能够为养子女提供温暖的家庭氛围及良好的成长环境，养子女在这样的氛围和环境中，获得了来自身体、心理各方面的抚慰和照顾，同时，收养人作为养父母也能够通过自己的付出，体会为人父母的幸福，感受天伦之乐。此外，不可否认的一点是，我国的收养制度还是养老制度的重要补充。许多养父母收养子女的初衷，除了为国家和社会减轻负担，自愿承担抚养、教育下一代的重任之外，也是为了今后自己能够老有所依、老有所养。然而，家庭生活是复杂的，所谓“家家有本难念的经”。收养关系成立后，尤其是在养父母含辛茹苦，付出巨大时间、金钱、精力将被收养人抚养成年后，被收养人却可能因为各种原因与养父母交恶，以致无法共同生活。原本养父母所抱有的被收养人成年后能够履行对自己的赡养、扶助义务的期待，也会因这种关系的恶化而化为泡影。在这种情形之下，收养就失去了其原本的意义。此时，允许双方协商解除收养关系，是对于彼此都有益的做法。如果经过协商，无法就解除收养关系达成协议，比如一方坚决要求解除收养关系而对方不同意解除时，要求解除收养关系的一方可以向人民法院提起诉讼，来解除收养关系。

正确理解和适用本条，需要注意以下几点：第一，本条解决的是养父母与成年养子女关系恶化、无法共同生活时收养关系的解除，不包括养子女为未成年人时的情形。根据本法第 1114 条第 1 款的规定，收养人在养子女未成年时，原则上不得解除收养关系，除非收养人、送养人协议解除。如果收养人因无法解除收养关系而对未成年子女不履行抚养义务，甚至虐待、遗弃未成年子女，送养人可以要求解除收养关系。第二，本条所规范的养父母与成年养子女之间收养关系的解除，既包括协议解除，也包括诉讼解除。当养父母与成年养子女双方关系恶化、无法共同生活时，可以由一方提出解除收养关系的意思表示，另一方如果同意，则双方就可以协议解除。如果一方提出解除,另一方不同意解除或者对解除收养关系的具体内容不认可,则可以通过向法院提起诉讼的方式解除收养关系。无论是养父母还是成年养子女,均享有诉权。第三,养父母与成年养子女解除收养关系的原因是双方关系恶化、无法共同生活,至于引起关系恶化的具体原因在所不问。实践中,成年养子女既可能因为生活方式、价值理念的不同而与养父母关系恶化,也可能存在成年后为逃避赡养义务而故意与养父母交恶,无论出于何种原因,此时勉强维持收养关系都于双方无益,都应允许解除收养关系。对于解除收养关系后养父母的生活保障,本法第1118条第1款作了规定,即经养父母抚养的成年养子女,对缺乏劳动能力又缺乏生活来源的养父母,应当给付生活费。

第一千一百一十六条　当事人协议解除收养关系的,应当到民政部门办理解除收养关系登记。

【释义】　本条是关于解除收养关系登记的规定。

根据本法第1105条第1款的规定,收养应当向县级以上人民政府民政部门登记,收养关系自登记之日起成立。作为一种在收养人与被收养人之间成立拟制父母子女关系的民事法律行为,收养需要经登记成立。那么,在收养关系解除后,作为一种民事法律行为的终止方式,也应当在程序上通过登记予以确认。根据《中国公民收养子女登记办法》第9条的规定,收养关系当事人协议解除收养关系的,应当持居民户口簿、居民身份证、收养登记证和解除收养关系的书面协议,共同到被收养人常住户口所在地的收养登记机关办理解除收养关系登记。该办法第10条还规定,收养登记机关收到解除收养关系登记申请书及有关材料后,应当自次日起30日内进行审查;对符合收养法规定的,为当事人办理解除收养关系的登记,收回收养登记证,发给解除收养关系证明。

理解本条,需要注意以下几点:第一,本条的规范对象是协议解除收养关系。根据本法第1114条、第1115条的规定,协议解除收养关系包括以下几种情形:一是收养人与送养人协议解除收养关系。如果被收养人8周岁以上的,解除收养关系还须得到被收养人本人的同意。二是收养人不履行抚养义务,有虐待、遗弃等侵害未成年养子女合法权益行为的,送养人有权要求解除养父母与养子女之间的收养关系。此种情况下,送养人与收养人也可以通过协议的方式解除收养关系。三是养父母与成年养子女关系恶化、无法共同生活的,养父母与成年养子女可以通过协议的方式解除收养关系。因此,在上述三种情形下,如果双方达成了解除收养关系的协议,应当到民政部门办理解除收养关系登记。第二,按照有关程序要求,双方应携带必要的材料,共同到民政部门办理解除收养关系登记。同收养关系成立一样,收养关系的协议解除体现的也是双方的共同合意,只有双方同时到民政部门办理解除收养关系登记,才便于民政部门准确查明双方合意,正确办理登记。第三,民政部门查明双方的协议解除符合有关规定,依法办理登记,收养关系自登记之日起解除。民政部门在办理解除收养关系登记时,应当按照收养的有关规定进行审核,只有符合规定的,才可以办理解除登记。同时,与收养关系自登记之日起成立一样,收养关系的解除效力也应自解除收养关系登记之日起算。

第一千一百一十七条　收养关系解除后,养子女与养父母以及其他近亲属间的权利义务关系即行消除,与生父母以及其他近亲属间的权利义务关系自行恢复。但是,成年养子女与生父母以及其他近亲属间的权利义务关系是否恢复,可以协商确定。

【释义】　本条是关于收养关系解除法律后果的规定。

收养关系解除后,面临的首要问题就是未成年养子女的抚养、教育和保护。因为收养关系一旦解除,收养人与被收养人之间拟制的父母子女关系即告消除。从收养人的角度来说,其不可能再自愿承担起对被收养人的抚养、教育和保护义务。即使法律作了强制性规定,其也无法再像收养关系存在时那般尽心竭力。因此,为了保护收养关系解除后被收养人的抚养教育问题,立法需要作出规定。考虑到生父母与被收养人之间始终存在无法割舍的血缘联系,在收养关系解除后,立法要求生父母承担起对于未成年子女的抚养教育责任,以确保未成年子女的利益不受侵犯。因此,本条规定了在收养关系解除后,养子女与养父母以及其他近亲属的权利义务关系即行消除,而与生父母以及其他近亲属的权利义务关系自行恢复,无需办理任何手续。同时,也不区分协议解除还是诉讼解除,均产生此种法律后果。这样一来,对于未成年被收养人的抚养、教育就不会出现"真空"状态,能够自动得以接续,未成年人可以继续在良好的环境下健康成长。另外,如果收养关系解除后,养子女已经成年,意味着该子女已经具备完全行为能力,具有独立的思考和认知能力,可以自主决定未来的生活安排,能够依据自己的所思所想规划未来,包括与谁确立亲子关系等。因此,立法有必要赋予成年养子女与生父母以及其他近亲属在收养关系解除后是否恢复权利义务关系的选择权,尊重双方的自由意志和选择。这既体现了对成年养子女及其生父母独立人格的尊重,也在一定程度上体现了权利义务相对等的原则:一方面,成年养子女会对生父母将自己送养别人而未尽抚养教育之责心有不满;另一方面,成年养子女长期与养父母共同生活,与生父母之间没有太多生活经历,双方很难建立深厚的情感。

世界上一些国家和地区的立法也对收养关系解除的法律后果作了规定。《法国民法典》规定,简单收养一经撤销,则向将来终止一切效力。养父母及其家庭成员与养子女之间的权利义务终止,养子女与生父母及其家庭成员的权利义务关系恢复。由于养父母或者养子女单方面过错而解除收养关系的,无过错方可以援引侵权行为条款请求过错方给予赔偿。《德国民法典》第1764

条规定,养父母与养子女的收养关系解除后,因为收养所建立起来的子女及其晚辈直系血亲对至解除时为止的亲属之间的亲属关系和由此产生的权利义务关系随之消除,而子女及其晚辈直系血亲对子女的有血缘关系的亲属之间的亲属关系和由此产生的权利义务除了父母照顾权外则重新恢复。同时,收养关系解除后,收养人亦不得与被收养人或者其直系卑亲属结婚。《瑞士民法典》第269条规定,收养关系解除后,养父母与养子女的权利义务终止;养子女自收养关系解除之日起,恢复其本姓并恢复其与生父母的父母子女关系,但第三人已经取得的权利,不因此而受影响,因为终止收养关系的效力不溯及既往。《俄罗斯联邦家庭法典》第143条规定,收养关系解除后,法律后果主要有以下几个方面:(1)法院确定解除收养关系后,被收养的儿童与收养人及其亲属之间的法律上的权利义务关系即行终止,与此同时,被收养儿童恢复与其生父母及其亲属之间法律上的权利义务关系,但必须以符合儿童利益要求为条件;(2)收养关系解除后,收养人应当将被收养儿童交还给其生父母,但如果该儿童没有生父母或者交还给生父母有损于其利益时则应当将该儿童移交给监护人和监管机关照顾;(3)法院应当判决决定是否让解除了收养关系的被收养儿童继续保留其因为收养而更改的名、父名和姓。如果该儿童年满10周岁,其名、父名或者姓的更改必须征得其本人同意;(4)从儿童利益出发,法院还有权责成原收养人继续承担抚养费的支付义务。《日本民法典》规定,收养关系解除后,将产生以下法律后果:(1)被收养人及其子女与收养人及其亲属之间的权利义务即告终止;(2)养子女自收养关系终止时起,恢复其本姓并恢复其与生父母的关系;(3)由于养父母或者养子女单方面的过错而导致收养关系解除的,有过错一方应当对无过错一方进行赔偿。我国台湾地区"民法"的规定与《日本民法典》的规定类似,收养关系解除的效力主要集中在两方面:一是养父母与养子女间拟制的血亲关系消灭;二是养子女与其生父母及其血亲之间的权利义务关系宣告恢复。从这些境外的规定看,我国在收养关系解除法律后果的规定方面,比较符合国际上的趋势,既把未成年人利益的保护放在突出和首要的位置,也尊重了生父母与成年养子女的人格独立与自由选择,具有合理性。

第一千一百一十八条　收养关系解除后,经养父母抚养的成年养子女,对缺乏劳动能力又缺乏生活来源的养父母,应当给付生活费。因养子女成年后虐待、遗弃养父母而解除收养关系的,养父母可以要求养子女补偿收养期间支出的抚养费。

生父母要求解除收养关系的,养父母可以要求生父母适当补偿收养期间支出的抚养费;但是,因养父母虐待、遗弃养子女而解除收养关系的除外。

【释义】　本条是关于收养关系解除后生活费、抚养费支付的规定。

收养关系存续期间,收养人除了付出时间和精力尽心照顾未成年子女之外,还要为子女的健康成长支出生活费、教育费、医疗费等各方面费用。在收养关系一直维持的情况下,收养人在精神和物质方面的付出可以通过将来养子女成年后履行赡养、扶助义务得到回报和补偿。但是,在收养关系解除后,收养人在收养关系存续期间所付出的各项费用便无法通过被收养人将来履行赡养义务的方式进行补偿。此时,从权利义务相对等的角度出发,立法需要对双方进行利益上的平衡。本条第1款即对此所作的针对性规定:收养关系解除后,经养父母抚养的成年养子女,对缺乏劳动能力又缺乏生活来源的养父母,应当给付生活费。因养子女成年后虐待、遗弃养父母而解除收养关系的,养父母可以要求养子女补偿收养期间支出的抚养费。作出这样的规定,主要是为了保护收养人的合法权益,妥善处理解除收养关系后的事宜。对于生父母要求解除收养关系的,本条第2款作出规定,养父母可以要求生父母适当补偿收养期间支出的抚养费,但是因养父母虐待、遗弃养子女而解除收养关系的除外。

正确理解和适用本条,需要注意以下几点:第一,收养关系解除后,成年养子女应对抚养过自己的、缺乏劳动能力又缺乏生活来源的养父母给付生活费。这里不区分协议解除还是诉讼解除。只要养父母尽了对于养子女的抚养义务,养子女成年后,对于缺乏劳动能力又缺乏生活来源的养父母,都应当给付生活费。这里需要满足以下几项条件:(1)收养关系已经解除。既包括协议解除,也包括诉讼解除。(2)养父母须实际抚养过养子女。如果收养关系成立后,养父母并未对养子女尽抚养义务,则其无权在养子女成年后要求支付生活费。这里体现的,仍然是权利义务相对等的原则。(3)养父母具有缺乏劳动能力又缺乏生活来源的情形。由于收养关系解除后,养父母与养子女间已经不再具有父母子女关系。此时,要求成年养子女向养父母给付生活费,更多是基于养父母之前的抚养事实。因此,对这一情形应该加以限制,即只有在养父母既缺乏劳动能力又缺乏生活来源时,成年养子女才有给付生活费的义务。第二,根据本法第 1115 条规定,养父母与成年养子女关系恶化、无法共同生活的,可以协议解除收养关系,不能达成协议的,可以通过诉讼方式解除收养关系。此种情况下收养关系的解除,既可能确因双方生活观念不符所致,也可能因成年养子女虐待、遗弃养父母而解除。在后一种情况下,尽管收养关系最终解除,但养父母可以要求养子女补偿收养期间支出的抚养费。这种补偿,一方面是考虑权利义务的对等,另一方面也是对养子女虐待、遗弃养父母行为的一种惩戒,是合理的。第三,生父母提出解除收养关系要求的,养父母可以要求生父母适当补偿收养期间支出的抚养费。在生父母提出解除收养关系要求的情形下,考虑到养父母对于养子女的成长付出了经济、时间等各方面的巨大成本,赋予养父母对于生父母抚养费的补偿请求权是合适的,但这种请求权有两方面限制:(1)养父母可以要求适当补偿抚养费支出。在长期的收养关系存续期间,养父母的具体支出是难以准确计算的。因此,养父母可以结合自己抚养教育养子女的具体情况,提出一个适当、大致的补偿标准。(2)解除收养关系的请求虽由生父母提出,但原因在于养父母虐待、遗弃养子女的,由于养父母自身存在过错,其无权提出补偿抚养费的请求。

附　　录

中华人民共和国民法典（节录）

（2020年5月28日第十三届全国人民代表大会第三次会议通过　2020年5月28日中华人民共和国主席令第四十五号公布　自2021年1月1日起施行）

目　　录

第五编　婚姻家庭
　第一章　一般规定
　第二章　结　　婚
　第三章　家庭关系
　　第一节　夫妻关系
　　第二节　父母子女关系和其他近亲属关系
　第四章　离　　婚
　第五章　收　　养
　　第一节　收养关系的成立
　　第二节　收养的效力
　　第三节　收养关系的解除
附　　则

第五编　婚姻家庭

第一章　一般规定

第一千零四十条　本编调整因婚姻家庭产生的民事关系。

第一千零四十一条　婚姻家庭受国家保护。

实行婚姻自由、一夫一妻、男女平等的婚姻制度。

保护妇女、未成年人、老年人、残疾人的合法权益。

第一千零四十二条　禁止包办、买卖婚姻和其他干涉婚姻自由的行为。禁止借婚姻索取财物。

禁止重婚。禁止有配偶者与他人同居。

禁止家庭暴力。禁止家庭成员间的虐待和遗弃。

第一千零四十三条　家庭应当树立优良家风，弘扬家庭美德，重视家庭文明建设。

夫妻应当互相忠实，互相尊重，互相关爱；家庭成员应当敬老爱幼，互相帮助，维护平等、和睦、文明的婚姻家庭关系。

第一千零四十四条　收养应当遵循最有利于被收养人的原则，保障被收养人和收养人的合法权益。

禁止借收养名义买卖未成年人。

第一千零四十五条　亲属包括配偶、血亲和姻亲。

配偶、父母、子女、兄弟姐妹、祖父母、外祖父母、孙子女、外孙子女为近亲属。

配偶、父母、子女和其他共同生活的近亲属为家庭成员。

第二章　结　婚

第一千零四十六条　结婚应当男女双方完全自愿，禁止任何一方对另一方加以强迫，禁止任何组织或者个人加以干涉。

第一千零四十七条　结婚年龄，男不得早于二十二周岁，女不得早于二十周岁。

第一千零四十八条　直系血亲或者三代以内的旁系血亲禁止结婚。

第一千零四十九条　要求结婚的男女双方应当亲自到婚姻登记机关申请结婚登记。符合本法规定的，予以登记，发给结婚证。完成结婚登记，即确立婚姻关系。未办理结婚登记的，应当补办登记。

第一千零五十条 登记结婚后,按照男女双方约定,女方可以成为男方家庭的成员,男方可以成为女方家庭的成员。

第一千零五十一条 有下列情形之一的,婚姻无效:

(一)重婚;

(二)有禁止结婚的亲属关系;

(三)未到法定婚龄。

第一千零五十二条 因胁迫结婚的,受胁迫的一方可以向人民法院请求撤销婚姻。

请求撤销婚姻的,应当自胁迫行为终止之日起一年内提出。

被非法限制人身自由的当事人请求撤销婚姻的,应当自恢复人身自由之日起一年内提出。

第一千零五十三条 一方患有重大疾病的,应当在结婚登记前如实告知另一方;不如实告知的,另一方可以向人民法院请求撤销婚姻。

请求撤销婚姻的,应当自知道或者应当知道撤销事由之日起一年内提出。

第一千零五十四条 无效的或者被撤销的婚姻自始没有法律约束力,当事人不具有夫妻的权利和义务。同居期间所得的财产,由当事人协议处理;协议不成的,由人民法院根据照顾无过错方的原则判决。对重婚导致的无效婚姻的财产处理,不得侵害合法婚姻当事人的财产权益。当事人所生的子女,适用本法关于父母子女的规定。

婚姻无效或者被撤销的,无过错方有权请求损害赔偿。

第三章 家庭关系

第一节 夫妻关系

第一千零五十五条 夫妻在婚姻家庭中地位平等。

第一千零五十六条 夫妻双方都有各自使用自己姓名的权利。

第一千零五十七条 夫妻双方都有参加生产、工作、学习和社会活动的自由,一方不得对另一方加以限制或者干涉。

第一千零五十八条 夫妻双方平等享有对未成年子女抚养、教育和保护的权利,共同承担对未成年子女抚养、教育和保护的义务。

第一千零五十九条 夫妻有相互扶养的义务。

需要扶养的一方,在另一方不履行扶养义务时,有要求其给付扶养费的权利。

第一千零六十条 夫妻一方因家庭日常生活需要而实施的民事法律行为,对夫妻双方发生效力,但是夫妻一方与相对人另有约定的除外。

夫妻之间对一方可以实施的民事法律行为范围的限制,不得对抗善意相对人。

第一千零六十一条 夫妻有相互继承遗产的权利。

第一千零六十二条 夫妻在婚姻关系存续期间所得的下列财产,为夫妻的共同财产,归夫妻共同所有:

(一)工资、奖金、劳务报酬;

(二)生产、经营、投资的收益;

(三)知识产权的收益;

(四)继承或者受赠的财产,但是本法第一千零六十三条第三项规定的除外;

(五)其他应当归共同所有的财产。

夫妻对共同财产,有平等的处理权。

第一千零六十三条 下列财产为夫妻一方的个人财产:

(一)一方的婚前财产;

(二)一方因受到人身损害获得的赔偿或者补偿;

(三)遗嘱或者赠与合同中确定只归一方的财产;

(四)一方专用的生活用品;

(五)其他应当归一方的财产。

第一千零六十四条 夫妻双方共同签名或者夫妻一方事后

追认等共同意思表示所负的债务,以及夫妻一方在婚姻关系存续期间以个人名义为家庭日常生活需要所负的债务,属于夫妻共同债务。

夫妻一方在婚姻关系存续期间以个人名义超出家庭日常生活需要所负的债务,不属于夫妻共同债务;但是,债权人能够证明该债务用于夫妻共同生活、共同生产经营或者基于夫妻双方共同意思表示的除外。

第一千零六十五条 男女双方可以约定婚姻关系存续期间所得的财产以及婚前财产归各自所有、共同所有或者部分各自所有、部分共同所有。约定应当采用书面形式。没有约定或者约定不明确的,适用本法第一千零六十二条、第一千零六十三条的规定。

夫妻对婚姻关系存续期间所得的财产以及婚前财产的约定,对双方具有法律约束力。

夫妻对婚姻关系存续期间所得的财产约定归各自所有,夫或者妻一方对外所负的债务,相对人知道该约定的,以夫或者妻一方的个人财产清偿。

第一千零六十六条 婚姻关系存续期间,有下列情形之一的,夫妻一方可以向人民法院请求分割共同财产:

(一)一方有隐藏、转移、变卖、毁损、挥霍夫妻共同财产或者伪造夫妻共同债务等严重损害夫妻共同财产利益的行为;

(二)一方负有法定扶养义务的人患重大疾病需要医治,另一方不同意支付相关医疗费用。

第二节 父母子女关系和其他近亲属关系

第一千零六十七条 父母不履行抚养义务的,未成年子女或者不能独立生活的成年子女,有要求父母给付抚养费的权利。

成年子女不履行赡养义务的,缺乏劳动能力或者生活困难的父母,有要求成年子女给付赡养费的权利。

第一千零六十八条 父母有教育、保护未成年子女的权利和义务。未成年子女造成他人损害的,父母应当依法承担民事责任。

第一千零六十九条　子女应当尊重父母的婚姻权利,不得干涉父母离婚、再婚以及婚后的生活。子女对父母的赡养义务,不因父母的婚姻关系变化而终止。

第一千零七十条　父母和子女有相互继承遗产的权利。

第一千零七十一条　非婚生子女享有与婚生子女同等的权利,任何组织或者个人不得加以危害和歧视。

不直接抚养非婚生子女的生父或者生母,应当负担未成年子女或者不能独立生活的成年子女的抚养费。

第一千零七十二条　继父母与继子女间,不得虐待或者歧视。

继父或者继母和受其抚养教育的继子女间的权利义务关系,适用本法关于父母子女关系的规定。

第一千零七十三条　对亲子关系有异议且有正当理由的,父或者母可以向人民法院提起诉讼,请求确认或者否认亲子关系。

对亲子关系有异议且有正当理由的,成年子女可以向人民法院提起诉讼,请求确认亲子关系。

第一千零七十四条　有负担能力的祖父母、外祖父母,对于父母已经死亡或者父母无力抚养的未成年孙子女、外孙子女,有抚养的义务。

有负担能力的孙子女、外孙子女,对于子女已经死亡或者子女无力赡养的祖父母、外祖父母,有赡养的义务。

第一千零七十五条　有负担能力的兄、姐,对于父母已经死亡或者父母无力抚养的未成年弟、妹,有扶养的义务。

由兄、姐扶养长大的有负担能力的弟、妹,对于缺乏劳动能力又缺乏生活来源的兄、姐,有扶养的义务。

第四章　离　　婚

第一千零七十六条　夫妻双方自愿离婚的,应当签订书面离婚协议,并亲自到婚姻登记机关申请离婚登记。

离婚协议应当载明双方自愿离婚的意思表示和对子女抚养、财产以及债务处理等事项协商一致的意见。

第一千零七十七条 自婚姻登记机关收到离婚登记申请之日起三十日内,任何一方不愿意离婚的,可以向婚姻登记机关撤回离婚登记申请。

前款规定期限届满后三十日内,双方应当亲自到婚姻登记机关申请发给离婚证;未申请的,视为撤回离婚登记申请。

第一千零七十八条 婚姻登记机关查明双方确实是自愿离婚,并已经对子女抚养、财产以及债务处理等事项协商一致的,予以登记,发给离婚证。

第一千零七十九条 夫妻一方要求离婚的,可以由有关组织进行调解或者直接向人民法院提起离婚诉讼。

人民法院审理离婚案件,应当进行调解;如果感情确已破裂,调解无效的,应当准予离婚。

有下列情形之一,调解无效的,应当准予离婚:

(一)重婚或者与他人同居;

(二)实施家庭暴力或者虐待、遗弃家庭成员;

(三)有赌博、吸毒等恶习屡教不改;

(四)因感情不和分居满二年;

(五)其他导致夫妻感情破裂的情形。

一方被宣告失踪,另一方提起离婚诉讼的,应当准予离婚。

经人民法院判决不准离婚后,双方又分居满一年,一方再次提起离婚诉讼的,应当准予离婚。

第一千零八十条 完成离婚登记,或者离婚判决书、调解书生效,即解除婚姻关系。

第一千零八十一条 现役军人的配偶要求离婚,应当征得军人同意,但是军人一方有重大过错的除外。

第一千零八十二条 女方在怀孕期间、分娩后一年内或者终止妊娠后六个月内,男方不得提出离婚;但是,女方提出离婚或者人民法院认为确有必要受理男方离婚请求的除外。

第一千零八十三条　离婚后，男女双方自愿恢复婚姻关系的，应当到婚姻登记机关重新进行结婚登记。

第一千零八十四条　父母与子女间的关系，不因父母离婚而消除。离婚后，子女无论由父或者母直接抚养，仍是父母双方的子女。

离婚后，父母对于子女仍有抚养、教育、保护的权利和义务。

离婚后，不满两周岁的子女，以由母亲直接抚养为原则。已满两周岁的子女，父母双方对抚养问题协议不成的，由人民法院根据双方的具体情况，按照最有利于未成年子女的原则判决。子女已满八周岁的，应当尊重其真实意愿。

第一千零八十五条　离婚后，子女由一方直接抚养的，另一方应当负担部分或者全部抚养费。负担费用的多少和期限的长短，由双方协议；协议不成的，由人民法院判决。

前款规定的协议或者判决，不妨碍子女在必要时向父母任何一方提出超过协议或者判决原定数额的合理要求。

第一千零八十六条　离婚后，不直接抚养子女的父或者母，有探望子女的权利，另一方有协助的义务。

行使探望权利的方式、时间由当事人协议；协议不成的，由人民法院判决。

父或者母探望子女，不利于子女身心健康的，由人民法院依法中止探望；中止的事由消失后，应当恢复探望。

第一千零八十七条　离婚时，夫妻的共同财产由双方协议处理；协议不成的，由人民法院根据财产的具体情况，按照照顾子女、女方和无过错方权益的原则判决。

对夫或者妻在家庭土地承包经营中享有的权益等，应当依法予以保护。

第一千零八十八条　夫妻一方因抚育子女、照料老年人、协助另一方工作等负担较多义务的，离婚时有权向另一方请求补偿，另一方应当给予补偿。具体办法由双方协议；协议不成的，由人民法院判决。

第一千零八十九条 离婚时，夫妻共同债务应当共同偿还。共同财产不足清偿或者财产归各自所有的，由双方协议清偿；协议不成的，由人民法院判决。

第一千零九十条 离婚时，如果一方生活困难，有负担能力的另一方应当给予适当帮助。具体办法由双方协议；协议不成的，由人民法院判决。

第一千零九十一条 有下列情形之一，导致离婚的，无过错方有权请求损害赔偿：

（一）重婚；

（二）与他人同居；

（三）实施家庭暴力；

（四）虐待、遗弃家庭成员；

（五）有其他重大过错。

第一千零九十二条 夫妻一方隐藏、转移、变卖、毁损、挥霍夫妻共同财产，或者伪造夫妻共同债务企图侵占另一方财产的，在离婚分割夫妻共同财产时，对该方可以少分或者不分。离婚后，另一方发现有上述行为的，可以向人民法院提起诉讼，请求再次分割夫妻共同财产。

第五章 收 养

第一节 收养关系的成立

第一千零九十三条 下列未成年人，可以被收养：

（一）丧失父母的孤儿；

（二）查找不到生父母的未成年人；

（三）生父母有特殊困难无力抚养的子女。

第一千零九十四条 下列个人、组织可以作送养人：

（一）孤儿的监护人；

（二）儿童福利机构；

（三）有特殊困难无力抚养子女的生父母。

第一千零九十五条　未成年人的父母均不具备完全民事行为能力且可能严重危害该未成年人的，该未成年人的监护人可以将其送养。

第一千零九十六条　监护人送养孤儿的，应当征得有抚养义务的人同意。有抚养义务的人不同意送养、监护人不愿意继续履行监护职责的，应当依照本法第一编的规定另行确定监护人。

第一千零九十七条　生父母送养子女，应当双方共同送养。生父母一方不明或者查找不到的，可以单方送养。

第一千零九十八条　收养人应当同时具备下列条件：

（一）无子女或者只有一名子女；

（二）有抚养、教育和保护被收养人的能力；

（三）未患有在医学上认为不应当收养子女的疾病；

（四）无不利于被收养人健康成长的违法犯罪记录；

（五）年满三十周岁。

第一千零九十九条　收养三代以内旁系同辈血亲的子女，可以不受本法第一千零九十三条第三项、第一千零九十四条第三项和第一千一百零二条规定的限制。

华侨收养三代以内旁系同辈血亲的子女，还可以不受本法第一千零九十八条第一项规定的限制。

第一千一百条　无子女的收养人可以收养两名子女；有子女的收养人只能收养一名子女。

收养孤儿、残疾未成年人或者儿童福利机构抚养的查找不到生父母的未成年人，可以不受前款和本法第一千零九十八条第一项规定的限制。

第一千一百零一条　有配偶者收养子女，应当夫妻共同收养。

第一千一百零二条　无配偶者收养异性子女的，收养人与被收养人的年龄应当相差四十周岁以上。

第一千一百零三条　继父或者继母经继子女的生父母同意，

可以收养继子女,并可以不受本法第一千零九十三条第三项、第一千零九十四条第三项、第一千零九十八条和第一千一百条第一款规定的限制。

第一千一百零四条 收养人收养与送养人送养,应当双方自愿。收养八周岁以上未成年人的,应当征得被收养人的同意。

第一千一百零五条 收养应当向县级以上人民政府民政部门登记。收养关系自登记之日起成立。

收养查找不到生父母的未成年人的,办理登记的民政部门应当在登记前予以公告。

收养关系当事人愿意签订收养协议的,可以签订收养协议。

收养关系当事人各方或者一方要求办理收养公证的,应当办理收养公证。

县级以上人民政府民政部门应当依法进行收养评估。

第一千一百零六条 收养关系成立后,公安机关应当按照国家有关规定为被收养人办理户口登记。

第一千一百零七条 孤儿或者生父母无力抚养的子女,可以由生父母的亲属、朋友抚养;抚养人与被抚养人的关系不适用本章规定。

第一千一百零八条 配偶一方死亡,另一方送养未成年子女的,死亡一方的父母有优先抚养的权利。

第一千一百零九条 外国人依法可以在中华人民共和国收养子女。

外国人在中华人民共和国收养子女,应当经其所在国主管机关依照该国法律审查同意。收养人应当提供由其所在国有权机构出具的有关其年龄、婚姻、职业、财产、健康、有无受过刑事处罚等状况的证明材料,并与送养人签订书面协议,亲自向省、自治区、直辖市人民政府民政部门登记。

前款规定的证明材料应当经收养人所在国外交机关或者外交机关授权的机构认证,并经中华人民共和国驻该国使领馆认证,但是国家另有规定的除外。

第一千一百一十条　收养人、送养人要求保守收养秘密的，其他人应当尊重其意愿，不得泄露。

第二节　收养的效力

第一千一百一十一条　自收养关系成立之日起，养父母与养子女间的权利义务关系，适用本法关于父母子女关系的规定；养子女与养父母的近亲属间的权利义务关系，适用本法关于子女与父母的近亲属关系的规定。

养子女与生父母以及其他近亲属间的权利义务关系，因收养关系的成立而消除。

第一千一百一十二条　养子女可以随养父或者养母的姓氏，经当事人协商一致，也可以保留原姓氏。

第一千一百一十三条　有本法第一编关于民事法律行为无效规定情形或者违反本编规定的收养行为无效。

无效的收养行为自始没有法律约束力。

第三节　收养关系的解除

第一千一百一十四条　收养人在被收养人成年以前，不得解除收养关系，但是收养人、送养人双方协议解除的除外。养子女八周岁以上的，应当征得本人同意。

收养人不履行抚养义务，有虐待、遗弃等侵害未成年养子女合法权益行为的，送养人有权要求解除养父母与养子女间的收养关系。送养人、收养人不能达成解除收养关系协议的，可以向人民法院提起诉讼。

第一千一百一十五条　养父母与成年养子女关系恶化、无法共同生活的，可以协议解除收养关系。不能达成协议的，可以向人民法院提起诉讼。

第一千一百一十六条　当事人协议解除收养关系的，应当到民政部门办理解除收养关系登记。

第一千一百一十七条　收养关系解除后，养子女与养父母以及其他近亲属间的权利义务关系即行消除,与生父母以及其他近亲属间的权利义务关系自行恢复。但是,成年养子女与生父母以及其他近亲属间的权利义务关系是否恢复,可以协商确定。

第一千一百一十八条 收养关系解除后,经养父母抚养的成年养子女,对缺乏劳动能力又缺乏生活来源的养父母,应当给付生活费。因养子女成年后虐待、遗弃养父母而解除收养关系的,养父母可以要求养子女补偿收养期间支出的抚养费。

生父母要求解除收养关系的,养父母可以要求生父母适当补偿收养期间支出的抚养费;但是,因养父母虐待、遗弃养子女而解除收养关系的除外。

附　则

第一千二百五十九条 民法所称的"以上"、"以下"、"以内"、"届满",包括本数;所称的"不满"、"超过"、"以外",不包括本数。

第一千二百六十条 本法自2021年1月1日起施行。《中华人民共和国婚姻法》、《中华人民共和国继承法》、《中华人民共和国民法通则》、《中华人民共和国收养法》、《中华人民共和国担保法》、《中华人民共和国合同法》、《中华人民共和国物权法》、《中华人民共和国侵权责任法》、《中华人民共和国民法总则》同时废止。

关于《中华人民共和国民法典（草案）》的说明（节录）

——2020年5月22日在第十三届全国人民代表大会第三次会议上

全国人民代表大会常务委员会副委员长　王　晨

各位代表：

我受全国人大常委会委托，作关于《中华人民共和国民法典（草案）》的说明。

一、编纂民法典的重大意义

编纂民法典是党的十八届四中全会确定的一项重大政治任务和立法任务，是以习近平同志为核心的党中央作出的重大法治建设部署。编纂民法典，就是通过对我国现行的民事法律制度规范进行系统整合、编订纂修，形成一部适应新时代中国特色社会主义发展要求，符合我国国情和实际，体例科学、结构严谨、规范合理、内容完整并协调一致的法典。这是一项系统的、重大的立法工程。

编纂一部真正属于中国人民的民法典，是新中国几代人的夙愿。党和国家曾于1954年、1962年、1979年和2001年先后四次启动民法制定工作。第一次和第二次，由于多种原因而未能取得实际成果。1979年第三次启动，由于刚刚进入改革开放新时期，制定一部完整民法典的条件尚不具备。因此，当时领导全国人大法制委员会立法工作的彭真、习仲勋等同志深入研究后，在八十年代初决定按照“成熟一个通过一个”的工作思路，确定先制定民事单行法律。现行的继承法、民法通则、担保法、合同法就是在这种工作思路下先后制定的。2001 年，九届全国人大常委会组织起草《中华人民共和国民法(草案)》，并于 2002 年 12 月进行了一次审议。经讨论和研究，仍确定继续采取分别制定单行法的办法推进我国民事法律制度建设。2003 年十届全国人大以来，又陆续制定了物权法、侵权责任法、涉外民事关系法律适用法等。总的看，经过多年来努力，我国民事立法是富有成效的，逐步形成了比较完备的民事法律规范体系，民事司法实践积累了丰富经验，民事法律服务取得显著进步，民法理论研究也达到较高水平，全社会民事法治观念普遍增强，为编纂民法典奠定了较好的制度基础、实践基础、理论基础和社会基础。随着我国社会主义现代化事业不断发展和全面依法治国深入推进，人民群众和社会各方面对编纂和出台民法典寄予很大的期盼。

党的十八大以来，以习近平同志为核心的党中央把全面依法治国摆在突出位置，推动党和国家事业发生历史性变革、取得历史性成就，中国特色社会主义已经进入新时代。在坚持和完善中国特色社会主义制度、推进国家治理体系和治理能力现代化的新征程中，编纂民法典具有重大而深远的意义。

(一)编纂民法典是坚持和完善中国特色社会主义制度的现实需要

回顾人类文明史，编纂法典是具有重要标志意义的法治建设工程，是一个国家、一个民族走向繁荣强盛的象征和标志。新中国成立 70 多年特别是改革开放 40 多年来，中国共产党团结带领中国人民不懈奋斗，成功开辟了中国特色社会主义道路，取得了举世瞩目的发展成就，中国特色社会主义制度展现出强大生命力和显著优越性。我国民事法律制度正是伴随着新时期改革开放和社会主义现代化建设的历史进程而形成并不断发展完善的，是中国特色社会主义法律制度的重要组成部分。在系统总结制度建设成果和实践经验的基础上，编纂一部具有中国特色、体现时代特点、反映人民意愿的民法典，不仅能充分彰显中国特色社会主义法律制度成果和制度自信，促进和保障中国特色社会主义事业不断发展，也能为人类法治文明的发展进步贡献中国智慧和中国方案。

（二）编纂民法典是推进全面依法治国、推进国家治理体系和治理能力现代化的重大举措

民法是中国特色社会主义法律体系的重要组成部分，是民事领域的基础性、综合性法律，它规范各类民事主体的各种人身关系和财产关系，涉及社会和经济生活的方方面面，被称为"社会生活的百科全书"。建立健全完备的法律规范体系，以良法保障善治，是全面依法治国的前提和基础。民法通过确立民事主体、民事权利、民事法律行为、民事责任等民事总则制度，确立物权、合同、人格权、婚姻家庭、继承、侵权责任等民事分则制度，来调整各类民事关系。民法与国家其他领域法律规范一起，支撑着国家制度和国家治理体系，是保证国家制度和国家治理体系正常有效运行的基础性法律规范。编纂民法典，就是全面总结我国的民事立法和司法的实践经验，对现行民事单行法律进行系统编订纂修，将相关民事法律规范编纂成一部综合性法典，不断健全完善中国特色社会主义法律体系。这对于以法治方式推进国家治理体系和治理能力现代化，更好地发挥法治固根本、稳预期、利长远的保障作用，具有重要意义。

（三）编纂民法典是坚持和完善社会主义基本经济制度、推动经济高质量发展的客观要求

公有制为主体、多种所有制经济共同发展，按劳分配为主体、多种分配方式并存，社会主义市场经济体制等社会主义基本经济制度，是以法治为基础、在法治轨道上运行、受法治规则调整的经济制度，社会主义市场经济本质上是法治经济。我国民事主体制度中的法人制度，规范民事活动的民事法律行为制度、代理制度，调整各类财产关系的物权制度，调整各类交易关系的合同制度，

保护和救济民事权益的侵权责任制度,都是坚持和完善社会主义基本经济制度不可或缺的法律制度规范和行为规则。同时,我国民事法律制度建设一直秉持“民商合一”的传统,把许多商事法律规范纳入民法之中。编纂民法典,进一步完善我国民商事领域基本法律制度和行为规则,为各类民商事活动提供基本遵循,有利于充分调动民事主体的积极性和创造性、维护交易安全、维护市场秩序,有利于营造各种所有制主体依法平等使用资源要素、公开公平公正参与竞争、同等受到法律保护的市场环境,推动经济高质量发展。

(四)编纂民法典是增进人民福祉、维护最广大人民根本利益的必然要求

中国特色社会主义法治建设的根本目的是保障人民权益。改革开放以来,我国民事法律制度逐步得到完善和发展,公民的民事权利也得到越来越充分的保护。中国特色社会主义进入新时代,随着我国社会主要矛盾的变化,随着经济发展和国民财富的不断积累,随着信息化和大数据时代的到来,人民群众在民主、法治、公平、正义、安全、环境等方面的要求日益增长,希望对权利的保护更加充分、更加有效。党的十九大明确提出,要保护人民人身权、财产权、人格权。而现行民事立法中的有些规范已经滞后,难以适应人民日益增长的美好生活需要。编纂民法典,健全和充实民事权利种类,形成更加完备的民事权利体系,完善权利保护和救济规则,形成规范有效的权利保护机制,对于更好地维护人民权益,不断增加人民群众获得感、幸福感和安全感,促进人的全面发展,具有十分重要的意义。

二、编纂民法典的总体要求和基本原则

民法典是新中国第一部以法典命名的法律,开创了我国法典编纂立法的先河,具有里程碑意义。以习近平同志为核心的党中央高度重视民法典编纂工作,将编纂民法典列入党中央重要工作议程,并对编纂民法典工作任务作出总体部署、提出明确要求。十二届、十三届全国人大常委会都高度重视这一立法工作,将编

纂民法典纳入全国人大常委会立法规划和年度立法工作计划，确定为全国人大常委会的立法工作重点项目，积极持续推进。为做好民法典编纂工作，全国人大常委会党组先后多次向党中央请示和报告，就民法典编纂工作的总体考虑、工作步骤、体例结构等重大问题进行汇报。2016年6月、2018年8月、2019年12月，习近平总书记三次主持中央政治局常委会会议，听取并原则同意全国人大常委会党组就民法典编纂工作所作的请示汇报，对民法典编纂工作作出重要指示，为民法典编纂工作提供了重要指导和基本遵循。

编纂民法典的指导思想是：高举中国特色社会主义伟大旗帜，以马克思列宁主义、毛泽东思想、邓小平理论、“三个代表”重要思想、科学发展观、习近平新时代中国特色社会主义思想为指导，增强“四个意识”，坚定“四个自信”，做到“两个维护”，全面贯彻党的十八大、十九大和有关中央全会精神，坚持党的领导、人民当家作主、依法治国有机统一，紧紧围绕统筹推进“五位一体”总体布局和协调推进“四个全面”战略布局，紧紧围绕建设中国特色社会主义法治体系、建设社会主义法治国家，总结实践经验，适应时代要求，对我国现行的、制定于不同时期的民法通则、物权法、合同法、担保法、婚姻法、收养法、继承法、侵权责任法和人格权方面的民事法律规范进行全面系统的编订纂修，形成一部具有中国特色、体现时代特点、反映人民意愿的民法典，为新时代坚持和完善中国特色社会主义制度、实现“两个一百年”奋斗目标、实现中华民族伟大复兴中国梦提供完备的民事法治保障。

贯彻上述指导思想，切实做好民法典编纂工作，必须遵循和体现以下基本原则：一是坚持正确政治方向，全面贯彻习近平总书记全面依法治国新理念新思想新战略，坚决贯彻党中央的决策部署，坚持服务党和国家工作大局，充分发挥民法典在坚持和完善中国特色社会主义制度、推进国家治理体系和治理能力现代化中的重要作用。二是坚持以人民为中心，以保护民事权利为出发点和落脚点，切实回应人民的法治需求，更好地满足人民日益增长的美好生活需要，充分实现好、维护好、发展好最广大人民的根本利益，使民法典成为新时代保护人民民事权利的好法典。三是坚持立足国情和实际，全面总结我国改革开放40多年来民事立法和实践经验，以法典化方式巩固、确认和发展民事法治建设成果，以实践需求指引立法方向，提高民事法律制度的针对性、有效性、适应性，发挥法治的引领、规范、保障作用。四是坚持依法治国与以德治国相结合，注重将社会主义核心价值观融入民事法律规范，大力弘扬传统美德和社会公德，强化规则意识，倡导契约精神，维护公序良俗。五是坚持科学立法、民主立法、依法立法，不断增强民事法律规范的系统性、完整性，既保持民事法律制度的连续性、稳定性，又保持适度的前瞻性、开放性，同时处理好、衔接好法典化民事法律制度下各类规范之间的关系。

三、民法典编纂工作情况

根据党中央的工作部署，编纂民法典的起草工作由全国人大常委会法制工作委员会牵头，最高人民法院、最高人民检察院、司法部、中国社会科学院、中国法学会为参加单位。为做好民法典编纂工作，全国人大常委会法制工作委员会与五家参加单位成立了民法典编纂工作协调小组，并成立了民法典编纂工作专班。

编纂民法典不是制定全新的民事法律，也不是简单的法律汇编，而是对现行的民事法律规范进行编订纂修，对已经不适应现实情况的规定进行修改完善，对经济社会生活中出现的新情况、新问题作出有针对性的新规定。编纂民法典采取“两步走”的工作思路进行：第一步，制定民法总则，作为民法典的总则编；第二步，编纂民法典各分编，经全国人大常委会审议和修改完善后，再与民法总则合并为一部完整的民法典草案。

2015年3月，全国人大常委会法制工作委员会启动民法典编纂工作，着手第一步的民法总则制定工作，以1986年制定的民法通则为基础，系统梳理总结有关民事法律的实践经验，提炼民事法律制度中具有普遍适用性和引领性的规则，形成民法总则草案，2016年由十二届全国人大常委会进行了三次审议，2017年3

月由第十二届全国人民代表大会第五次会议审议通过。制定民法总则,完成了民法典编纂工作的第一步,为民法典编纂奠定了坚实基础。

民法总则通过后,十二届、十三届全国人大常委会接续努力、抓紧开展作为民法典编纂第二步的各分编编纂工作。法制工作委员会与民法典编纂工作各参加单位全力推进民法典各分编编纂工作,系统梳理、研究历年来有关方面提出的意见,开展立法调研,广泛听取意见建议,以现行物权法、合同法、担保法、婚姻法、收养法、继承法、侵权责任法等为基础,结合我国经济社会发展对民事法律提出的新需求,形成了包括物权、合同、人格权、婚姻家庭、继承、侵权责任等 6 个分编在内的民法典各分编草案,提请 2018 年 8 月召开的第十三届全国人大常委会第五次会议审议。其后,2018 年 12 月、2019 年 4 月、6 月、8 月、10 月,第十三届全国人大常委会第七次、第十次、第十一次、第十二次、第十四次会议对民法典各分编草案进行了拆分审议,对全部 6 个分编草案进行了二审,对各方面比较关注的人格权、婚姻家庭、侵权责任 3 个分编草案进行了三审。在此基础上,将民法总则与经过常委会审议和修改完善的民法典各分编草案合并,形成《中华人民共和国民法典(草案)》,提请 2019 年 12 月召开的第十三届全国人大常委会第十五次会议审议。经审议,全国人大常委会作出决定,将民法典草案提请本次大会审议。

民法典草案经全国人大常委会审议后,全国人大常委会办公厅将草案印发十三届全国人大代表、部署组织全国人大代表研读讨论民法典草案工作,征求代表意见。同时,法制工作委员会还将草案印发地方人大、基层立法联系点、中央有关部门征求意见,并在中国人大网公布征求社会公众意见。法制工作委员会还在北京召开多个座谈会,听取有关部门、专家的意见。各方面普遍认为,编纂民法典,对于完善中国特色社会主义法律体系,以法治方式推进国家治理体系和治理能力现代化,切实维护最广大人民的根本利益,促进社会公平正义具有重要意义。

新冠肺炎疫情发生以来,全国人大常委会高度关注,栗战书委员长多次就贯彻落实习近平总书记对疫情防控工作的重要讲话精神和党中央决策部署,为疫情防控工作提供法治保障提出明确的工作要求。我们认真学习贯彻习近平总书记重要讲话精神和党中央决策部署,结合民法典编纂工作,对与疫情相关的民事法律制度进行梳理研究,对草案作了有针对性的修改完善。

2020 年 4 月 20 日、21 日,全国人大宪法和法律委员会召开会议,根据全国人大常委会的审议意见、代表研读讨论中提出的意见和各方面的意见,对民法典草案作了进一步修改完善;认为经过全国人大常委会多次审议和广泛征求意见,草案充分吸收各方面的意见建议,已经比较成熟,形成了提请本次会议审议的《中华人民共和国民法典(草案)》。

为进一步做好会议审议民法典草案的准备工作,更充分听取全国人大代表的意见,4 月 29 日,法制工作委员会将修改后的民法典草案再次发送给各省、自治区、直辖市人大常委会,请各地方以适当方式组织有关全国人大代表研读讨论,听取意见。

四、民法典草案的主要内容

《中华人民共和国民法典(草案)》共 7 编、1260 条,各编依次为总则、物权、合同、人格权、婚姻家庭、继承、侵权责任,以及附则。

……

(五)婚姻家庭编

婚姻家庭制度是规范夫妻关系和家庭关系的基本准则。1980 年第五届全国人民代表大会第三次会议通过了新的婚姻法,2001 年进行了修改。1991 年第七届全国人大常委会第二十三次会议通过了收养法,1998 年作了修改。草案第五编“婚姻家庭”以现行婚姻法、收养法为基础,在坚持婚姻自由、一夫一妻等基本原则的前提下,结合社会发展需要,修改完善了部分规定,并增加了新的规定。第五编共 5 章、79 条,主要内容有:

1. 关于一般规定。第五编第一章在现行婚姻法规定的基础上,重申了婚姻自由、一夫一妻、男女平等等婚姻家庭领域的基本原则和规则,并在现行婚姻法的基础上,作了进一步完善:一是为贯彻落实习近平总书记有关加强家庭文明建设的重要讲话精神,更好地弘扬家庭美德,规定家庭应当树立优良家风,弘扬家庭美德,重视家庭文明建设(草案第一千零四十三条第一款)。二是为了更好地维护被收养的未成年人的合法权益,将联合国《儿童权利公约》关于儿童利益最大化的原则落实到收养工作中,增加规定了最有利于被收养人的原则(草案第一千零四十四条第一款)。三是界定了亲属、近亲属、家庭成员的范围(草案第一千零四十五条)。

2. 关于结婚。第五编第二章规定了结婚制度,并在现行婚姻法的基础上,对有关规定作了完善:一是将受胁迫一方请求撤销婚姻的期间起算点由"自结婚登记之日起"修改为"自胁迫行为终止之日起"(草案第一千零五十二条第二款)。二是不再将"患有医学上认为不应当结婚的疾病"作为禁止结婚的情形,并相应增加规定一方隐瞒重大疾病的,另一方可以向人民法院请求撤销婚姻(草案第一千零五十三条)。三是增加规定婚姻无效或者被撤销的,无过错方有权请求损害赔偿(草案第一千零五十四条第二款)。

3. 关于家庭关系。第五编第三章规定了夫妻关系、父母子女关系和其他近亲属关系,并根据社会发展需要,在现行婚姻法的基础上,完善了有关内容:一是明确了夫妻共同债务的范围。现行婚姻法没有对夫妻共同债务的范围作出规定。2003 年最高人民法院出台司法解释,对夫妻共同债务的认定作出规定,近年来成为社会关注的热点问题。2018 年 1 月,最高人民法院出台新的司法解释,修改了此前关于夫妻共同债务认定的规定。从新司法解释施行效果看,总体上能够有效平衡各方利益,各方面总体上赞同。因此,草案吸收新司法解释的规定,明确了夫妻共同债务的范围(草案第一千零六十四条)。二是规范亲子关系确认和否认之诉。亲子关系问题涉及家庭稳定和未成年人的保护,作为民事基本法律,草案对此类诉讼进行了规范(草案第一千零七十三条)。

4. 关于离婚。第五编第四章对离婚制度作出了规定,并在现行婚姻法的基础上,作了进一步完善:一是增加离婚冷静期制度。实践中,轻率离婚的现象增多,不利于婚姻家庭的稳定。为此,草案规定了提交离婚登记申请后三十日的离婚冷静期,在此期间,任何一方可以向登记机关撤回离婚申请(草案第一千零七十七条)。二是针对离婚诉讼中出现的"久调不判"问题,增加规定,经人民法院判决不准离婚后,双方又分居满一年,一方再次提起离婚诉讼的,应当准予离婚(草案第一千零七十九条第五款)。三是关于离婚后子女的抚养,将现行婚姻法规定的"哺乳期内的子女,以随哺乳的母亲抚养为原则"修改为"不满两周岁的子女,以由母亲直接抚养为原则",以增强可操作性(草案第一千零八十四条第三款)。四是将夫妻采用法定共同财产制的,纳入适用离婚经济补偿的范围,以加强对家庭负担较多义务一方权益的保护(草案第一千零八十八条)。五是将"有其他重大过错"增加规定为离婚损害赔偿的适用情形(草案第一千零九十一条第五项)。

5. 关于收养。第五编第五章对收养关系的成立、收养的效力、收养关系的解除作了规定,并在现行收养法的基础上,进一步完善了有关制度:一是扩大被收养人的范围,删除被收养的未成年人仅限于不满十四周岁的限制,修改为符合条件的未成年人均可被收养(草案第一千零九十三条)。二是与国家计划生育政策的调整相协调,将收养人须无子女的要求修改为收养人无子女或者只有一名子女(草案第一千零九十八条第一项)。三是为进一步强化对被收养人利益的保护,在收养人的条件中增加规定"无不利于被收养人健康成长的违法犯罪记录",并增加规定民政部门应当依法进行收养评估(草案第一千零九十八条第四项、第一千一百零五条第五款)。

……

(八)附则

草案最后部分"附则"明确了民法典与婚姻法、继承法、民法通则、收养法、担保法、合同法、物权法、侵权责任法、民法总则的关系。民法典施行后,上述民事单行法律将被替代。因此,草案规定在民法典施行之时,同步废止上述民事单行法律(草案第一千二百六十条)。需要说明的是,2014 年第十二届全国人大常委会第十一次会议通过的《全国人民代表大会常务委员会关于〈中华人民共和国民法通则〉第九十九条第一款、〈中华人民共和国婚姻法〉第二十二条的解释》,作为与民法通则、婚姻法相关的法律解释,也同步废止。

《中华人民共和国民法典(草案)》和以上说明,请审议。